KB014243

팬시, 취향을 삽니다

MZ세대 프리미엄 소비 인사이트

팬시, 취향을 삽니다

MZ세대 프리미엄 소비 인사이트

FANCY
BUY
YOUR
TASTE

최수하 지음

디앤북

FANCY
[fænsi]

원래 '멋지고 고급스러우면서 질 높은'이라는 뜻의 단어
로, MZ세대가 주도하는 '프리미엄 소비의 대중화 및 다
양화'라는 메가트렌드를 가리키고자 차용한 용어.

즉 프리미엄 제품이나 서비스를
'특권'으로서가 아니라 '일상'에서 누리고,
'사치'가 아닌 '가치'로 받아들이며
'가짐'보다 '누림'을 지향하고
'실재'와 '가상'을 넘나들며 소비하는 경향을 일컬음.

MZ세대가 바꾼 프리미엄 소비와 가치관

**'자기중심 소비'
미코노미의 변화**

플렉스

소비 특징

외적 과시 통한 일시적 만족 추구
어쩌다 한 번의 특별함에 그침(rare)
럭셔리 브랜드 등 명품 중심 소비
고가의 상품 소비

선택 기준

가심비: '가격'이 기준이 된 심리적 만족
- "가격 대비 만족스러운가?"
- "돈값을 하는가?"

사회·경제적 배경

부동산발 자산 양극화로 인한 소비 양극화 가중
팬데믹으로 인한 사회적 스트레스 증가
온라인 플랫폼 중심으로 소비 시장 성장
영앤리치 등 신흥 자산가 급증

기회를 발견하고 연결하여

팬시	· 일상품의 고급화
	· 사치재의 대중화
	· 다양한 명품 소비

내적 행복 위한 지속적인 만족 추구
일상 속 특별함을 누림(daily)
생활용품, 독특한 경험 등 일상의 영역으로 확대
합리적 가격부터 고가까지 다양함

나심비: 나에게 가치 있는지가 기준이 된 만족감
- "가격을 떠나 내가 만족할 수 있는가?"
- "나한테 그만한 가치가 있는가?"

취향이 여러 갈래로 나뉘는 N극화
경기 불황으로 합리적인 프리미엄 제품 소비
다양한 산업군에서 프리미엄 전략 구사
새로운 소비층 '영앤팬시' 등장

소비자를 자극하고 탐험하고 선망하게 하라 ▶ **취향을 사게 하는 팬시 브랜드 전략**

추천사

이 책은 사회의 핵심층으로 성장한 MZ세대에 관한 통념 이면의 본질에 주목한다. 거기에 그들이 진정으로 원하는 가치가 있다. 나를 위한 가치 있는 소비인 '프리미엄 미코노미'는 최근에 달라진 소비 패러다임만은 아니다. 자신의 성장을 도모하고 가치를 추구하는 데 관심이 높아진 우리 사회의 변화상이기도 하다. 고객의 마음을 얻는 기업이 갖는 차별화된 힘은 고객을 깊이 이해하는 데서 나온다. 프리미엄 소비의 다양화, 대중화와 함께 고객이 달라지고 있다. 저자는 이런 변화를 '팬시'라는 개념으로 선언하며 고객 이해에 깊이를 더한다. 프리미엄 브랜드로 성장하기 위해 새로운 길을 찾고 있다면, 그에 꼭 필요한 인사이트를 이 책 한 권에서 얻어갈 수 있을 것이다.

—임영진_신한카드 CEO

저자는 나와 함께 신한금융지주 전략기획팀에서 일한 바 있다. 시간을 쪼개어가며 MBA 과정을 이수하던 열정이 다양한 업무 경험과 어우러져 이 책의 밑거름이 되었다. 특히 MZ세대의 프리미엄 소비 대중화 현상을 '일상', '가치', '누림', '가상'의 4가지 코드로 분석한 부분에서 저자의 탄탄한 전문성과 신선한 시각이 돋보인다. 또한 기업 전략 분석에서는 속을 훤히 들여다본 것 같은 서늘함을 느끼기도 했다. 코로나 19 이후 찾아온 3고高 현상(고물가, 고금리, 고환율)이 초래할 스태그플레이션 시대에 소비 위축은 불가피하겠지만, 이를 타개할 전략을 마련하는 데 이 책이 한 줄기 빛이 되어줄 것이다. MZ세대를 고객으로 또는 직원으로 어떻게 맞아야 할지 고민하는 기업인에게 일독을 권한다.

—정운진_신한캐피탈 CEO

회사는 고객 없이 성장할 수 없다. 업계 최다 규모의 고객을 보유한 신한카드는 고객에게 새로운 가치를 제공하기 위해 고객을 끊임없이 연구하고 트렌드를 분석하는 등 많은 노력을 기울이고 있다. 그 덕분에 15년 넘게 업계 1위 자리를 굳건히 지켜왔다. 소비 양극화로 고객의 니즈가 세분화되고 이를 공략하는 프리미엄 시장이 커지고 있는 것은 자명한 사실이다. 그리고 그 중심에 시장의 패러다임을 바꾸는 MZ세대가 있다. 저자의 남다른 통찰과 풍부한 현장 경험이 있었기에, 이 책은 이러한 변화를 성장의 기회로 만들 수 있는 현실적인 방안을 제시해준다.

—노용훈_신한카드 경영지원그룹 부사장

신한카드는 카드업계 1위 사업자로서 끊임없이 혁신해 왔다. 산업간의 경계가 허물어지고 경쟁이 심화되는 빅블러 시대를 맞아, 이제는 미래 성장 동력을 발굴하기 위해 다양한 산업의 변화를 주시해야 한다. 그렇다면 여러 분야의 산업 분석에서 아주 매력적인 브랜드 전략을 도출하는 이 책은 매우 시의적절하다. 특히 저자는 10년이 넘는 직무 경험으로 성공 DNA를 깊게 심어온 전문가라 더욱 신뢰가 간다. 세상이 요동쳐도 굳건한 브랜드를 만들고 싶다면, 그리고 빠르게 변화하는 시장에 깃대를 먼저 꽂길 원한다면 지금 이 책이 답이다. 진화하는 프리미엄 시장에 주목해 보라.

—문동권_신한카드 경영기획그룹 부사장

저자가 말하는 '누림'의 가치는 '의미 있는 소비'를 추구하는 소비자의 요구에 기반하며, '현명한 프리미엄'은 '누림'의 가치를 더욱 빛나게 할 핵심이 될 것이다. 소비재 시장에서 현명한 프리미엄 제품에 대한 수요가 더욱 늘어날 것으로 예측되는 만큼 프리미엄 시장에서 앞서가고 싶다면 지금 이 책을 읽어라.

—김회중_유니레버코리아 사장

시대의 변화, 세대의 변화, 그리고 이에 따른 문화와 삶의 변화까지. 부지불식간에 다가온 변화에 관해 최일선의 브랜드 전문가로서 날카로운 분석과 예리한 진단을 가한다. 프리미엄 소비 시장의 확대라는 변화에 발 빠르게 적응하기 위해 현실적 조언을 얻으려는 모든 분께 강력 추천한다.

—오건영_경제전문가, 『인플레이션에서 살아남기』 저자

디지털 마케팅의 영역에서 고객을 이해해야 한다는 말은 이미 낯선 것이 아니다. 제한된 예산으로 최대의 효과를 얻을 수 있는 고객 그룹이 누구인지를 알기 위해, 고객을 성향과 특성별로 분류하는 '세그먼테이션'을 거쳐 그들의 행동을 이끌어낼 방법을 찾는다. 이러한 때에 출판된 이 책은 미래의 핵심 고객 세그먼트인 젊은 층에 주목해 '팬시 소비'를 누리는 '영앤팬시'의 부상을 구체적이고 명확하게 풀어낸다. 기획부터가 그 자체로 마케팅 전략이다. 고객을 이해하는 것, 그 기본의 힘을 믿는 마케팅 실무자와 임원진이 함께 읽고 생각을 나눌 기회로 삼기를 바란다.

—임세현_교보생명 전문위원, 『빅데이터, 사람을 읽다』 대표 저자

'MZ세대라는 말이 이제 지겹다'라고 생각했던 분들에게 더 강력히 추천한다. 단순히 물리적 나이로 MZ세대를 구분하고 있었다면 반드시 읽어야 할, 특히 본인이 MZ세대라면 무한 공감할 수 있는 반갑고도 기특한 MZ세대 소비 심리 분석서다. 종잡을 수 없는 트렌드를 하나의 논리로 명쾌하게 꿰어내는 저자의 솜씨가 놀랍다. 신규 사업 기획이나 프리미엄 마케팅 플래닝에 꼭 필요한 책이다.

—김소라_카카오 제휴&신사업 파트장

읽는 순간 빠져들었다. 이토록 술술 재미있게 읽히는 책이라니! MZ세대의 소비 심리뿐 아니라 이들을 사로잡기 위한 비즈니스 인사이트와 브랜드 전략까지 꿰뚫고 있다. 마케터를 꿈꾸거나 현재 마케터인 모든 사람이 '누려야' 할 '프리미엄' 서적이다. 꼭 마케터가 아니더라도 MZ세대인 직장 동료나 선후배를 이해할 수 있는 길잡이가 될 것이다. 얼마나 속속들이 파헤치는지, 심지어 MZ인 나조차도 미처 몰랐던 나를 발견했다!

—진연진_SK이노베이션 HR 전략실 팀장

그간 없었던 새로운 장르의 책이다. 트렌드서와 브랜드 전략서의 장점만 결합했다. 쉬우면서도 깊이 있게 MZ세대의 달라진 소비 가치관과 프리미엄 시장의 진화를 명료하게 짚어낸다.

—박창현(파커, Parker)_번개장터 마케팅팀장

가슴 뜨거운 소비의 시대다. 새로운 세대의 소비 경험은 단지 돈을 쓰는 것이 아니라 소비의 가치를 고민하고 주체적으로 소비하려는 팬시 소비로 전환되고 있다. 소비를 대하는 MZ세대의 진심과 고민을 공감하고 이해할 수 있어야 이들이 원하는 가치에 어울리는 브랜드 경험도 만들어낼 수 있다. 이 시대를 사는 우리에게 새로운 가치관과 이유 있는 소비 인사이트를 전해줄 이 책을 통해 더 힙하고 더 팬시한 비즈니스의 새 장을 다 같이 힘껏 열어보자.

—윤혜준_금융 브랜드 콜라보레이션 컨설팅사 이로이로랩 대표

감수의 글

유원상

고려대학교 경영대학 교수

역사상 가장 개성이 강하고 예측이 어려우며 막강한 파급력을 지닌 새로운 소비 권력이 등장했다. 기성세대에게 'MZ세대'로 불리지만 그렇게 불리기를 거부하고 명쾌하게 정의하기도 어려운 이 새로운 소비 주체들은 기성세대의 관점과 접근 방식으로는 이해하기도 어렵고 공략하기는 더욱 어렵다. 그렇기 때문에 대부분의 기업이 MZ세대라는 미로 속에서 길을 잃고 나아갈 방향을 고심하고 있다. 세계적인 생활용품 기업인 유니레버의 CEO 폴 폴먼은 "기업에 닥쳐올 가장 큰 위협은 MZ세대와의 연결 고리를 잃어버리는 것이다"라는 말로 기업들이 직면한 곤혹스러움을 표현하기도 했다.

이런 시대적 고민을 반영하여 MZ세대에 관한 수많은 서적들이 시중에 쏟아져 나오고 있다. 하지만 대부분은 책 한 권으로 MZ세대의 모든 것을 설명하려는 무리한 시도를 하고 있다. 이런 방식으로는 전체 인구의 1/3에 육박하는 거대한 집단인 MZ세대의 A부터 Z까지를 종합적으로 이해하기도, 제한된 지면에 펼치기에도 한계가 따른다. 이러한 한계로 인해 대부분의 서적이 MZ세대의 특성을 피상적으로 나열하는 데 그치고 있어서 보다 심층적인 이해와 체계적인 분석을 원하는 독자들의 기대를 충족시키지 못하고 있는 것이 현실이다.

이번에 출간되는 『팬시, 취향을 삽니다: MZ세대 프리미엄 소비 인사이트』는 다양한 MZ세대의 소비 현상 중 골프, 와인, 오픈런, 니치niche 향수 등 특별히 그들의 프리미엄 소비 형태에 초점을 맞추어 심층적으로 분석하고 있다는 점에서 시중에 나와 있는 다른 MZ세대 트렌드 서적들과는 확연히 차별화된다. 이 책은 우선 MZ 세대의 프리미엄 소비 트렌드를 4대 코드와 12대 산업으로 분류하여 심층적으로 분석하고 있으며, 트렌드의 맥락을 정확히 분석하여 그 심리적 배경에 대한 명쾌한 이해를 제공하고 있다. 또한 이러한 이해를 바탕으로 '프리미엄 소비'에 대한 개념을 재정립하였을 뿐 아니라 프리미엄 브랜드의 마케팅 전략을 위한 체계적이고 이론적인 프레임워크framework를 제시하고 있다.

저자 최수하는 굴지의 기업들에서 카피라이팅, 브랜드 전략, 마케팅 등 다양한 업무를 성공적으로 수행한 마케팅 전문가이며, MBA에서 마케팅 관련 전문 지식을 체계적으로 수학한 이론가이기도 하다. 이 책에는 저자의 다양한 실무 경험과 전문 지식, 그리고 트렌드에 민감한 소비자로서의 통찰력이 고스란히 녹아들어 있다. 저자는 설명하기 어려운 MZ세대의 프리미엄 소비 특성을 카피라이터 특유의 직관력과 표현력으로 손에 잡힐듯 생생하게 묘사하고 있으며, 실무와 이론을 겸비한 전문성을 바탕으로 체계적이면서 실행 가능한 브랜드 관리의 프레임워크를 제시하고 있다.

이런 점에서 이 책은 MZ 소비자라는 커다란 물음표와 씨름하며 이들의 프리미엄 소비 배경과 대응 전략에 대해 고민하는 기업의 마케팅 실무자와 CEO에게 나아갈 방향을 제시할 것이다. 그뿐만 아니라 이 책은 소비자의 분석에서 실행 방안까지 통합적인 마케팅 프로세스를 담고 있다는 점에서 마케팅 전문가로서의 커리어를 준비하는 독자들에게도 큰 유익을 제공하리라 확신한다.

플렉스에서 팬시로:
결국 돈이 되는 시장,
프리미엄 소비가 커진다

'힙지로' 감성에서 출발한 의문

매일 신한카드 본사가 있는 을지로로 출퇴근하며 'MZ 감성'을 온몸으로 체감한다. 어느새 힙지로가 된 을지로에는 골목골목 숨은 곳에 와인바, 카페, 오마카세 맛집이 생겨났다. 점심때면 어디가 핫한지 정보를 공유하기 바쁘다. 때로는 빅데이터보다 빠른 '입소문'으로 트렌드를 파악한다. 퇴근할 무렵 힙지로는 2030 외지인들로 가득 찬다.

어느 순간 나이키 한정판 스니커즈는 광클릭을 해야 살 수 있는 희소템이 되었다. 줄을 서서 기다려도 매장에서는 못 사고, 그렇게 힘들게 살 수밖에 없다니. 프리미엄 소주는 맛있어서 찾는 걸까? 와인바는 왜 이렇게 많이 생기고 있는 거지? 소비 패턴이 정말 변한 걸까, 아니면 일시적인 유행일까? 궁금증이 꼬리에 꼬리를 물었다.

많은 기업이 MZ세대를 사로잡기 위해 노력하고 있다. 내가 몸담고 있는 신한카드도 마찬가지다. MZ세대를 겨냥한 카드 상품 출시, MZ세대를 이미 고객으로 확보한 브랜드와의 컬래버, MZ세대가 좋아할 만한 콘텐츠 제작과 신한플레이 앱의 UX와 UI 개편 등 많은 활동이 MZ 소비자를 향하고 있다. 신한카드는 15년 넘게 줄곧 업계 1위를 지켜 왔다. 패션·유통회사만큼이나 소비 트렌드에 민감하다. 무엇보다 국내 점유율 1위답게 고객의 업종별·가맹점별·시간대별 카드 이용에서 얻은 방대한 데이터로 시시각각 변하는 소비 패턴을 분석해 상품을 개발하고 마케팅을 한다. 항상 트렌드의 최전선에 있어야 한다.

변화의 중심에 서지 않으면 도태할 수 있겠다는 위기감이 들었다. 이 책은 수년간에 걸친 나의 연구 결과물이다. 특히 2030세대가 바꾼 소비문화는 어떤지 집중적으로 관찰하기 위해 그들이 열광하고 좋아하는 브랜드가 무엇인지를 다양한 데이터를 바탕으로 검증하고 선별하여 분석했다.

현상은 가변적이다. 그러나 그 뒤에 숨겨진 인간의 심리는 변하지 않는다. 현상 분석에 그치지 않기 위해 심리학과 뇌과학에 기반해 소비 이면의 심리를 파헤치고자 했다. 젊은 층이 중심이 되어 뜬 산업이 무엇인지, 와인·향수·프리미엄 스포츠 등 12개 산업을 조망하며 브랜드 전략에 대한 방법론을 제시했다. 이를테면 Z세대의 마음을 사로잡은 브그즈트랩BGZT LAB의 주인 '번개장터', 비건vegan 화장품의 원조 '러쉬코리아' 등 핫한 기업들의 요모조모를 살폈다.

그 결과, 이들의 소비 패턴에 고급화 경향이 관통하고 있다는 사실을 발견했다. 프리미엄 제품들이 시장에서 가파르게 성장하고 있으며, 일상마저 고급화하고 있다. 이 책은 프리미엄 시장의 확대 가능성에 무게중심을 두고 이야기를 풀어간다. '저가 정책', '매스mass 타깃' 전략이 맞다고 생각하는 독자라면 아마도 이 책에서 얻어갈 게 많지 않을 것이다. 다만, 이 책을 끝까지 읽고 새로운 가능성을 타진해 보고 싶다면 함께 여정을 시작해 보자.

2030세대가 바꾼 소비문화, 플렉스가 전부는 아니다

'MZ세대다운 것'을 규정하기란 쉽지 않다. 이는 현재를 살아가는 젊은 층의 특징이기도 하고, 시대 변화로 인한 사회문화상이기도 하며, 인간 본연의 심리에서 오는 특성이기도 하기 때문이다. 세대의 특성은 정의하기 나름이고 유동적인 것이기에, 이 책에서는 특정 세대다운 어떤 것을 규정하려고 하지는 않았다. 다만 한 세대가 바꾼 큰 줄기를 찾아내고자 했다.

흔히 MZ세대의 소비문화는 '플렉스flex'로 대표된다. 이러한 통상적인 이미지 때문에 그들이 항상 과분한 소비를 하는 것처럼 묘사된다. 그러나 조사를 거듭할수록 의문이 들었다. MZ세대에게 플렉스만 있는 것도 아니고 MZ세대만 플렉스하는 것도 아니기 때문이다.

앞서 말했듯 요즘 소비 트렌드가 고급화 경향, 즉 프리미엄 소비로 흘러가고 있음은 분명하다. 다만 나는 프리미엄 소비라고 해서 '플렉스'만 나타나는 것은 아님에 주목했다. 플렉스, 보복소비, 가치소비, 필환경 소비 등 오늘날 회자되는 여러 소비 행태는 프리미엄 소비 패러다임에서 나온 다양한 스펙트럼이다. 오히려 최근 두드러진 경향은 과시적 소비인 플렉스를 넘어 '합리적인' 프리미엄 소비를 추구한다는 점이었다.

일상이 프리미엄이 되다

그렇다면 '합리적인' 프리미엄 소비는 왜, 그리고 이전과는 어떻게 다른 모습으로 일어나고 있을까? 먼저 프리미엄의 영역이 확장하고 있다. 오픈런, 골프, 와인, 니치 향수, 아트테크, 전기차, 업사이클링upcycling 가방 등 MZ세대가 누리는 모든 것이 프리미엄이 되고 있다. MZ세대는 어쩌다 한 번 누리는 '특별함'이 아니라 일상적인 특별함을 원한다. 이렇게 일상에서 프리미엄을 추구하는 욕망은 프리미엄 소비를 다양한 영역으로 확장시켰다. 작은 것이라도 자신의 만족을 위해 잘 누릴 줄 아는 이들이기에 소비문화까지 바꿔나간다.

프리미엄 소비가 코로나19라는 특수한 상황에서 촉발된 일시적 현상은 아닌지 의구심을 가질 수도 있을 것이다. 물가와 금리가 오르고 경기 침체가 우려되는 상황인 만큼 소비가 위축되진 않을까? 그러나 소비자의 구매력은 줄어도 소비 욕망은 사라지지 않는다. 싸거나 가성비가 좋다고 다 팔리는 것은 아니며, 비싸다고 안 팔리는 것도 아니다. 경기가 위축되면 소비는 더욱 양극화된다. 무지출 챌린지가 이어지고 가성비 제품을 선호하는 이도 증가했지만, 프리미엄 제품을 찾는 수요도 급증했다. 더욱이 프리미엄 취향은 시간이 갈수록 더욱 세분화되고 다양해지고 있다.

아낄 땐 아끼고 쓸 땐 쓰는 것이 모순처럼 보이기도 할 것이다. 무지출 챌린지는 더 나은 미래를 위한 잠깐의 멈춤이고, 더 큰 만족을 위한 지연이다. 알뜰하게 생활한 자신을 위해 나중에 더 크게 보상하고 싶어 한다. 쓸 때 쓰기 위해 아낀다고 볼 수 있다. 인간에게는 복합적이고 상반된 성향이 공존하기 때문에, 끊임없이 갈등하고 처한 상황에 따라 다르게 행동할 수 있다. 뇌과학 측면에서 해석한다면, '감정들의 긴장 관계'에 놓인 상태다. 즐기려는 '쾌락주의적 긴장'과 통제하려는 '금욕주의적 긴장'이 서로 팽팽하게 줄다리기를 하는 격이다. 구매 의사 결정 과정에서 인간의 머릿속에는 여러 가지 구매 동기와 감정 시스템이 팽팽하게 대결한다. 결정을 하지 못한 채 계속 고민만 하면 머리가 아픈 이유다. 결국 어느 하나가 우위를 차지할 때, 최종 결정을 하게 된다.

다시 말해, 아낄 때 아끼기 때문에 쓸 때 쓸 수 있다. 그런 만큼 가격이 비싸도 기능, 디자인, 브랜드 이미지 측면에서 더 좋은 제품이 주목받는다. 이는 미코노미Meconomy 트렌드와 결합하여 '프리미엄 미코노미'라는 새로운 시대의 서막이 열리고 있음을 의미한다. 미코노미는 한마디로 자기중심 소비다. 사람들은 가격이 비싸도 나에게 더 큰 가치를 주는 제품을 선택한다. 다만 그것이 단순히 과시 목적으로 값비싼 물건을 사는 플렉스 소비에서 코로나19를 거치며 일상에서의 지속적 행복을 추구하는 소비로 성숙해가고 있다.

프리미엄 소비를 재정의하다: 팬시

나는 이런 변화에 주목하고 그에 걸맞은 새로운 이름을 부여하고자 한다. MZ세대는 브랜드 가치가 뛰어나다고 생각한다면 주저 없이 지갑을 연다. 이렇듯 '힙하고 멋지고 고급스러우면서도 질 높은 제품이나 서비스'를 소비하는 경향을 '팬시FANCY'로 이름 붙였다. '팬시 소비'는 플렉스 이후 더 성숙한 프리미엄 소비를 재정의하기 위해 만든 말이다. 프리미엄 제품이나 서비스를 소수가 누리는 '특권'이 아니라 누구나 '일상'에서 '사치'가 아닌 '가치'로 받아들이며, '가짐'보다 '누림'을 지향하고 '실재' 이상의 '가상'을 넘나들며 소비하는 경향이다. 프리미엄 소비의 대중화, 합리화, 다양화 현상이 팬시 소비로 나타나고 있다. 이는 명품 소비뿐 아니라 사치재의 대중화, 일상품의 프리미엄화까지 포괄하는 개념이다.

새로운 소비층의 부상: 영앤팬시

MZ세대라고 해서 다 똑같진 않다. 같은 연령층에서도 다른 소비 스타일을 보인다. MZ세대 가운데서도 팬시 소비를 즐기는 사람을 '영앤팬시Young & Fancy'로 부르고자 한다. 영앤팬시족이 즐기는 팬시 소비는 네 가지 방향으로 나타난다.

첫째, '특권에서 일상으로'이다. 호텔, 와인, 골프, 테니스 등 특권적 취향과 경험이라고 여겼던 것들이 우리 생활 가까이로 편입되고 있다.

둘째, '사치에서 가치로'이다. 명품, 향수, 홈 라이프스타일 등 사치의 영역에서 자신만의 가치를 발견하고 새로운 방식으로 소비한다.

셋째, '가짐에서 누림으로'이다. 친환경, 지속 가능성, 미래 세대, 타인과의 공존과 공유가 나를 위한 진정한 누림이라고 여긴다.

넷째, '실재에서 가상으로'이다. 친디지털 시대, 온라인과 오프라인, 실재와 가상, 놀이와 소비의 경계가 사라지는 곳에서 소비가 일어난다.

그리고 이 네 가지 흐름이 바로 취향과 경험을 사게 하는 상위 1% 브랜드의 열쇠가 된다. 이제 브랜드의 미래는 '나를 위한 1%의 취향과 경험'을 제공하느냐 아니냐에 달려 있다. 기회를 발견하고 연결하여 소비자를 자극하고 탐험하게 하라. 그럴 때 선망받는 브랜드로 재탄생할 수 있다.

나다움을 찾는 여정에 '팬시'가 함께하기를

이 책의 파트 1에서는 MZ세대를 사로잡은 팬시 소비 욕망에 대해 들여다본다. 파트 2부터 파트 5까지는 앞서 말한 네 가지 소비 코드를 열두 가지 주요 산업과 다양한 브랜드의 실제 사례를 통해 살펴본다. 그리고 파트 6에서는 프리미엄 브랜드로 발돋움하기 위한 인사이트를 밝혔다.

이 책을 쓴 일차적 목적은 MZ세대의 프리미엄 소비 양상과 플렉스 이면의 소비 심리를 파헤치고, 이들을 사로잡기 위한 프리미엄 브랜드 전략을 제시하는 것이다. 그렇다고 어렵거나 세부적인 실무 매뉴얼을 제공하는 건 아니다. 젊은 층이 요즘 무엇을 그리고 왜 좋아하는지, 어떤 산업에 몰리는지, 이들이 어떻게 소비문화를 바꿔놓는지 등을 종합적으로 이해하고 싶은 사람에게 이 책을 권한다. 이미 MZ세대를 겨냥한 작업을 많이 해본 베테랑보다는 이제 막 출발하는 신입 마케터, 창업을 준비하면서 사업 아이템을 발굴하려는 사람, 프리미엄 브랜드 전략으로 새로운 기회를 찾고자 하는 이들에게 특히 도움이 될 것이다.

나는 평소 스타트업의 창업 배경, 브랜드의 성공 스토리, 기업 전략에 관심이 많아 사례를 모으고 분석하며 이들의 DNA를 파악하는 것을 즐겼다. 광고회사 카피라이터, 신한카드 브랜드전략팀, 신한금융지주 전략기획팀 등으로 이어온 커리어는 시야를 넓고 깊게 만들어주었다. 이런 커리어를 잘 아는 지인들은 창업을 준비하거나 회사에서 브랜드 업무를 할 때 종종 나에게 조언을 구하고는 했다. 나와 함께 머리를 맞대고 아이디어를 구체화하여 매출을 크게 올린 사람도 있고, 크리에이티브 콘텐츠의 완성도를 높인 사람도 있다. 내가 말하는 것이 다 정답은 아니다. 그렇지만 단순히 제품을 잘 파는 문제가 아니라 어떻게 하면 '시장에 싹트는 기회'를 포착할 수 있고, 장기적 관점에서 돈을 부르는 '브랜드'를 키울 수 있을지 고민했다.

개인적 욕심으로는 이 책이 더 큰 목적에 기여할 수 있기를 소망한다. '나이'나 '세대'의 구분보다 중요한 것은 '취향'과 '경험' 측면에서 다름을 인정하는 것이다. 이 책에서 처음 제시한 '팬시 소비'가 2030세대를 균형 잡힌 시각에서 보려는 울림으로 세상에 다가가길 바란다.

차례

추천사   008

감수의 글   012

Prologue.

**플렉스에서 팬시로:
결국 돈이 되는 시장,
프리미엄 소비가 커진다**   016

**PART 1   MZ세대를 사로잡은 팬시 소비의 탄생과
            달라진 욕망**   030

누리는 것이 곧 프리미엄인 시대   032

모든 기업이 MZ세대에 주목하는 진짜 이유   049

욕망에 진솔하고 취향에 진심이다   064

소득 상승의 한계, 소비로 채우다   077

"취향도 플렉스" 가치소비로 당당해지다   089

PART 2   **'특권'에서 '일상'으로**   096

Find your fantastic lifestyle

호텔을 집처럼, 집을 호텔처럼 누리다   098

와인, MZ세대의 일상에 스며들다   108

프리미엄 스포츠, MZ라는 새 옷을 입다   118

[비즈니스 인사이트]
높아진 일상의 위상만큼 성장하는 산업들   131

PART 3   **'사치'에서 '가치'로**   138

Always worth pursuing

중고 거래와 리페어라는 새로운 소비 스타일   140

최고의 메이크업, 향수에 눈뜨다   153

날 위한 집의 모든 것, '홈 라이프스타일' 소비   166

[INTERVIEW] 번개장터: '장터'가 아니라
'백화점'으로 업을 재정의하다   178

PART 4 **'가짐'에서 '누림'으로**   186

New sustainable consumption

친환경 자동차로 자신을 드러낸다   188

지속 가능한 뷰티, '비건 뷰티'가 뜬다   200

부모가 된 MZ세대, 자녀를 골드 키즈로 키운다   211

1인 가구를 위한 주거 문화의 진화   224

[비즈니스 인사이트]
현재 가진 것을 넘어 미래를 위해 지속 가능한 것으로   233

[INTERVIEW] 러쉬코리아: 멀리 내다보는 비즈니스 철학으로
업계의 선두주자가 되다   240

PART 5 **'실재'에서 '가상'으로**   248

Create your own virtual world

놀이와 소비, 모든 것이 가능한 꿈 같은 공간   250

디지털 오픈런이 열린다   264

[INTERVIEW] 배우 겸 화가 윤송아: 캔버스에서 NFT로,
경계를 허무는 곳에 대체불가 브랜드가 탄생한다   280

PART 6 **취향과 경험을 사게 하는
상위 1% 브랜드의 비밀** 288
Young and Fancy people buy taste

발견: 새로운 고객, 니즈보다 깊은 욕망을 찾아라 290

연결: 브랜드아이덴티티로 강한 연상을 만들어라 300

자극: 알면 알수록 빠져드는 세계로 끌어들여라 313

탐험: 경계 없이 잘 노는 방법을 제시하라 321

선망: 제한하면 갈망한다 332

Epilogue.

나의 취향과 경험에서 찾는 행복감 344

감사의 글 349

주 352

이미지 출처 358

PART 1

MZ세대를 사로잡은 팬시 소비의 탄생과 달라진 욕망

누리는 것이 곧
프리미엄인 시대

오픈런, 와인, 희귀 위스키, 니치 향수, 미술품 투자, 골프나 캠핑과 같은 취향 중심 레저 등 요즘 주목받는 소비 패턴의 공통점은 무엇일까? 한편 마스크, 치약, 비타민 등 평범했던 제품들이 'OO계의 샤넬', 'OO계의 에르메스'라는 별명으로 불리며 날개 돋친 듯 팔리는 이유는 뭘까?

바로 프리미엄 소비가 우리 일상 가까이 와 있다는 사실과 관련 있다. 일상의 고급화에서 소비의 즐거움을 누리는 것은 더는 소수 특권 계층만의 행태가 아니다. 코로나19로 위축된 소비가 서서히 살아나던 중 다시 세계적 경기 침체 우려에 맞닥뜨린 지금, 프리미엄 소비가 시장의 가장 뚜렷한 추세이자 주목받는 메가트렌드로 부상하고 있다. 더욱 놀랍게도, 그 중심에 MZ세대*가 있다.

MZ세대의 요즘 소비 스타일

MZ세대의 소비 스타일을 한마디로 이야기하자면 이렇다.

힙해 보이면 관심을 갖고,
살 때는 집요하고 간절하게, 가끔은 얼떨결에
팔 때는 쿨하게, 때로는 전략적으로

———

* 1980~2005년생. 2022년 기준 18~43세를 가리킨다.

'힙하다'[*]는 영어 단어 'hip'과 한국어 '하다'를 합친 말이다. '핫하다, 트렌디하다, 멋있다' 등의 의미로 통용된다. 마케팅 관점에서 제품 기능 등이 새로워 흥미를 끌거나, 브랜드 이미지 측면에서 차별화 요소가 있거나, 브랜드 철학에 진정성이 있어서 공감이 가는 것으로 설명할 수 있다.

MZ세대는 이처럼 공감이 가는 제품이 있으면 SNS 검색으로 후기 등 정보를 수집하는 것은 기본이고, 구매할 수 있는 최적의 채널을 집요하게 찾아낸다. 무언가를 사겠다고 마음먹고 나면 간절해진다. 특히 한정판 운동화나 명품 매장의 오픈런open run[**]처럼 제품 자체에 희소성이 있거나 구입하기 어려울수록 간절함의 강도는 더해진다. 그렇다고 항상 계획한 제품만 구입하는 것은 아니다. 인스타그램 광고에 뜨거나, 팔로우하는 인플루언서가 추천하는 제품을 '얼떨결에' 클릭하기도 한다.

최근 당근마켓, 번개장터 등 중고 거래 플랫폼이 활성화되면서 구매한 제품을 쉽게 팔 수 있는 환경이 조성됐다. MZ세대는 고가의 제품일지라도 충분히 사용했다는 생각이 들면 쿨하게 중고로 판다. 선물받은 제품도 본인에게 필요 없다 싶으면 '미개봉' 상태로 내놓

---

[*] 국립국어원 우리말샘에서는 '고유한 개성과 감각을 가지고 있으면서도 최신 유행에 밝고 신선하다'라고 정의했다.

[**] 백화점 등 명품 매장들이 문을 열자마자 물건을 선점하기 위해 달려간다는 의미이며 실제로는 매장이 문을 열기도 전에 줄을 서서 대기하는 현상을 말한다.

는다. 이들은 가격 대비 성능을 비교하는 '가성비'가 아닌 '가중비價中比'를 계산한다. 가중비는 최초 구매 가격 대비 중고로 팔 수 있는 가치를 따진다는 뜻으로 내가 만든 신조어다. 예를 들어 100만 원짜리 아이패드를 살 때 나중에 중고로 60만 원에 팔 것을 예상하면, 40만 원에 사는 셈이다. 최초 구매가에서 중고 판매가를 차감한 만큼이 초기 비용이라고 생각하는 것이다. 한정판 운동화는 더 비싸게 팔 수 있다는 '전략'으로 구매 욕구를 더 불태우기도 한다.

소비의 고급화, '팬시' 소비가 뜬다

최근 세 가지 방향에서 소비의 고급화 현상이 뚜렷하다. 첫째, 구찌·샤넬 등 명품 소비가 늘어났다. 둘째, 사치재luxury goods를 구매하는 연령대가 여러 세대로 확대됐다. 셋째, 기존에는 사치재로 볼 수 없었던 일상품이나 물성이 없는 경험을 사치재처럼 소비하기도 한다.

이 중 세 번째의 예를 보자면, 예전에 핸드워시나 비누는 일상품이었다. 손을 깨끗하게 씻을 수 있기만 하면 됐다. 그 단순한 기능이 선택의 기준이었고, 약간의 개인적 기호를 더해 좋아하는 향이 나는 제품을 고르는 정도였다. 보통 마트에서 3000~5000원(250ml 기준)에 가볍게 살 수 있다. 그런데 최근 바이레도, 조말론, 이솝 등 향수·화장품 브랜드에서 다양한 핸드워시 제품이 출시됐다.

예를 들어 조말론 핸드워시는 6만 원(250ml 기준)이다. 고급 향수 제품의 '향'을 입은 핸드워시를 사는 순간 일상품은 나를 위한 작은 '사치품'이 된다. 사치가 일상의 영역으로 들어온 것이다.

사치가 일상의 다양한 영역으로 파고들면서, 삶을 더 잘 누리려는 MZ세대를 중심으로 프리미엄 소비가 대중화되고 있다. 여기서는 이런 현상을 '팬시'라는 키워드로 제시하고자 한다. 팬시는 '멋지고 고급스러우면서 질 높은'이라는 형용사로, 최근의 소비 경향을 설명하기 위해 소비 트렌드 영역에 새롭게 가져왔다. 특히 오늘날 MZ세대를 중심으로 한 프리미엄 소비의 대중화 경향이 이전과는 다른 양상으로 전개되고 있는 점에 주목했다.

한편 이런 프리미엄 소비를 삶의 질과 자신의 가치를 높이기 위한 행위로 보고, 프리미엄 소비가 추구하는 가치를 '누리미엄'이라는 단어로 표현하고자 한다. 누리미엄이란 '누리다'와 '프리미엄'의 합성어로 내가 만든 신조어다. 일상생활을 더 잘 누리기 위해 다양한 영역에서 프리미엄 제품이나 서비스를 소비하는 것을 말한다. 여기서 프리미엄에 대한 기준은 타인이나 기업이 아니라 자기 자신이다. 10대에게는 한정판 나이키 운동화를 사는 것이 누리미엄이지만, 40대 고소득층 소비자에겐 프리미엄이 아닌 흔한 일상이라 누리미엄으로 느끼지 못할 수 있다.

팬시 소비는 '소확행'과 차이가 있다. 소확행은 '소소하지만 확실한 행복'이라는 뜻으로 프리미엄의 의미는 없다. 오히려 가심비에 가까워 심리적 만족에 초점을 둔 키워드다. 고려대 한국어대사전에 따르면, '프리미엄'은 '일정한 가격이나 급료 등에 여분을 더하여 매매되고 지급되는 금액'이다. 기업 입장에서는 제품의 품질 등을 한 단계 높이는 것이고, 소비자 입장에서는 일반 제품보다 값을 더 지불하고도 구입할 의향이 있는 것을 말한다. 누리미엄은 '삶을 프리미엄하게' 만드는 것으로, 편리함뿐 아니라 생활 속에서 누리고 싶은 모든 것이 기준이 된다.

프리미엄 소비의 대중화 현상은 '매스티지masstige'와도 다르다. 매스티지는 '대중mass'과 '명품prestige product'의 합성어로 2003년 《하버드 비즈니스 리뷰》에서 처음 소개했다. 비교적 저렴하면서 만족감을 얻을 수 있는 고급품을 소비하는 경향을 말하며, 2000~2010년대에 패션 기업들의 경영 전략으로도 많이 활용된 키워드다. 기업은 고객을 상류층과 중산층으로 나누고, 중산층 대상으로 고가의 명품보다 한 단계 낮은 제품을 출시하여 마케팅했다.

매스티지는 당시 중산층을 중심으로 다양한 연령대에서 나타났다. 중산층의 소득이 높아지면서 합리적인 가격으로 명품과 비슷한 만족감을 얻으려는 사람들이 많아졌기 때문이다. 기능적 만족감뿐 아니라 상류층이 된 것 같은 '이미지'를 얻으려는 사람들도 많았다. 상류층의 문화를 따라 하려는 중산층의 '소비 동조화' 현상이라고도 할 수 있다. 상류층이 되고 싶다는 신분 상승의 욕구가 반영된 것이기도 한데, 코치·MCM·루이까또즈 등이 대표적인 브랜드다. 이처럼 매스티지는 패션을 중심으로 하는 특정 제품군에 한정됐지만, 현재 팬시 소비는 훨씬 폭넓은 제품군에서 다양한 모습으로 나타나고 있다.

프리미엄 소비의 대중화 현상은 '플렉스'와도 다르다. 팬시 소비는 단순히 가격 중심의 소비가 아니라 일상생활의 질을 높이는 '가치' 중심의 소비가 전반적으로 확대되는 현상까지 포함한다. 그 상품이 얼마나 비싸냐보다 생활을 얼마나 풍요롭게 해주느냐에 관심을 가진다. 즉, 사치나 과시를 통한 일시적 만족보다 지속적으로 이어지는 심리적 만족감을 중시한다. 플렉스 문화에 대한 설문조사에서 그 실마리를 얻을 수 있다. 구인·구직 플랫폼 사람인이 2030세대 3064명을 대상으로 조사한 결과, 응답자의 52.1%가 '플렉스 소비를 긍정적으로 생각한다'라고 밝혔다.[1] 그 이유로 '자기만족이 중요해서'(52.6%, 복수응답), '즐기는 것도 다 때가 있다고 생각해서'(43.2%), '스트레스 해소에 좋을 것 같아서'(34.8%), '인생은 즐기는 것이라 생각해서'(32.2%), '삶에 자극이 되어서'(22.2%) 등을 꼽았다. 플렉스는 자기 과시적인 성향을 표현하는 트렌드 키워드이지만, 그 이면에는 자기만족을 추구하는 MZ세대의 심리가 있다. 코로나 19 때부터 단체 회식 문화가 소규모 모임 또는 홈술 문화로 바뀌면서 와인, 수입 맥주 등의 판매량이 늘었다. 취하도록 마시는 것보다 적당히 기분 좋게 마시고 남는 저녁 시간을 자기계발에 쓰는 것도 MZ세대의 누리미엄이다. 다만 누리미엄을 즐기고 표현할 때 "나 오늘 플렉스해 버렸지 뭐야"라고 말하기도 한다.

프리미엄 소비는 전 세대에 걸친 트렌드다

MZ세대가 프리미엄 소비 시장의 패러다임을 바꾸고 있다. 과거와 완전히 다른 소비 패턴을 만들며 새로운 트렌드를 이끌고 있다. 과거 프리미엄 소비는 40~50대가 중심축이었지만, 최근에는 20~30대로 확산되어 많은 세대에서 프리미엄 소비를 자연스럽게 즐기는 모습이 관찰된다. 무엇이 달라졌을까? 프리미엄 소비가 대중화되는 이유는 무엇일까?

프리미엄 소비 시장은 패션, 자동차, 파인 다이닝, 와인 등 다양한 산업으로 확산되고 있다. 프리미엄 소비의 대표적인 지표라고 할 수 있는 백화점 매출만 봐도 2021년에 전년 대비 24% 증가했고(그림1), 2022년(1~9월)에 17% 증가했다.[2] 특히 해외 유명 패션 브랜드를 위주로 한 명품 매출 증가율은 38%로 더 크게 늘어났다. 2021년 기준으로 우리나라 명품 시장 규모는 16조 원으로 세계 7위다.[3]

전 세계적으로도 명품을 중심으로 한 럭셔리 시장이 지속적으로 성장하고 있는데, 최근 10년간 4~5% 성장률을 보였다(그림2).[4] 글로벌 금융 위기가 한창이던 2008년에 감소한 이후 서서히 회복되다가, 2020년에는 코로나19 팬데믹으로 전년 대비 약 20% 감소했다. 그런데 2021년에는 기존 연평균 성장률 4~5%보다 훨씬 높은 역대 최고치 증가율을 보였다. 코로나 기간인 2020년 대비 43%, 코로나 이전인 2019년과 비교하더라도 14%에 달한다.

| 그림 1 | 백화점 매출 비중 및 상품군별 매출 증가율 |

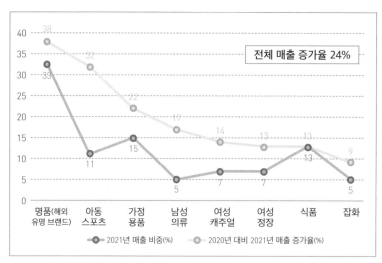

출처: 산업통상자원부

| 그림 2 | 글로벌 럭셔리 마켓 규모 |

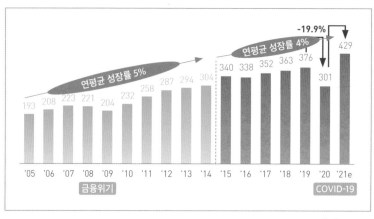

출처: Statista

프리미엄 소비가 왜 늘었을까?

첫째, 전반적인 소득 수준이 향상됐다.

통계청의 국내 가계 동향 조사 자료에 따르면, 가계처분가능소득 Personal Disposable Income, PDI*이 2021년까지 지난 5년 동안 지속적으로 증가했다.[5] 가계처분가능소득이 많아질수록 소비가 늘어나는 경향이 있다. 이는 당연하게도 제품이나 서비스에 대한 안목과 기대 수준을 높였다. 이제 단순히 비싸거나 기능이 좋다는 이유로 사지 않으며, 기호·취향·차별성처럼 가격보다 더 중요하게 생각하는 가치가 새롭게 부상했다.

둘째, 생산인구(15~64세)의 경제활동 참여율**과 생산인구 중 취업자 점유 비율인 고용률 모두 증가했다.

소비를 하려면 돈이 있어야 하고, 돈을 벌려면 경제활동을 해야 한다. 그래서 고용률과 함께 소득 추이를 보는 것이 중요하다. 우리나라 15세 이상 생산인구의 경제활동 참여율이 2020년 68.6%에서 2021년 69.0%로 증가했다.[6] 고용률은 2020년 65.9%에서 2021년 66.5%로 회복됐다. 연간 추이를 보더라도 코로나 특수 상황인 2020년 한 해를 제외하고 2009년 이후 매년 상승했다.

---

* 가계가 소비와 저축 등에 임의로 쓸 수 있는 소득.

** 일할 능력과 의사를 갖춘 사람들의 비율.

2020년에 평균 고용률이 전년 대비 0.6%p 상승했는데, 그렇다면 세대별로는 어떨까? 30대를 제외하고 청년층(15~29세), 40대, 50대 모두 증가했다. 특히 청년층의 증가율이 2.0%p로 가장 높았다. 젊은 층을 중심으로 소비가 확대된 요인 중 하나가 이것이다.

셋째, 프리미엄 소비에 대한 사회적 인식이 관대해졌고 접근할 수 있는 인프라가 확대됐다.

프리미엄 소비를 하는 이들을 바라보는 사회의 시선도 예전보다 너그러워졌다. 글로벌 금융 위기였던 2008년 당시 미국과 유럽에서는 명품 소비를 부끄러워하는 럭셔리 셰임luxury shame 현상이 강했다. 힘든 시기에 고가의 물건을 사는 사람을 부정적으로 바라보는 시선이 많아서다. 그러나 국내에서는 그때나 지금이나 이런 시선이 적은 편이다. 물론 지나친 과소비에 대한 우려가 없는 건 아니지만, 오히려 코로나19 이후 프리미엄 소비가 전 세대로 확산되는 추세다.

그렇다 보니 프리미엄 소비에 관한 긍정적 인식도 늘었다. 20대가 친구들과 함께 고급 호텔에서 생일파티를 하는 것을 보면서 '그럴 수도 있지'라고 최근의 변화된 트렌드로 이해한다. 삼성전자에서 내놓은 비스포크는 일반 냉장고보다 가격은 비싸지만 소재와 색상을 마음대로 고를 수 있어 신혼부부들에게 인기다. 이런 프리미엄 제품을 사는 30대 신혼부부나 지켜보는 50대나 편리한 기능에 심리적 만족감을 준다고 생각하기에 이런 제품의 출시를 반긴다. 즉, 프리미엄 소비를 '그럴 만한 가치가 있다'라고 인식한다.

또한 프리미엄 소비가 확대된 데에는 제품과 서비스의 정보에 더 쉽게 접근하고 더 쉽게 구매할 수 있게 됐다는 점도 영향을 미쳤다. 비쌀수록 꼼꼼하게 비교해 봐야 하는데, 정보가 부족하면 지갑을 열기가 망설여지기 마련이다. 그런데 이제는 온·오프라인 유통 채널이 다양하고 인프라가 잘 갖춰져 있어서 제품들을 비교하고 구매하기가 이전보다 훨씬 편해졌다. 새로운 시장이 창출되는 경제적 기여 효과도 있다. 이런 측면에서 소비의 고급화 경향을 긍정적으로 바라보는 시선이 많으며, 소비자들도 남의 눈치를 덜 보고 프리미엄을 누린다.

넷째, 세대별로 봤을 때 영앤리치, 액티브 시니어active senior 등 각 세대에 소비 고급화를 주도하는 세력이 등장했다.

2030세대 젊은 자산가를 뜻하는 영앤리치가 최근 급증했다. 2020년 종합부동산세 납부자 중 30대 이하가 4만 9134명이다.[7] 전년 대비 30.7% 증가한 수치다. 3년 전인 2017년의 2만 3536명과 비교하면 약 2배에 달한다. 이들의 주된 주거지역은 서울 강남이며, 호텔처럼 컨시어지 서비스 등 프리미엄 요소를 갖춘 하이엔드 오피스텔 등에 많이 산다.

또한 액티브 시니어로 불리는 50~60대도 건강관리, 웰에이징 well-aging과 같은 뷰티 케어에 적극적으로 투자하는 세대다. 2021년 기준 인구 비중을 보면 5060세대가 전체 인구의 30.1%를 차지하는데,[8] 이들은 왕성한 경제활동 주체로, 이미 다양한 브랜드를 경험했다. 어느 정도의 자산 규모를 갖췄고 자녀도 장성해 경제적·심리적으로 여유롭기 때문에 자신을 위한 누리미엄을 추구할 가능성이 크다.

5060세대 위주로 소비하던 품목들이 2030세대로 내려가거나, 반대로 2030세대 중심의 소비 스타일이 위 연령층으로 올라가기도 하면서 프리미엄 소비가 확대되고 있다. 골프와 테니스의 대중화, 명품 소비 증대는 전자의 대표적 사례로, 야외 골프장과 스크린 골프장의 주된 소비층으로 2030세대가 떠올랐다. 후자의 예로는 수제 맥주 맛보기, 핫플레이스 탐방 등을 들 수 있는데 이전에는 2030세대가 주요 소비층이었으나 이제는 5060세대도 합류했다.

최근 MZ세대를 중심으로 프리미엄 소비가 늘어나면서 전 세대에 영향을 미치는 하나의 트렌드로 자리 잡아 가고 있다. 코로나 팬데믹 때 보복소비의 일종으로 프리미엄 소비가 늘어났지만, 엔데믹 endemic(토착화된 질병)이 된 지금 이 트렌드는 더 확산될 것으로 보인다. 2023년에는 고물가·고금리·고환율의 삼중고 시대가 지속되리라고 예측되므로, 엔데믹으로 회복되어 가던 소비의 양적 성장이 제한적일 수는 있다. 그러나 오히려 소비의 질은 높아질 것이다. 소득과 같은 자원은 한정된 반면 물가가 더 올라가고 고금리 탓에 대출받을 여력도 줄어든다면 MZ세대나 액티브 시니어들은 한 번을 쓰더라도 정말 원하는 곳에, 더 아낌없이, 더 누리고 싶은 곳에 소비하려는 경향이 크기 때문이다.

프리미엄 소비는 엔데믹과 함께 사그라들까?

보복소비는 질병이나 재난 등의 외부 요인 탓에 억눌렸던 소비가 보상 심리에 따라 한꺼번에 분출되는 현상을 가리킨다. 네이버 데이터랩에서 '보복소비' 또는 '보상소비'라는 검색어 트렌드를 분석해 보면, 2019년 이전에는 언급량이 거의 없다가 2020년 3월부터 증가해 4~5월에 급증하며 최고치를 기록했다. 2020년 5월은 소비 진작을 위해 정부에서 1차 재난 지원금을 제공한 시점이기도 하다. 이때 소비 심리가 살아나면서 언론에서 보복소비라는 용어를 많이 쓰기 시작했고, 이에 따라 대중도 이 용어에 익숙해졌다.

그런데 보복소비라는 표현을 한번 점검해 보자. 보복의 사전적 의미는 '남이 본인에게 해를 준 대로 그에게 해를 주는 것'이다. 즉, 보복할 상대가 있다는 얘기다. 그러나 보복소비에는 상대가 없다.

그렇기 때문에 보복소비라는 표현은 프리미엄 소비를 하는 사람들의 동기를 협소하게 해석한다. 소비자들은 코로나 탓에 활동이 제약되는 불편함을 보상받으려는 맹목적이고 충동적인 이유로 고가의 제품을 구매한다고 이해되기 쉽다. 하지만 사람들은 실제 하고 싶은 소비를 대체할 수 있는 합리적이고 대안적인 상품이나 서비스를 소비했다고도 볼 수 있다.

인간의 소비 욕구를 풍선 안에 든 일정한 양의 공기라고 가정해 보자. 왼쪽을 누르면 오른쪽이 부풀어 오른다. 왼쪽이 막혔기 때문이다. 풍선을 바닥에 놓고 위에서 누르면 양옆으로 부풀어 오른다. 위아래가 막혔기 때문이다. 풍선 안의 공기가 소비 욕구의 양이라면, 사람들은 그만큼의 소비를 해야 소비를 한 것 같은 기분을 느끼고 스스로 만족한다. 풍선의 한쪽을 누르는 것은 상황적 제약으로, 왼쪽을 막으면 왼쪽에 있던 공기가 사라지는 것이 아니라 오른쪽으로 이동한다. 즉, A 품목의 소비를 제한하면 B 품목으로 이동한다.

예를 들어 코로나 시기 식당의 영업시간이 밤 9시로 제한되자, 밤새 파티를 할 수 있는 호텔 숙박을 잡았다. 또 식당에서 친구들과 모일 수 있는 인원이 4명으로 제한되자, 6명 그룹의 친구들은 집에 가서 홈술을 즐겼다. 이에 식당이나 술집에서 일어나던 매출이 편의점 주류 판매로 일부 대체돼 편의점 와인, 맥주 등의 판매량이 늘어났다. 어떤 한계 상황에서 억눌린 소비 욕구를 즉각적으로 풀기 위해 소비하는 것이 아니라, 일종의 대체재를 찾아 합리적 선택을 한 결과다.

더구나 보복소비라는 말에는 일시적이라는 뉘앙스가 있다. 보복소비는 외부 상황에 의존적이지만, 최근의 프리미엄 소비 경향은 코로나 혹은 불황이라는 제약이 덜하거나 사라지는 시기에도 지속될 것으로 예상된다. 인간에겐 더 나은 것 또는 더 완벽한 것을 선택하고자 하는 심리가 있기 때문이다. 현재의 프리미엄 소비 경향은 단순히 외부 제약에 따른 반사적 행동이 아니라 좀 더 만족감이 크고, 일상에서 지속하는 가치를 지니며, 삶의 질과 자신의 가치를 높이고

자 하는 내적 동력에 근거한 합리적 행동이라고 볼 여지가 있다. 특히 생존에 필요한 물질적 기반이 마련되어 있고 상품이나 서비스의 질이 전반적으로 상향 표준화된 현대 사회일수록 사람들은 단순히 기능 또는 가격에 의존해 소비하는 경향에서 벗어나게 된다.

이런 의미에서 보복소비보다 '대체소비'라는 용어가 최근의 프리미엄 소비 현상을 설명하는 표현으로 더 적절하다고 본다. 프리미엄 소비가 보복소비에서 촉발된 측면은 분명 있지만, 효용 측면에서 더 나은 선택을 하고자 하는 일종의 대체소비로서 널리 받아들여졌기 때문이다.

MZ세대의 프리미엄 소비가 단순히 고가의 명품 구매로만 나타나는 것은 아니라는 점이 이를 뒷받침한다. 소비하는 품목도 개인이 추구하는 가치와 취향에 따라 다르다. 동물복지를 중요하게 생각하는 사람이라면 명품 브랜드의 인조가죽 제품이나 윤리적으로 생산한 오리털 패딩 등 윤리적 패션을 추구하거나, 환경보호에 가치를 둔 사람이라면 비싸더라도 친환경 제품을 구입하는 식이다. 또는 고급 식재료나 주식 투자, 저축, 자기계발을 위한 교육비 지출 등으로 이어질 수도 있다.[9] 이렇듯 소비 대상의 범위가 넓은 것은 MZ세대가 자신의 가치관에 맞게 대체할 수 있는 품목을 고른다는 뜻이다.

코로나를 기점으로 촉발된 '보복소비'는 프리미엄 소비의 형태로 '대체소비'를 지나 엔데믹이 되면서 '회복소비'로 나타나기도 한다. 눌려 있던 풍선이 조금씩 다시 부풀어 오르는 격이다. 개인이 지닌 소비 욕구의 크기는 크게 변하지 않기에 물가가 오르더라도 소비 욕구는 쉽사리 줄어들지 않는다. MZ세대는 다소 비싼 것이라고 하더라도 최상의 제품을 사기 위해 여전히 지갑을 열 마음의 준비가 되어 있다. 일부는 대체소비를 유지할 것이고, 일부는 '진짜 하고 싶었던' 소비를 할 가능성이 커졌다. 여행, 색조 화장품 등 코로나로 타격을 받았던 업종이 리오프닝reopening(경기재개) 수혜주로 부상하고 있는 이유이기도 하다.

모든 기업이
MZ세대에 주목하는 진짜 이유

MZ세대는 트렌드를 선도하며, 기업과 사회에 대한 영향력도 크다. 특히 이들은 최근 프리미엄 소비문화의 핵심 고객층으로 부상했다. 기업들의 MZ세대 고객 모시기 경쟁이 뜨겁다. 광고 카피에 '요즘 MZ가 열광하는' 같은 문구가 들어가 있지 않으면 왠지 트렌디하지 않은 제품처럼 느껴진다. 기업들은 왜 MZ세대에 이토록 주목하는 걸까?

MZ세대를 연구하는 전담 조직까지?

소비 트렌드에 민감한 카드회사를 비롯해 은행·증권회사 등 금융 업계만이 아니라 백화점 등 유통 업계, 화장품·패션 업계 등 대부분의 기업이 MZ세대를 사로잡기 위해 새로운 경영 전략을 내세우고 이를 잘 실행할 수 있도록 조직을 개편하고 있다. 신한카드와 우리은행은 MZ세대 마케팅 관련 부서를 만들기도 했다. 정식 부서는 아니지만 여러 부서의 2030 직원으로 구성한 자치 조직도 생겨났다. 신한카드는 역逆멘토링 그룹 '알스퀘어'를 통해 다양한 사업 아이디어를 시도하고, 신한금융지주도 '후렌드 위원회'를 운영하며 MZ세대 직원들과의 소통을 확대하고 있다.

아모레퍼시픽은 2022년 신년사에서 "디지털 대전환 전략으로 디지털 세상 속 커머스, 콘텐츠, 커뮤니티를 쉽고 재미있게 만들어

MZ세대 고객과 유대감을 형성하고 강한 팬덤을 구축할 것"을 약속했다. 패션회사 LF도 2022년 경영 키워드로 '혁신·MZ세대·효율'을 제시했다.

기업들이 MZ세대를 겨냥하는 이유는 명확하다. 젊은 층의 새로운 소비자들이 유입돼야 기업이 유지될 수 있기 때문이다. 신생 스타트업이든 50년 이상 된 대기업이든 마찬가지다. 스타트업은 존재 자체를 알리기 위해서, 장수 기업은 브랜드 이미지를 젊게 하고 고객층을 두텁게 하기 위해서다. 통계청에 따르면 2019년 기준 MZ세대는 전체 인구의 33.7%를 차지한다.[1] 경제활동인구(약 2772만 명, 2021년 2월 기준)에서 MZ세대의 비중은 45%에 달하며, 이들은 우리 사회에서 이미 핵심 소비층으로 부상했다.

그렇다고 기업들이 MZ세대를 단순히 마케팅 대상으로만 보는 것은 아니다. MZ세대가 경제활동인구의 절반을 차지한다는 것은 이들이 '소비자'일 뿐만 아니라 '직원'이기도 하다는 뜻이기 때문이다. 실제로 네이버, 빗썸 등 스타트업을 비롯한 IT 업계에서는 20~30대 직원 비중이 80%에 이른다. 리더로서의 지위도 눈에 띈다. 마켓컬리, 토스, 직방은 창업자가 MZ세대다. 심지어 2021년 국내 매출액 상위 100대 기업의 임원 현황을 조사한 결과, 1980년대생 MZ세대 임원이 2019년 28명에서 2021년 64명으로 증가했다.[2] 64명 중 오너는 9명이고 일반인 임원이 55명이다.

10대부터 40대까지, 기업이 진짜 주목하는 이들은?

MZ는 M(밀레니얼)세대와 Z세대를 묶어 통칭하는 말이며, 마케팅에서 더 많이 활용됐다. 미국 맥킨지앤컴퍼니가 정의한 M세대는 1980~1994년생이며, Z세대는 1995~2010년생이다. 2022년 기준 M세대는 29~43세, Z세대는 13~28세. 언뜻 봐도 10대부터 40대까지가 한데 묶인 모양새인데, 이들의 특성이 같을 수는 없다. 실제로 이들은 서로 묶여 규정되는 걸 싫어한다. 고2 학생에게 이 분류법을 이야기했더니 "아니, 열여덟 살인 저랑 회사에서 과장 직급으로 일하는 마흔 살 워킹맘이 같은 세대라고요? 서로 선호하는 옷 브랜드도 다르고 생각하는 스타일도 다른데, 그게 말이 돼요?"라며 어이없어했다.

그래서 최근 발간된 세대 연구물은 물론 기업들도 Z세대를 따로 떼어내 주목한다. 30대가 주된 층인 M세대가 최근 40대로 진입하기 시작했고, 20대가 주된 층인 Z세대도 곧 30대에 진입한다. 미디어 등에서 정의하는 MZ 연령대(만 18~42세)와 응답자가 생각하는 MZ 연령대(평균 만 16.1~30.7세)는 큰 차이를 보였다.[3] 어렴풋이 젊은 층, 즉 20대로 짐작하는 것이다. MZ세대 분류를 재정의할 필요가 있다. 기업들도 막연히 MZ세대라고 하기보다 실제 타기팅하려는 소비자를 세분화해야 한다.

MZ세대도 나이 들어 간다. M세대에 대한 연구가 시작된 지도 이미 10년이 넘었다. 심리학자 진 M. 트웬지Jean M. Twenge는 M세대를 '미Me 세대'로 묘사했다.[4] 모든 것이 '나'에게 초점이 맞춰져 있으며, '내'가 가장 중요한 세대라는 의미다. 2010년대만 해도 MZ라는 말을 쓰지는 않았지만, 2030을 타깃으로 해야 한다는 담론은 흔했다. 당시 '2030' 신용카드가 출시될 정도로 2030세대가 기업들의 주된 타깃이었다.

지금 기업들이 주목하는 MZ세대 역시 40대로 진입하는 연령층보다는 20~30대에 더 초점이 맞춰져 있는데, 기업들은 왜 이들을 나이가 아니라 MZ세대라는 말로 언급하게 됐을까? 이는 생애주기에 따른 연령 차이보다 세대 차이에 주목하기 때문이다. 기업의 부장 이상 경영진은 X세대와 베이비부머 세대이므로 이들의 시각에서 '내가 속한 세대와 너무나 달라 보이는' MZ세대를 이해할 필요성이 제기되었다. MZ세대는 연령에 따른 특성만으로는 정의하기 어려운, 시대 변화에 따른 해당 세대만의 특성이 있다는 관점에서다. 이제 연령 차이만으로 MZ세대를 이해할 수 없다.

앞서가는 MZ세대, 따라가는 기성세대

MZ세대는 트렌드를 만드는 한편, 최신 트렌드를 가장 빠르게 받아들이기도 한다. 그리고 MZ세대가 받아들인 트렌드가 다른 세대에 영향을 미치고 새로운 문화를 형성한다. 지금처럼 서로 연결되어 있는 세상에서는 세대가 달라도 같은 시대에 살고 있기 때문에 세대 간 영향을 크게 주고받는다. 우리는 모두 부모와 자녀, 학교 선생님과 학생, 회사 경영진과 직원 등 다양한 관계를 맺고 있지 않은가. MZ세대가 유행이나 마이크로 트렌드를 선도한다면, 기성세대는 이를 메가트렌드로서 문화로 확대하고 정착시키는 역할을 한다.

MZ세대는 트렌드에 관심이 많고 새로운 기술과 서비스를 거침 없이 수용하며 소비력도 크다. 이들의 문화와 행동양식이 모든 연령대에 영향을 끼치고 있다. 다른 세대를 자신의 문화에 동화시키는 데에도 적극적이다. 기업들은 MZ세대의 플랫폼 사용 습관이나 새로 출시한 상품과 서비스에 대한 반응을 선행 지표로 여기기도 한다. 이들은 부모를 비롯한 여러 세대의 구매 결정에 직간접적으로 영향을 미친다. 동네 세탁소에 이불 빨래를 맡기려고 나서는 엄마 핸드폰에 런드리고 Laundry Go(비대면 세탁 서비스) 앱을 깔아주고, 아빠에게 용돈 달라고 조를 때는 "카송(카카오 송금)해 줘"라고 한다.

IBM 기업가치연구소의 「유일무이한 Z세대」 리포트에 따르면, Z세대 자녀가 가족의 소비에 어느 정도 영향을 미친다는 응답이 93%에 달했다.[5] Z세대가 소비에 직접 지출하는 능력은 제한적이지만 월등한 디지털 지식을 갖추고 있기에 가족의 구매 경로, 즉 제품 평가와 구매 방법론, 구매 후 활동 등에 영향을 미칠 수 있다고 분석했다. 일상용품이나 식품뿐 아니라 가구, 여행 등 Z세대의 개인

예산을 뛰어넘는 고가의 품목에도 영향을 미치는 것으로 나타났다.

MZ세대의 소비 트렌드를 연구하면서 이들의 특성이 기성세대와 일부 닮았다는 점을 발견했다. 아니, 어쩌면 기성세대가 MZ세대를 따라 한다는 표현이 맞겠다. 나만 하더라도 처음에는 인스타그램, 틱톡과 같은 SNS 서비스를 이용하지 않았다. 그런데 점점 핫해지자 어느 순간 앱을 깔아서 쓰고 있었다. 스물아홉 살 직장 후배가 사무실에서 휴대폰 알람이 울리자 갑자기 광클릭을 했다. 나이키 한정판 운동화를 사려는 것이었다. 그 후 점심시간에 조용히 다음 추첨 일정을 검색하고 있는 나를 발견했다. 실외 골프장에서의 골프웨어는 칼라가 있는 상의를 갖춰 입은 단정한 차림이어야 한다고 생각해 왔다. 그런데 어느 날, 클럽하우스에서 마주친 MZ세대 골린이들이 맨투맨 티를 입고 당당하게 라운딩하러 가는 게 아닌가. 새로 출시한 골프웨어 브랜드였다. "저렇게 편한 차림으로 플레이하는 게 어때서? 그렇다면 나도!" 캐주얼한 골프웨어를 쇼핑하기 시작했다.

소비문화 분석가인 제프 프롬Jeff Fromm은 M세대와 다른 세대의 행동을 어느 순간부터 분간하기 힘들어지는데, 이는 앞선 세대가 노동시장에서 뒤처지지 않으려고 M세대의 특성을 따라 하기 때문이라고 설명했다.[6] 결국 기성세대도 사회문화 트렌드를 따라잡기 위해 MZ세대를 따라가는 것이다.

세대 간 소비 동조화 현상이 강해지고 있다

MZ세대가 만든 신흥 소형 상권을 가장 적극적으로 즐기는 세대는 '부머 쇼퍼'*다. '골목상권의 개인 매장을 선호한다'라고 답한 50~60대는 전체의 48%로 20~30대(35%)보다 많았다.[7] '골목상권 SNS 명소를 일부러 찾아간 적 있다'라고 응답한 비율도 50대가 50%, 60대가 56%로 전 세대 중 가장 높았다. 전문가들은 MZ세대가 형성한 소비 트렌드가 '낙수효과'처럼 부머 쇼퍼에게 확산된 것으로 본다.

코로나19를 거치는 동안, 오프라인 채널에 익숙했던 부머 쇼퍼에게 MZ세대 자녀가 온라인 쇼핑 방법을 가르쳤다. 2016년 상반기 대형 마트와 슈퍼마켓 등 전체 소비 채널 중 온라인 쇼핑 이용 비율이 50대는 13%, 60대는 7%에 불과했다. 그런데 2021년에는 50대 26%, 60대 14%로 두 연령대 모두에서 2배 상승했다. 트렌드에 민감하고 디지털기기를 활용해 풍부한 정보력을 갖춘 2030세대가 기성세대에도 영향을 미치고 있다는 분석이다.[8]

대중문화에서도 이런 현상이 나타났다. 2020년 TV조선 예능 프로그램 「미스터 트롯」은 최고 시청률 35.7%를 기록했다. 이를 통해 임영웅·장민호 등 스타들이 탄생했는데, 팬들은 스타들의 굿즈를 구매하고 팬미팅에도 참석했다. 이런 팬덤의 중심에는 베이비붐

---

* '베이비부머'와 '쇼퍼'의 합성어로 5060세대 소비자를 지칭한다.

세대가 있었다. 「미스터 트롯」의 인기를 계기로 트로트가 부활하면서 베이비붐 세대가 자연스럽게 팬덤 문화를 경험하게 됐다. 팬덤은 특정한 인물이나 분야를 열성적으로 좋아하는 사람들 또는 그런 문화 현상을 말한다. 특히 임영웅의 공식 팬 카페 '영웅시대'는 상당한 위상을 자랑하는데, 2022년 8월 기준 회원이 18만 명을 넘어섰다. 기존에 중·장년층은 젊은 층의 팬덤 문화를 지켜보기만 했으나, 이제 중·장년층에게도 젊은 층의 팬덤 문화가 깊숙이 스며들었다.

우리나라 경제활동인구의 절반을 차지하는 MZ세대는 소비 패턴을 이끌고 새로운 문화를 형성하는 데에도 주도적인 역할을 하고 있다. 그래서 기업들이 이들의 움직임을 주시한다. 어떤 현상이 일시적 유행인 패드fad로 끝날지 아니면 1년 이상 지속되는 트렌드가 될지 파악하고, 전략과 마케팅에 적절히 활용한다. 중앙은행 등 경제계에서는 소비자 물가지수, 생산자 물가지수 등 정책 수립을 위한 선행 지표를 많이 활용한다. 예를 들어 소비자 물가지수는 소비자들이 구입한 특정 상품들의 평균 물가 수준을 측정한 것으로 인플레이션을 가늠할 수 있는 가장 대표적인 지표다. 물가가 오르면 금리도 오르기 때문이다. 이와 비슷하게 사회문화적으로 MZ세대가 이끌어가는 트렌드는 새로운 시장의 기회를 포착할 수 있는 선행 지표 역할을 한다. 기업들이 트렌드의 양상을 지속적으로 관찰하고 적절히 활용하기 위해 노력하는 것도 이 때문이다.

소비 스타일은 연령에 따라 다른 특성을 보인다

지금의 20대가 타임머신을 타고 1990년대로 간다고 상상해 보자. 이들은 과거의 20대와 같은 가치관을 가지고 생활하게 될까? 반대로 지금의 40~50대가 2022년 현재 20대로 변신했다고 가정해 보자. MZ세대의 행동양식을 그대로 보여줄까? 반은 맞고 반은 틀리다. 나이의 속성에서 오는 성향은 내가 어떤 시대에 태어났더라도 동일하다. 그러나 사람은 시대의 변화 속에서 영향을 받으며 자란다. 가치관은 사회의 변화를 반영하므로 동시대를 살아가는 이들에게서 유사한 가치관이 나타난다. 표면적인 현상만 보고 세대를 이해하려고 해서는 안 된다. 연령대가 달라서 나와 다른 것인지, 시대의 변화가 그들의 가치관을 바꿔서 나와 다른 것인지 그 이면을 파악할 필요가 있다.

생애주기는 개인이나 가족생활에서 발생하는 변화를 기준으로 사람의 일생을 시간의 흐름에 따라 단계별로 구분한 것이다. 출생, 취학, 취업, 결혼, 자녀 양육 등 그 연령대가 되면 자연스럽게 경험하게 되는 일들이 있는데 이를 계기로 소비 습관도 달라진다.

20대에는 안 그랬는데 40대가 되면 달라질까? 물론이다. 맛집과 카페에서 인증숏을 찍어 SNS에 올리는 것은 기본이고, 명품 브랜드나 뜨는 브랜드가 있으면 찾아보고 사거나 친구들과 공유하기를 좋아하는 등 20대와 30대 초반까지 플렉스를 꽤 즐겼던 사람도 자녀를 출산하고 나면 관심사와 가치관이 급격하게 바뀐다. 나를 위한 소비가 자녀를 위한 소비로 대체된다.

취업, 결혼 등 인생의 이벤트가 발생하지 않더라도 나이에 따라 소비 스타일과 소비 습관은 달라진다. 구매 동기 등 소비 심리가 달라지기 때문이다. 예를 들어 젊은 층은 새로운 것을 경험해 보고 싶다는 욕구가 크기에, 실패하더라도 새로 출시된 브랜드를 구매할 확률이 높다. 반면, 노년층은 안정 지향적이기 때문에 이미 검증된 브랜드의 제품을 구매할 확률이 높다.

시대가 변했는데도 연령대별 소비 스타일이 비슷하다면, 이는 '나이'에 따른 특성이다. 나이에 따라 입장과 이해관계가 달라지기 때문이다. 고등학생은 주로 부모님에게 용돈을 받아 쓰기에 사고 싶은 물건이 있어도 소비에 제한을 받는다. 학생이라는 사회적 지위가 주는 여러 가지 제약도 있다. 그러다가 취업을 해서 직접 돈을 벌기 시작하면 억제되어 있던 소비 욕구가 점차 발산된다. 직장인이라고 하더라도 신입사원과 관리자의 입장은 또 다르다. 나이가 들수록 사회적 역할과 이해관계에 더 얽매이게 되므로, 자기 자신보다는 가족과 조직 중심으로 생각하는 경향이 강해진다.

시대의 변화로 인한 세대 고유의 특성도 있다

생애주기의 단계별 특성과 세대 특성의 차이를 구분하여 이해할 필요가 있다. 앞서 언급한 제프 프롬은 "생애주기 단계가 달라져도 세대 특성은 변하지 않는다. M세대 대다수가 얼리어답터로, 이들은 자녀가 생겨도 여전히 디지털기기 사용에 열성적 모습을 보인다. 얼리어답터라는 세대 특성, 즉 그 세대만의 고유한 특성은 변하지 않기 때문이다"라고 분석했다.[9] 이런 배경에는 디지털 기술의 발달, 소비 욕구를 자극하는 다양한 매체의 등장 등 지금의 세대를 둘러싼 시대적 변화가 있다. 그 이전의 세대는 겪지 못한 변화를 어릴 때부터 경험했기 때문이다.

아이폰 세대, 수능 세대, 민주화 운동 세대 등 성장하면서 어떤 미디어를 사용하고 어떤 교육을 받았는지, 거시적인 정치·사회 환경은 어떠했는지 등이 가치관과 행동양식에 큰 영향을 미친다. 2020년 6월 미국 《타임》은 '팬데믹 세대'를 커버스토리로 다루었다. 미국 M세대가 10대에 9·11테러를, 20대에 금융 위기를, 취업할 즈음인 2020년에는 팬데믹이라는 일련의 커다란 사건을 겪으면서 이전 세대와는 다른 관점을 가지게 됐다는 내용이다. 동시대를 살면서 같은 사건을 겪은 세대는 비슷한 가치관을 형성할 확률이 높다는 점을 다각적으로 짚었다.

2020년 6월호 《타임》 표지
(출처: 타임)

또한 MZ세대는 멀티 태스킹에 강하다는 특성이 있다. 이는 연령대별 특성이라기보다 환경 변화에 따른 특성이다. 즉, 현재 젊은 층의 지능지수가 높아진 것과 연관이 있다고 볼 수 있다. 과거 세대와 비교했을 때 현재 청소년의 지능지수가 향상됐다는 사실은 '플린Flynn 효과'라는 말로도 유명하다. 전통적인 검사에 따르면, 요즘 청소년들은 이전 세대와 비교했을 때 지적 능력이 훨씬 뛰어나다. 학자들은 그 이유를 컴퓨터와 TV가 뇌를 자극하고 흥분시키기 때문이라고 보고 있다. 뇌 연구를 통해 강한 자극과 변화무쌍한 환경에서 성장한 아이들은 뇌에 변화가 일어난다는 사실이 입증됐다.[10] 하지만 최근 뇌과학 연구에서는 멀티 태스킹을 잘할 수밖에 없게 한 환경, 즉 기술의 첨단화가 사람들의 집중력을 떨어뜨려 오히려 지능에 부정적 영향을 준다는 결과도 발표됐다.[11] 어느 쪽이든 실제 처한 '환경'에 따라 사람의 뇌가 변화하고, 이로 인해 세대 특성이 달라질 수 있음을 시사한다.

세대를 이해하기 위해서는 표면적 현상 외에 보이지 않는 이면을 잘 살펴봐야 한다. 그 특성이 생애주기 등 나이에 따른 것인지, 시대의 변화에 따른 것인지 분석해 보아야 한다. 즉 세대의 특징은 생애 주기 등 나이에 따른 '세대의 다름'이라는 측면과 '시대의 변화'에 따른 고유의 특성, 양쪽 측면을 입체적으로 이해할 필요가 있다. 세대가 가진 고유의 특성은 잘 변화하지 않는다. 번개장터로 중고 거래를 즐겼던 10~20대는 나이가 들어서도 중고 거래를 활용할 가능성이 크다. 알뜰해서가 아니라 하나의 '소비문화'로 즐기기 때문이다. 한 세대를 알려면 그 세대를 횡으로, 종으로 접근해야 한다. 나이와 생애주기 등 시간을 '횡'으로 둔다면, 동시대의 사회문화적 요인들을 '종'으로 볼 수 있다. 특히 기업에서 마케팅을 할 때는 소비자의 특성과 소비 심리가 발생한 배경 등을 다각도로 관찰하는 자세가 필요하다.

욕망에 진술하고
취향에 진심이다

'Small Work, Big Money', 'As Slow As Possible~ASAP~'이라는 문구를 보고 무릎을 치며 공감한다면, 당신은 MZ세대가 맞다. 나이로는 아니더라도 최소한 MZ세대의 감성을 가졌다. 이 문구는 최근 MZ세대가 열광하는 라이프스타일 브랜드 모베러웍스가 전하고자 하는 핵심 메시지다. 내적 욕망에 솔직한 MZ세대의 공감 포인트를 위트 있게 잘 뽑아냈다. 최근 프리미엄 소비의 증가는 내적 욕망을 솔직하게 표현하는 MZ세대가 SNS 채널을 통해 여러 자극을 많이 받음으로써 나타나는 현상이다.

"적게 일하고, 많이 벌고 싶어요"

누구나 적게 일하면서 돈은 많이 벌어 원하는 것 다 사고, 하고 싶은 것 다 하며 살고 싶어 한다. 그러나 기성세대는 일을 열심히 해서 돈을 많이 모은 다음에 즐기겠다는 생각이 강했다. MZ세대에게 이렇게 하라고 하면 "티끌 모아 티끌인데, 무슨 소리예요?"라고 할 것이다. 돈을 좋아한다고 말하면 속물처럼 보일까 봐 그동안은 대놓고 표현하지 않는 분위기였다. 하지만 "적게 일하고, 돈은 많이 벌고 싶어요"라고 말한들 누가 뭐라고 할 수 있을까? 오히려 "나도 그래"라며 격하게 공감하지 않을까?

모베러웍스 브랜드가 MZ세대에게 인기를 얻은 이유는 직장인

MZ세대의 내적 욕망을 간파하고 솔직하게 드러냈기 때문이다. 모베러웍스의 캐릭터인 철새 '모조'에는 모베러웍스가 추구하는 브랜드 페르소나가 반영되어 있다. 가능한 한 일을 천천히 하면서도 As Slow As Possible, 적게 일하고 많이 벌며 Small Work Big Money, 별다른 어젠다 없이 No Agenda 자유롭게 사는 것이다. 모베러웍스는 티셔츠, 문구류, 가방 등에 이런 메시지를 입힌다. 뉴발란스, 신한카드, 롯데월드, SKT 등의 대기업들과 컬래버를 진행하기도 했다. 이 메시지에 공감하는 소비자들은 이들의 제품을 구매하고, 자연스럽게 모베러웍스의 충성 고객인 '모쨍이'가 되며, 나아가 협업 브랜드의 고객으로 확장된다.

이 브랜드의 성공 사례가 주는 시사점은 이 브랜드가 얼마나 많은 대기업과 협업했는지, 매출이나 수익이 어떻게 되는지 등 정량적인 부분에 있지 않다. 내가 주목하는 부분은 모베러웍스 자체가 지금의 시대상과 MZ세대의 특성을 있는 그대로 반영한다는 점이다. 유달리 솔직한 세대인 MZ세대도 조직 구성원으로서는 자신이 초라하거나 작다고 느낄 수밖에 없다. 그래도 이들은 '돈'이나 '일'에 대해 솔직함을 유지하고 싶어 한다. 이런 솔직한 욕망을 위트 있게 풀어낸 브랜드가 많은 공감을 얻었다는 것 자체가 사회문화적 분위기가 변했음을, MZ세대의 가치관이 변했음을 말해준다.

실제로 일을 적게 하고 돈을 많이 버는 것은 쉽지 않다. 그러나 하고 싶은 일을 하면서 돈을 벌면 일하는 시간 자체가 즐겁기 때문에 일을 많이 해도 만족감이 크다. MZ세대가 N잡러를 꿈꾸고, 공간과 시간에 제약받지 않으며 일하기를 원하는 이유다. 코로나 기간에 네이버 등 일부 IT 기업은 전면 재택근무를 시행했다. 2022년 4월부터 정부의 거리 두기가 완화되자, 기업들은 직원들을 다시 사무실로 불러 모았다. 재미있는 사실은 최근 네이버 직원 설문조사 결과, 다시 사무실로 출근하기를 원하는 직원이 거의 없었다는 점이다. '개인에게 최적의 근무 방식'을 묻는 항목에 '주 5일 사무실 출근'이라고 응답한 직원은 2.1%에 불과했다. 필요에 따라 사무실과 집에서 일할 수 있는 '혼합식 근무'가 적합하다고 답한 직원은 52.2%, '주 5일 재택근무'는 41.7%로 나타났다. '조직에 최적의 근무 방식'을 묻는 항목에도 '주 5일 사무실 출근'이라고 답한 직원은 1.7%에 불과했다. 53.5%는 '혼합식 근무'를, 40.1%는 '주 5일 재택근무'를 선택했다.[1] 일하는 방식, 돈을 버는 방식이 달라지고 있음을 확인할 수 있다.

돈을 쓰는 데도 솔직하다

소셜 미디어를 통해 돈, 득템력, 인맥 등을 자랑하는 것이 MZ세대에게는 하나의 문화다. 과시욕을 부끄러워하거나 굳이 감추려고

신한카드와 모베러웍스가 협업한 카드
(제공: 모베러웍스)

하지 않는다. 자취를 시작한 기념으로 산 고급 스피커, 내 인생 첫 외제차, 남자 친구에게 선물받은 명품 지갑 등 자랑할 수 있는 것이 있으면 거리낌 없이 자랑한다. 잘 고른 물건이라고 검증받고 싶기도 하고, 어렵게 돈 모아 산 제품이니 축하받고 싶기도 하고, 남들의 부러움을 사고 싶기도 하다. 그냥 습관적으로 일상을 기록하듯이 올리기도 한다. 이들은 소소한 것도 SNS를 통해 기록하고 공유하고 싶어 한다. 자신을 적극적으로 표현하고 과시해도 사회적 시선이 예전만큼 따갑지 않고, 오히려 긍정적으로 바라보는 이들이 많아졌다.

이런 현상은 MZ세대에게 나에 대한 '기록의 욕구'와 남에 대한 '과시의 욕구' 둘 다 존재하기에 나타난다. 또 이렇게 SNS 채널로 남들과 공유하는 문화가 형성되어 있기에 보는 이들도 많은 자극을 받는다. 매체가 다양화됐을 뿐 아니라 인증숏, 구매 후기, 광고, 실시간 채팅이 일상에 녹아들어 수시로 소비욕을 불러일으킨다. 포털 검색으로 뉴스를 보는데 패션 브랜드 광고가 따라붙고, 인스타그램으로 나의 일상을 올리다가 '갓꿀러'* 친구가 명품 스니커즈를 사고 나서 올린 인증숏을 보고, 몇만 원짜리 호텔 빙수를 사 먹었다는 친구 이야기를 단체 카톡방에서 듣기도 한다. 나를 둘러싼 매체에 끊임없이 자신을 노출하고 자극을 받는다.

---

* 　나의 만족을 극대화하는 주관적 소비 요소인 '꿀'을 찾아 다니는 사람. 가격뿐 아니라 시간, 성능, 트렌드, 효율, 경험 등 다양한 조건이 내가 원하는 비율로 어우러졌을 때 만족을 느끼는 20대의 소비 성향을 표현한 신조어.

이렇게 SNS 채널을 통해 자극을 많이 받는 환경과 내적 욕망에 솔직한 심리가 더해져 MZ세대는 일상에서 고급스러운 소비를 하기를 원한다.

'보는 쇼핑'을 즐기다가 '사는 쇼핑'으로 넘어간다

MZ세대는 SNS 채널 등 자극을 많이 받는 환경에 놓여 있지만, 이들이 단순히 노출되는 정보만 보는 것은 아니다. 솔직한 만큼 능동적으로 정보를 찾아 나선다. 제품을 구매하기 전에 자신의 욕망을 좇아 다양한 채널에서 최대한 많은 정보를 얻기 위해 바삐 움직인다. 시간과 비용을 투자해서 자신이 좋아하는 것을 깊게 파고들어 지식과 견해를 얻음으로써 자신만의 취향을 완성해 나가는 일종의 '디깅digging'이다.

MZ세대는 사고 싶은 제품이 있으면 '○○ 하울' 영상을 유튜브에서 검색해서 본다. 이렇게 '보는 쇼핑'을 즐기다가 실제 '사는 쇼핑'으로 넘어간다. 반대로, 사는 쇼핑을 위해 보는 쇼핑을 미리 하기도 한다. 최근 나온 신제품이 무엇이고 어떻게 생겼는지 등과 같은 정보력을 갖추고 나면 더 가치 있는 제품에 대한 욕망이 커진다.

이런 흐름과 함께 발란, 트렌비 등 온라인 명품 판매 플랫폼이 다수 등장했다. 카카오톡 선물하기에서도 에르메스, 구찌, 티파니앤

코 등의 명품을 쇼핑할 수 있다. 명품 시장의 이커머스e-commerce 시대가 본격적으로 열린 것이다. 그뿐만이 아니라 샤넬 등 럭셔리 브랜드들도 자체 홈페이지에서 온라인 쇼핑몰을 강화하고 있다. 명품에 대한 열망과 온라인 쇼핑의 이점이 더해진 이커머스 채널들이 젊은 층을 고객으로 흡수하기 시작했다. 이렇듯 욕망에 솔직하고 취향에 진심인 세대가 프리미엄 소비의 대중화를 주도하게 된 데는 접근의 편리성이 주는 이점도 있다.

취향에 진심인 MZ세대를 사로잡은 신명품

취향을 위해 기꺼이 디깅을 하는 MZ세대는 어떤 상품에 진심일까? 분명 전통 명품에 국한된 것은 아니다. 한정판 스니커즈가 MZ세대의 소비문화를 대변한다고 해도 과언이 아니다. 이런 트렌드를 반영해 스탁엑스, 크림 등 스니커즈 거래 플랫폼도 등장했으니 말이다. 번개장터는 최근 중고 스니커즈 전용 매장 '브그즈트랩'을 여의도 더현대 서울과 삼성동 스타필드 코엑스몰에 론칭했다. 중고는 더 이상 중고가 아닌 프리미엄 소비의 대상이고, 원가보다 비싼 한정판은 새로운 쇼핑의 가치를 지닌다. 이렇듯 MZ세대의 소비가 고급화하는 배경에는 희소성, 신선함, 유니크함에 대한 욕망이 있다.

우선 MZ세대는 희소성에 열광한다. 남과 차별화하기에 가격만으로는 부족하다. 희소성은 돈이 많은 1% 부유층만이 가질 수 있는 것을 의미하지 않는다. 전 세계 1만 개의 제품, 국내에서 살 수 있는 딱 1000개의 제품을 사려면 돈보다 더 필요한 것이 있다. 바로 안목과 열정, 발품이다. 그 제품을 얻는 순간 같은 열망을 가진 소비자 사이에서 부러움의 대상이자 상위 1%의 소비자로 등극한다. '돈'을 가진 자가 아니라 '취향템'을 가진 자가 된다. 한정판 제품을 내세운 마케팅이 성공하는 이유다.

번개장터는 더현대 서울에 자리한 브그스트랩 1호점에 2022년 8월까지 1년 6개월간 약 40만 명이 다녀갔으며, 전체 방문자 중 MZ세대(18~34세) 비중이 80%라고 밝혔다.[2] 최근 10대들의 방문도 늘고 있다. 이 매장의 객단가는 80~100만 원이며, 한정판을 제외한 일반 제품은 35만 원 정도다. 한정판 스니커즈의 '끝판왕'이라고 불리는 마이클 조던의 친필 사인이 있는 '조던1 하이2013'은 한 켤레 가격이 무려 3900만 원에 달한다.[3]

또한 MZ세대는 신선함과 유니크함을 선호한다. 오픈서베이가 발간한 「Z세대 트렌드 리포트 2021」에 Z세대가 선호하는 패션 브랜드 조사 결과가 실렸다. 금액 제한이 없다면 어느 브랜드의 옷을 구입하고 싶은가를 Z세대에게 물었는데 나이키, 아디다스, 언더아머 등 스포츠 브랜드를 구입하고 싶다는 답변이 많았다.[4] 특이한 사실은 톰브라운, 메종키츠네와 같은 캐주얼 명품 브랜드부터 구찌,

샤넬 등 전통적인 명품 브랜드까지 고가의 브랜드가 같이 언급됐다는 점이다. 조사 대상인 Z세대가 만 14~25세라는 점을 고려하면, 이들의 명품 브랜드에 대한 관심이 기성세대보다 일찍 시작된다고 볼 수 있다.

특히 메종키츠네, 톰브라운, 아미, 르메르 등은 최근 '신명품', '신흥 명품'으로 불리며 MZ세대의 관심을 한 몸에 받고 있다. 요즘 MZ세대는 '샤에루'보다 '슈오베'를 선호한다. 전통적인 명품 브랜드가 샤넬·에르메스·루이비통이라면, 신명품은 슈프림·오프화이트·베트멍이다. 여기에 메종 마르지엘라와 메종키츠네까지 더해 '슈오베마키'라고도 한다. 이들은 신선한 디자인과 독특한 마케팅을 선보인다. 슈프림은 패션 브랜드임에도 소화기, 야구 배트, 로고를 새긴 벽돌, 럭비공 등 특이한 제품을 내놓았다. 메종키츠네는 프랑스어로 '집'이라는 뜻의 '메종'과 일본어로 '여우'라는 뜻의 '키츠네'를 합친 말이다. 클래식한 디자인을 바탕으로 귀여운 여우 로고를 넣은 옷이 많다. MZ세대가 이런 신명품을 선호하는 이유는 신선함과 유니크함 때문이다. 기존에 없었던 스타일로 과감한 프린트가 있는 티셔츠나 여우 로고가 새겨진 티셔츠가 이들에게 새롭고 신선함을 제공한다. 이제 MZ세대에게 명품으로 인정받고 싶다면, 취향을 사게 해야 할 것이다.

나이키(후드집업, 바람막이, 트레이닝복 등)

 아디다스(운동화, 트레이닝복 등)

GUCCI 구찌(가디건, 후드티/셔츠, 신발 등)

CHANEL 샤넬(트위드자켓, 가방 등)

 폴로랄프로렌(가디건, 니트 등)

THOM BROWNE.
NEW YORK
톰브라운(자켓, 가디건 등)

MAISON KITSUNÉ
PARIS
메종키츠네(가디건 등)

BURBERRY 버버리(트렌치코트 등)

 마크곤잘레스(후드집업 등)

언더아머(운동복, 숏패딩 등)

[Z세대 전체 응답자, N=600, 주관식 응답]

금액 제한이 없을 경우 옷을 구입하고 싶은 브랜드 TOP 10
(출처: 오픈서베이)

희소성을 사냥하고 유니크함에 끌린다

신경마케팅 권위자 한스-게오르크 호이젤Hans-Georg Hausel에 따르면, 인간의 뇌에는 자극·지배·균형이라는 3대 감정 시스템이 있다. 이 중 지배 시스템은 경쟁자를 물리치고 권력을 구축하며 영역을 확장하라고 지시한다. 이 명령을 잘 수행하면 인간은 자부심·승리감·우월감을 경험하고, 그러지 못했을 때는 짜증·분노·불안을 느낀다. 지배 시스템이 작동하는 뇌는 '포획·사냥' 모듈을 발동시켜 욕구를 부추긴다. 포획·사냥 모듈은 말 그대로 사냥할 때 느끼는 짜릿함, 긴장감의 감정을 불러일으킨다.[5]

소비를 할 때도 종종 지배 시스템이 작동한다. 한정판 제품이나 희소성 있는 디자인의 제품을 보면, 타인보다 우월한 지위를 얻으려는 포획·사냥 모듈이 작동해 소비 욕구를 부추긴다. 마치 '사냥'을 하듯, 아웃렛에서 마음에 드는 옷을 찾아 눈에 불을 켜고 돌아다닌 경험이 누구나 한 번쯤은 있을 것이다. 남들이 먼저 낚아채기 전에 구매하기 위해서다. 또 오픈 시간에 사이트에 접속해 광클하며 물건을 포획하거나, 일찍부터 매장에 찾아가 줄을 서기도 한다.

패션 브랜드만이 아니다. 이색 체험 공간, 이색 과일도 이들을 사로잡았다. LG전자는 2021년 12월 서울 성수동에서 첫선을 보인데 이어 부산 광안리와 서울 강남역 인근에도 팝업 스토어 '금성오락실'을 오픈했다. 새로운 경험을 찾는 MZ세대를 위해 올레드 TV

와 추억 속 오락실의 감성을 동시에 즐길 수 있는 이색 체험 공간을 만든 것이다.

샤인머스캣, 신비 복숭아, 베개 수박 등 특이한 과일도 있는데 이 역시 '한정판'이다. 대부분의 농산물은 제철 상품이라 먹을 수 있는 시기가 제한되어 있다. 게다가 이색 과일들은 일반 과일보다 재배법이 까다롭고 생산 물량이 많지 않아 판매 기간도 더 짧고 가격도 비싼 편이다. 그런데도 일찌감치 완판된다. 과일까지 '핫'한 제품을 찾는 것이 지금의 트렌드다.

브랜드 심리학자 김지헌 교수는 "감각적 즐거움뿐 아니라 예상하지 못했던 참신한 아이디어를 접할 때 느끼는 소비자의 '지적 즐거움epistemic pleasure'도 넓은 의미에서 보면 경험적 혜택의 한 유형"이라고 분석했다.[6] 지적 즐거움은 호기심을 유발한 대상에 대한 앎의 욕구를 채운 데서 오는 만족감이다. 늘 황도 복숭아만 먹던 사람이 '신비 복숭아'를 봤다고 하자. 그러면 먹어보고 싶다는 호기심이 발동하고, 이런 복숭아가 있다는 사실을 알게 되어 즐거워진다. 그래서 가격이 더 비싸더라도 그만큼의 만족감을 얻고 새로운 경험을 하기 위해 기꺼이 지갑을 연다. 이렇듯 프리미엄 소비에서 희소성, 신선함, 유니크함은 자부심은 물론 지적 즐거움을 자극해 그 자체로 구매 동기가 된다.

소득 상승의 한계,
소비로 채우다

프리미엄 소비의 대중화는 분명 소비자 전반의 소득 증가에 영향을 받았다. 확실히 눈에 보이는 의식주는 좋아졌고, 일상에서의 지출 금액도 점차 늘고 있다. 그러나 눈에 보이지 않는 '마음속 의식주'는 어떨까? 실제로 MZ세대는 소득 상승의 한계를 느낀다.

이들은 바로 이런 한계 때문에 좌절된 상승의 욕구를 '소모형 소비'를 통해 채우려고 하는 한편, 미래의 불안과 공포를 극복하려는 욕구를 '투자형 소비'를 통해 충족하려고도 한다. 소모형 소비와 투자형 소비는 달라진 MZ세대의 소비 스타일을 설명하는 데 유용한 구분이다. 이렇듯 소비 행태를 크게 2가지 관점으로 분석해보면 보다 입체적으로 파악할 수 있다.

행복의 척도인 삶의 질은 나아지지 않았다

우리나라 국민의 삶의 만족도는 전년보다 소폭 개선됐지만 경제협력개발기구OECD 주요국 가운데 최하위권에 머물렀다. 통계청 산하 기관인 통계개발원에 따르면 2021년 삶의 만족도는 6.1점(10점 만점)으로 전년보다 0.1점 올랐다. 2018~2020년은 5.8점으로 OECD 37개 회원국 평균(6.7점)보다 0.9점 낮았다. 이 기간에 한국보다 만족도가 낮은 국가는 터키(4.9점)와 그리스(5.7점)밖에 없었다. 삶의 질이 과거보다 크게 나아지지 않았음을 알 수 있다.[1]

'삶의 질'은 소득과 같은 경제력만 말하는 것이 아니다. 삶을 가치 있게 만드는 모든 요소를 포괄하는 개념이다. 실제로 통계개발원은 매년 국민들의 삶의 질을 측정할 때 객관적인 생활 조건뿐 아니라, 국민들이 주관적으로 어떻게 느끼고 평가하는지 등을 조사한다.

전반적인 경제 수준이 나아졌는데도 삶의 질이 여전히 낮은 이유는 무엇일까? 이런 상황에서도 프리미엄 소비는 왜 확산되는 걸까?

삶의 질이 낮다고 인식하는 데에는 '상대적 박탈감relative deprivation'의 영향이 크다. '상대적 박탈감'은 미국의 사회학자 새뮤얼 스토퍼Samuel Stouffer가 1949년에 처음 제시한 개념으로, 실제로 잃은 것은 없지만 다른 사람과 비교하여 자신이 상대적으로 부족하다고 느끼거나 무엇을 빼앗긴 듯한 기분을 느끼는 것을 말한다.[2] 요즘 소비자는 상대적 박탈감을 느끼기 때문에 여기서 벗어나기 위해 소비를 한다고 볼 수 있다. 즉 더 많이 벌고 싶으나 '소득 상승의 한계' 탓에 현재 상황이 그렇지 못하다는 점을 인식하고, 상대적으로 만족할 수 있는 선에서 소비한다는 뜻이다.

대표적 요인인 부동산발 자산 양극화

지금 사회의 상대적 박탈감은 2017년부터 2021년까지 이어진

부동산 자산 급등, 가상화폐와 주식 투자로 인한 영앤리치 증가 등 자산의 격차에서 기인한다. 2022년 들어서는 금리가 상승하면서 '영끌족' 등 대출이 있는 부동산 보유자와 대출이 없는 부동산 보유자 간의 양극화가 새로운 양상으로 전개되고 있다. 이런 현상은 2023년에는 더욱 심각해질 텐데, 월급 등 정기적인 노동소득에는 한계가 있기 때문이다. 월급 200만 원을 받던 사람이 2배인 400만 원을 받으려면 일반적인 상황에서 10년 정도는 걸린다. 그 전에 퇴직을 해야 하는 상황이 올 수도 있고, 회사의 구조나 정책에 따라 2배까지 오르지 않을 수도 있다. 인플레이션으로 물가는 상승하지만 고금리로 기업들의 비용 부담은 늘어나니, 임금 인상률이 물가 상승률을 따라잡기 어려울 것이다. 그러면 노동소득의 한계가 더욱 극명해진다.

또 평균 소득은 늘었지만, 빈부 격차는 심화됐다. 신한은행의 「2022년 보통사람 금융생활 보고서」에 따르면, 2021년 경제활동 가구의 월평균 총소득은 493만 원으로, 코로나19 영향으로 감소했던 2020년보다 15만 원 증가했다(그림3).[3] 2020년까지 1구간*과 5구간의 소득 격차는 4.8배 수준이었지만 2021년에는 지난 4년 중 최대치인 5.23배의 격차를 보였다. 저소득층과 고소득층의 양극화가 심화된 것이다. 이런 빈부 격차의 원인은 부동산이다. 2019년에

---

* 가구의 소득 수준을 5개 구간으로 나누었을 때 하위 20%에 속하는 가구를 말한다. 그다음 20%는 2구간이 되며 마지막 상위 20%가 5구간이다.

| 그림 3 | 가구소득 1분위와 5분위의 월평균 가구 총소득 비교 |

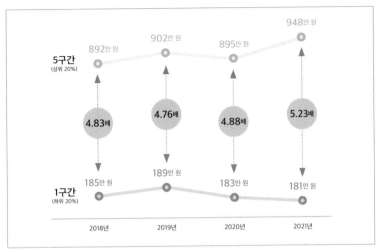

출처: 신한은행

| 그림 4 | MZ세대 분위별 평균 자산 |

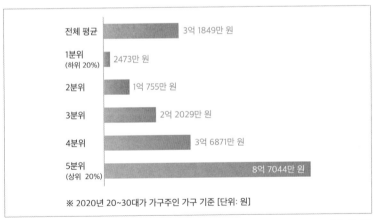

※ 2020년 20~30대가 가구주인 가구 기준 [단위: 원]

출처: 통계청

5.0%, 2020년에 7.1% 상승률을 보인 부동산 자산이 2021년에는 21.1%나 상승했다. 안 그래도 총자산 내 비중이 가장 큰 부동산은 비중이 지속적으로 증가해 2021년에는 79.9%에 달했다. 2022년 하반기부터 부동산 가격이 떨어지고 있지만, 소득과 자산의 격차는 쉽게 좁아지지 않을 것이다.

2030세대만 놓고 보면 양극화 현상이 더 심각하다. 이들 전체의 평균 자산은 증가했지만 격차는 커졌다(그림4). 하위 20%와 상위 20%의 격차는 2019년 33.21배에서 2020년 35.2배로 악화했다.[4] 젊은 층에서의 이런 격차는 부모에게 재산을 물려받은 일명 '부모 찬스'가 큰 원인이라는 분석이다. 물론 부모 찬스 외에 스스로 메가 인플루언서가 됐거나 주식으로 대박을 터트렸을 수도 있다.

미국의 사회학자 로버트 C. 머튼Robert C. Merton은 "개인은 비교가 되는 다른 집단의 상황과 자기 자신의 조건을 비교하여 상대적인 박탈감을 느끼거나 상대적 만족감을 느끼게 되는데, 개인이 느끼는 박탈감이나 만족감의 크기는 비교의 대상으로 선택된 준거집단에 따라 달라진다"라고 했다.[5] 특히 요즘은 준거집단에 대한 정보도 많다. 너무 많아서 탈이라고 할 정도로 파이어족, 유튜버 등 경제적 자유를 누리는 사람들의 소식을 자주 접한다. MZ세대는 이런 격차를 실감하면서 일찍부터 노동소득의 한계를 깨달았다. 착실히 일해서 또박또박 받는 월급으로는 집을 장만하기도 힘들고, 결혼을 생각할 여유도 없다.

상대적 박탈감에서 벗어나 상대적 만족감으로

이런 소득 상승 한계의 상황에 맞닥뜨린 사람들은 '소모형 소비'를 통해 좌절된 욕구를 채우기 위해 심리적으로 만족할 수 있는 곳에 소비한다. 즉, 상대적 박탈감이 아니라 '상대적 만족감'을 추구한다. 인간의 심리상 약간 높은 목표를 부여하면 동기 부여가 되어 그 목표를 달성하기 위해 노력하게 된다. 그러나 목표가 과하면 시작도 하기 전에 포기할 확률이 높다. 현실 공간에서 비현실적이기 때문이다. 반면, 소비는 현실적이다. 할부로라도 원하는 것을 살 수는 있다. 또 비싼 게 아니더라도 위시 아이템이었던 고급 블루투스 이어폰 하나, 갓 볶은 원두로 내린 7000원짜리 핸드드립 커피 한 잔 역시 프리미엄 소비의 대상이다. 스몰 럭셔리로 나의 일상을 채울 수 있고, 내 삶의 질을 높일 수 있다면 소비를 하는 것이다.

진화 심리학자 루디 가즈코는 『불안한 원숭이는 왜 물건을 사지 않는가』에서 "어느 한 사람이 특출하게 부각되는 것을 방지하기 위해 질투라는 마음의 구조가 생겨난 것"이라고 했다.[6] MZ세대는 '너만 특출한 것에 질투 나서 나도 특별해지고 싶어' 자꾸 소비를 고급화하는 것일 수도 있다.

누구나 좋은 집에 살면서 좋은 음식을 먹고 좋은 옷을 입고 싶어 한다. '좋은'이라는 기준이 다를 뿐이다. 이런 상승의 욕구를 때로는 소비로 채우려고 한다. 현실에 충실한 소비를 함으로써 상대적 박탈감에서 벗어나려 하고, 과시형 소비를 통해 그 순간만큼은 상위층에 속한 것 같은 느낌을 얻으려 한다. 나도 남들과 동등하게 잘 살고 싶다는 '질투'의 마음이 소비 욕구로 표출되는 것이다. MZ 세대는 이렇게 사회적 상황에서 기인한 소득 상승의 한계를 소비로 채우고 있다.

리셀테크, 소비도 투자다

한편, 사람들은 소득 상승의 한계 때문에 발생하는 미래의 불안과 공포를 극복하려는 욕구를 소비를 통해 충족하려고도 한다. '티끌 모아 티끌.' 월급 빼고 다 오르는 지금 같은 시대에 와닿는 말이다. 그렇다고 소득 상승의 한계를 느낀 젊은 층이 당장 쓰는 데만 관심 있는 것은 아니다. '소모형 소비' 못지않게 소비를 투자의 관점으로 대하는 '투자형 소비'도 한다. 영앤팬시들은 '티끌 사서 태산으로' 키울 태세다.

MZ세대의 리셀 열풍은 달라진 소비문화를 보여주는 전형적인 사례다. 명품이나 스니커즈 중고 거래를 통한 재테크나 미술품을 구매하는 아트 투자도 최근 인기를 얻고 있다. 조각 투자,* 짠테크

---

* 개인이 혼자 투자하기 어려운 고가 자산을 지분 형태로 쪼개 여러 투자자가 공동으로 투자하는 것.

는 일상에서 가볍게 할 수 있는 투자의 새로운 방식이다. 프리미엄 소비가 재테크와 결합하여 새로운 문화를 만들고 있다. MZ세대의 프리미엄 소비가 늘어나는 이유 중 하나는 미래 지향적 사고방식에 기반해 소비 대상을 투자로 생각하기 때문이다.

투자의 일반적인 개념은 '미래에 얻을 수 있는 수익을 위해 현재 자금을 지출하는 것'이다. 소비 관점으로 적용해 본다면, '현재의 소비가 미래의 수익을 가져다주는 것'이다. 즉, 미래의 수익을 가져다줄 것으로 기대하며 물건을 구매하는 '투자형 소비'이다. MZ세대가 명품, 한정판 물건 등을 사는 이유는 투자로 생각하기 때문이다. 물건을 구매한 후 되팔 때 구매가보다 더 높은 가격을 매길 수 있을 것으로 기대하면서 소비한다. 이렇게 MZ세대는 제품의 미래가치를 보고 소비한다. 소비에서도 미래 지향적인 사고를 하는 것이다.

한국소비자원이 발표한 「온라인 플랫폼에서 중고 거래, 리셀테크하는 Z세대」에 따르면 리셀테크 관련 소셜 데이터 언급량은 2020년에 2018년 대비 약 43.0% 증가했다.[7] 국내 대표적인 리셀 플랫폼 크림은 스니커즈 거래로 시작해 현재는 의류, 전자제품 거래까지 다양한 한정판 제품을 다루고 있다. 크림은 2020년 3월 설립해 현재 가입자 수 270만 명, 월간 이용자 수MAU 300만 명 이상을 확보했다. 2022년 1분기 거래액은 전년 동기 대비 194% 성장한 3700억 원을 기록했다.[8] 2030 회원이 전체의 80%에 달하는데, 리셀테크로 대표되는 투자형 소비에 대한 관심이 급증하고 있다는 방증이다.

리셀테크는 '되팔다'라는 뜻의 영어 'resell'과 '재테크'의 합성어로, 희소성을 지닌 한정판 제품이나 소장가치가 있는 제품을 구입한 후 나중에 더 비싼 가격에 되팔아 수익을 남기는 재테크 방식을 가리킨다. 리셀테크와 중고 거래는 되파는 행동을 한다는 점에서 같아 보이지만, 엄연히 다른 개념이다. 무엇보다 '희소성'에서 큰 차이를 보인다. 중고 거래는 되팔 때 가격이 올랐느냐는 중요하지 않고, 어떤 물건이든 쓰던 물건을 파는 것을 말한다. 일반적인 중고 제품은 희소성이 없기 때문에 구매가보다 낮게 파는 경우가 보통이다. 즉, 수익성이 없고 투자 자산으로서 가치가 없기 때문에 처음에 구매할 때 투자형 소비를 했다고 볼 수 없다.

미래를 위한 안정의 욕구를 충족하는 투자형 소비

MZ세대의 소비 성향은 현재의 만족을 추구하고 즉흥적이라는 선입견이 있다. 그러나 하나금융경영연구소의 소비 성향 설문조사에 따르면, 20~30대는 전체 예산 중 저축을 먼저 하고 남은 예산에서 구매나 소비를 한다는 응답이 63.2%였다. 반면, 가지고 싶은 것 혹은 하고 싶은 것이 있을 때 바로 구매나 소비를 한다는 응답은 14%에 불과했다. 현재의 만족도 중요하지만, 미래를 위해 계획적으

| 밀레니얼의 소비 성향 응답 결과 |

	A와 유사	보통	B와 유사	
A 가지고 싶은 것 혹은 하고 싶은 것이 있을 때는 바로 구매/소비를 하는 편이다.	전체			**B** 저축을 우선적으로 하고 남은 예산에서 구매/소비를 하는 편이다.
	14.0%	22.8%	63.2%	
	20대			
	14.6%	20.2%	65.2%	
	30대			
	13.4%	25.4%	61.2%	

	A와 유사	보통	B와 유사	
A 계획적이지 않더라도 만족, 재미를 위한 소비가 바람직하다고 생각한다.	전체			**B** 소비는 항상 계획적으로 하는 것이 바람직하다고 생각한다.
	15.9%	27.1%	57.0%	
	20대			
	16.0%	26.4%	57.6%	
	30대			
	15.8%	27.8%	56.4%	

(출처: 하나금융경영연구소)

로 소비한다고 볼 수 있다.[9]

　이런 성향은 프리미엄 소비를 할 때 더 드러난다. 한정된 예산으로 고가의 자산을 구매하는 조각 투자가 최근 몇 년 전부터 MZ세대 사이에서 인기를 끌고 있다. 기성세대처럼 목돈이 모일 때까지 기다렸다가 투자하기보다 적은 돈으로 일상에서 그때그때 투자를 즐기는 모습을 보인다. 음악 저작권, 미술품, 강남 빌딩, 한우 등 가축까지 조각 투자 대상은 갈수록 다양해지고 있다. 음악 저작권 거래 플랫폼에서 50만 원으로 브레이브걸스 「롤린」 저작권 일부를 구매하기도 하고, 미술품 공동구매 플랫폼에서 앤디 워홀의 작품 「유니크 피스」 소유권 10만 원어치를 사기도 한다.[10]

조각 투자의 대상은 쪼개서 사지 않으면 수천만 원, 수억 원에 달하는 고가의 자산이다. 그런데 음악, 미술 등 나의 취향에 맞는 자산을 골라 현재 쓸 수 있는 예산 범위 내에서 단돈 1000원으로도 투자할 수 있는 방식이 생긴 것이다. 새로운 투자 방식도 일종의 트렌드다. MZ세대는 트렌드에 민감하고 미래 지향적 사고를 하므로 이런 투자 방식에 관심이 더 크다.

MZ세대는 부동산발 자산 양극화 등으로 노동소득으로는 이런 격차를 줄이기 쉽지 않다는 사실을 잘 알고 있다. 그래서 미래의 안정 욕구가 강하다. 이런 욕구는 조각 투자, 리셀테크 등 미래를 위한 투자형 소비를 하려는 동기로 이어진다. 이들은 작지만 확실한 투자로 미래를 준비한다.

"취향도 플렉스"
가치소비로 당당해지다

MZ세대는 자신의 미래를 준비하는 데 그치지 않는다. 환경이나 공동체의 미래도 고려한다. 전기자동차, 재활용 소재나 친환경 소재를 활용한 패션 등 ESG를 추구하는 제품의 소비가 늘어나고 있다. ESG는 Environment(환경), Social(사회), Governance(지배구조)의 약자로 기업이 이 세 가지 측면에서 책임 있는 경영 활동을 하는 것을 말한다. 기업의 경영 전략으로 시작됐지만, 이제 소비자의 구매 결정에 영향을 미치는 핵심 요소로 자리 잡았다. 특히 MZ세대의 소비문화에 자연스럽게 녹아들어 있다.

제네시스 전동화 모델, 테슬라, 프라이탁 등은 동급의 타사 제품보다 프리미엄 이미지를 갖는다. 친환경 원료를 사용하거나 재생 플라스틱을 활용하는 방식의 친환경 제품은 결코 싸지 않다. 원료 자체의 구매가가 더 비싸거나 제조 방식이 더 까다롭기 때문이다. 가격이 비싼데도 젊은 층은 이런 제품을 찾는다. 왜 그럴까?

"조금 비싸도 환경을 위해 좋은 거야" 구매 동기의 합리화

대한상공회의소가 2022년 4월 MZ세대 소비자 380명을 대상으로 조사한 결과, 응답자의 64.5%가 더 비싸더라도 'ESG를 실천하는 기업의 제품을 구매하겠다'라고 답했다. ESG 우수 기업의 제품을 구매할 때 동일한 경쟁사 제품보다 얼마를 더 지급할 의향이 있느냐는 질문에는 '2.5~5.0%'라는 응답이 48.4%로 가장 많았으며 '5.0~7.5%'가 21.6%로 뒤를 이었다. 대표적인 ESG 제품으로는 무라벨 페트병(41.1%), 전기·수소차(36.3%), 재활용 플라스틱으로 만든 의류(13.7%), 친환경 세제(7.9%) 순의 응답이 나왔다.[1] 페트병 같이 주변에 흔한 제품이 이토록 많은 주목을 받았다는 것은 그만큼 친환경에 대한 관심이 일상 속에서 증폭하고 있음을 보여준다.

전기차에 대한 관심도 지대하다. 전기차가 일반 차보다 가격도 비싸고 보험료도 비싼 편이지만, MZ세대에게는 구매를 고려하는 대상의 우선순위 상단에 있다. 중고 거래나 리스, 렌트를 할 때도 일반 차보다 테슬라나 아이오닉 등을 선호한다. 중고차 거래 플랫폼 '첫차'가 MZ세대의 중고 전기차 거래 동향을 분석한 결과, 2021년 하반기 중고 전기차 구매 수요가 상반기 대비 50% 넘게 증가했다.[2]

재활용이 쉬운 무라벨 페트병, 재활용 트럭 방수천으로 만든 프라이탁 가방 등 예전에는 소수의 마니아층에게 주목받았던 친환경 제품이 MZ세대의 큰 호응을 얻고 있다. 이들은 왜 ESG 제품을 선호하는 걸까?

물건을 구매하는 행위를 합리화하고 그 물건을 사용하거나 버리는 과정에서의 죄책감을 덜고자 하는 심리 때문이다. 실제로 기업들이 이런 심리를 겨냥해 제품을 만들고 마케팅에서 포인트로 삼기도 한다. 평소 관심 있던 문제를 해결하는 데 자신이 도움이 됐다고 느끼면 소비를 통해 자부심까지 느낄 수 있다.

하버드 비즈니스스쿨 연구원인 아나트 케이난Anat Keinan은 "사람들은 자신이 합리적이고 현명한 구매자라고 생각하며, 남들에게 과시하고 싶어서 물건을 사는 사람으로 인식되지 않기를 바란다"라고 했다.[3] 비싼 차를 구매하는 행동이 다른 사람들에게 낭비하는 모습으로 비치지 않기를 바라면서 "환경을 위해 전기차를 사는 거야"라고 구매 행동을 합리화한다. 구매 후에는 "나는 나름대로 환경을 보호함으로써 사회에 기여하고 있어. 휘발유차를 샀다면 공기를 더 오염시켰을 거야"라며 환경에 대한 죄책감, 비싼 금액을 지불했다는 죄책감을 지우려고 무의식적으로 노력한다. 전기차를 비롯한 ESG 상품이 프리미엄 소비의 영역에 포함된 이유다.

나를 차별화하는 힙한 수단으로, 나 스스로 당당해지고 싶어서

무엇보다 사회에 기여함으로써 나 스스로 당당해지고 싶어서 ESG 소비를 하는 경향이 강하다. 또 프리미엄 소비가 대중화되다 보니 새로운 차별화 수단을 찾게 됐는데, MZ세대는 ESG 제품을 하나의 트렌드로 인식하며 힙하다고 느낀다. 2021년 7월 국내 전기차 시장의 특성과 소비자 동향을 조사한 컨슈머 인사이트의 최현기 수석은 "30~40대 남성 수요층을 중심으로 전기차의 보급이 성장세를 보이고 있다"라면서 "특히 MZ세대는 소비에서 도전적이고 다른 세대에 비해 신기술에 관심이 많은 얼리어답터이면서 전기차를 자신만의 아이템으로 인식하는 경향이 뚜렷하다"라고 강조했다.[4] MZ세대는 자신의 취향, 가치관과 결합하여 플렉스하듯이 ESG 소비를 하는 모습도 보인다.

또한 환경에 덜 해로운 자동차를 운전하거나 재활용 소재로 만든 옷을 입는다면 주위에 '뭘 좀 아는 사람', '의식 있는 사람'으로 비칠 확률이 높다. ESG 소비를 하면, 타인에게 자신에 대한 좋은 이미지를 심어주고 사회적으로 좋은 평판을 얻게 된다. 이는 단순히 물질적 과시보다는 정신적·사상적 표현이라고 볼 수 있다. 고가 또는 화려함을 강조하기보다 '품위'를 내보이는 것이다. 친환경에 관심이 많다는 사실을 드러냄으로써 이타적이고 사회에 기여하는 사람으로 인식되고 싶어서다.

ESG 소비는 MZ세대의 특성을 대변하는 새로운 문화다. 이는 개인의 취향과 사회적 신념을 솔직하고 거침없이 표현하는 미닝아웃meaning out 차원으로도 볼 수 있다. SNS로 신념을 표출하고 사회적 관심까지 끌어내는 MZ세대는 의식 있는 소비자로서 스스로 당당해지고 싶어서, 때로는 자기를 차별화하는 힙한 수단으로 ESG 소비를 한다. 또한 ESG 제품은 소비자에게 무의식적으로 프리미엄 소비를 하기 위한 '알리바이'를 제공하기 때문에 구매 행위를 정당화하는 역할도 한다.

이렇듯 취향이나 가치에 투자하면서 긍정적 자아상을 얻고 자기 만족감을 추구하려는 소비자의 성향은 더욱 강해질 것으로 예상된다. 기업들은 이러한 소비자의 심리를 세심하게 파악하되, 단순히 이익을 얻는 데만 이용만 해서는 안 된다. 장기적인 안목에서 기업의 지속 가능하면서도 새로운 성장의 기회로 삼아야 한다. 이를테면 ESG를 추구할 수 있는 신규 비즈니스 모델 개발, ESG 가치의 적용을 통한 기존 제품 업그레이드 등 진정성 있는 활동을 이어나가야 할 필요가 있다.

PART 2

'특권'에서 '일상'으로

Find your
fantastic lifestyle

호텔을 집처럼,
집을 호텔처럼 누리다

프리미엄 소비를 이해하는 첫 번째 코드는 '특권에서 일상으로'다. 앞서 '누리미엄'은 삶을 더 잘 누리기 위해 프리미엄 제품이나 서비스를 소비하는 것이라고 말했다. 그러려면 특권으로 여겼던 비일상적인 것들이 일상에 녹아들어야 한다. 이는 프리미엄 소비의 대표적인 경향이며 그만큼 우리 주변에서 흔히 볼 수 있다.

일부 사람만 또는 특별한 날에만 누릴 수 있다고 생각했던 소비 대상이 달라지고 있다. 호텔은 특별한 기념일이나 휴가 때만 가는 곳이 아니다. 게다가 호텔을 호텔에서만 즐길 수 있는 것도 아니다. 집에서도 호텔을 소비할 수 있다. 와인이나 골프 역시 대중화된 일상의 영역으로 들어왔다. 이 모두를 MZ세대가 만들어가고 있다.

"호캉스만으로는 부족해. 스캉스를 다오." 호텔에서 바캉스를 즐기는 호캉스는 이제 일반적인 휴가 문화가 됐다. 최근에는 프리미엄 호캉스인 스캉스(스위트룸+바캉스)라는 신조어까지 생겨났다. 호텔 경험의 새로운 럭셔리를 찾는 문화다. 그렇다고 MZ세대가 스캉스만을 찾는 것은 아니며, 호텔을 찾는 목적이 예전보다 훨씬 다양해졌다. 휴가만이 아니라 생일파티, 심지어 재택근무를 위해 호텔을 찾기도 한다. 현명하고, 알뜰하고, 취향에 맞게 호텔을 일상에서 잘 활용하고 있다. 이들이 어떻게 호텔을 즐기는지, 호텔이 일상 영역에 어느 정도까지 녹아들었는지, 최근의 새로운 트렌드는 무엇인지 살펴보자.

MZ세대는 호텔을 어떻게 즐기나?

그랜드 인터컨티넨탈 서울 파르나스가 2022년 7월 스카스 상품을 내놨다. 일반인에게 잘 공개하지 않던 최상위 객실 클럽 프레지덴셜 스위트를 호텔 개관 33년 만에 선보인 것으로, 패키지 가격이 1000만 원에 달한다. 패키지에는 반포한강공원 요트 단독 이용, 1인당 40만 원 상당의 디너, 돔 페리뇽 샴페인과 함께 구성된 페어링 플래터 등이 포함됐다. 2021년 오픈한 조선팰리스도 주말에는 스위트룸 객실 예약 이 일반 객실보다 먼저 마감된다. 해외여행을 대체하려는 소비 욕구 가 있고, 지속적으로 새로운 경험을 찾는 사람들이 있기 때문이다.

또 MZ세대는 안다즈 호텔, 몬드리안 호텔 등과 같은 부티크 호 텔에서 생일파티, 브라이덜 샤워, 송년회 등 친구들과의 모임을 하 기도 한다. 부티크 호텔은 가격이 합리적이며, 디자인과 콘셉트가 독특해서 그 자체의 스토리를 담고 있는 호텔이다.

로컬 커뮤니티 기반의 호텔도 일상으로 파고들었다. 영국 라이 프스타일 잡지 《모노클》이 글로벌 100대 호텔로 선정한 핸드픽트 호텔이 대표적이다. 강남, 명동과 같은 상권이 아니라 서울 상도동 에 자리해 지역 기반의 새로운 호텔 문화를 만들고 있다. '동네 안 의 호텔'로 주변 지역 주민과 연인들이 휴식처로 많이 찾는다.

자녀를 둔 MZ세대 부모는 키즈 패키지나 수영장이 있는 호텔 에서 주말의 여유를 즐기기도 한다. 호텔 숙박 후기와 가격 할인 정

그랜드 인터컨티넨탈 서울 파르나스 클럽 프레지덴셜 스위트
(출처: 그랜드 인터컨티넨탈 호텔)

보를 꼼꼼하게 찾는 것은 기본이다. 스사사(스마트한 컨슈머를 사랑하는 사람들)와 같은 인터넷 커뮤니티에서 가입자들이 올린 생생한 후기, 최근 이벤트, 카드 혜택 등을 비교하고 검증한다.

신한카드가 2021년 출시한 메리어트 본보이 더베스트 비자카드는 26만 7000원 상당의 비싼 연회비에도 불구하고 스사사에 입소문이 퍼지면서 호텔족을 사로잡았다. 카드를 발급하면 메리어트 멤버십 골드 엘리트 등급이 부여되며, 전 세계 메리어트 계열 호텔에서 사용할 수 있는 1박 무료 숙박권을 연 1회 준다. 카드를 이용하면 메리어트 본보이 포인트까지 쌓을 수 있으니, 호텔을 자주 이용하는 사람에게는 만족스러운 가성비다.

호텔의 달라진 풍경은 이뿐만이 아니다. MZ세대를 중심으로 아트테크 열풍이 일어나자, 갤러리가 호텔 안으로 들어왔다. 그랜드 조선 부산은 호텔 4층에 아예 갤러리를 입점시켰다. 서울 가나아트센터의 부산관이다. 서울 광진구에 자리한 비스타 워커힐 서울은 2021년 8월 1층 로비에 전시와 판매가 동시에 이루어지는 오픈 갤러리 '프린트 베이커리 워커힐 플래그십 스토어'를 열었다. 프린트 베이커리는 국내 미술품 경매회사 서울옥션이 론칭한 미술 대중화 브랜드다. 워커힐 관계자는 "그랜드 워커힐 서울과 비교할 때 20~40대 고객 비율이 높다는 점을 고려해 MZ세대 미술품 수집가들이 좋아할 만한 작가, 작품들 위주로 선정한다"라고 말했다.[1]

이전까지 호텔에서의 아트는 호텔을 꾸미기 위한 '인테리어'로 간주됐다. 다시 말해 로비에 걸린 미술품, 호텔 앞 정원에 있는 조각상 등은 호텔의 브랜드 이미지를 살릴 수 있는 상징적인 아이콘 역할을 했다. 그러나 지금 아트는 호텔 지향적이 아니라 투숙객 지향적이다. 투숙객들은 숙박하러 온 김에 미술품도 감상한다. 호텔에서 개최하는 전시를 보러 왔다가 호텔의 레스토랑이나 라운지를 이용하기도 한다. 호텔의 아트페어에 참여하기 위해 아예 숙박 예약을 하는 이들도 있다. 최근에는 아트테크가 젊은 층 사이에서 주목받자 이를 활용해서 미술에 관심 있는 MZ세대를 투숙객으로 유인하고 있다.

인터컨티넨탈 서울 코엑스는 2022년 6월 56개 갤러리가 참여하는 '뱅크 아트페어'를 열었다. 갤러리들은 7~8층 각 객실에서 전시하며, 관람객은 작품에 붙어 있는 정보와 가격을 보고 일상에서 쇼핑하듯 마음에 드는 작품을 구매할 수 있다. 침대, 화장실, 화장대 등 객실 내부 곳곳에 작품을 전시했는데 젊은 층으로부터 전시 방식도 참신하고 재미있다는 반응을 얻었다. 그랜드 인터컨티넨탈 서울 파르나스는 아예 미술 전문 기업과 제휴해 2022년 5월부터 '트루 럭셔리 위드 아트True Luxury with Art' 프로젝트를 진행하고 있다. 호텔 로비에 대한민국 거장의 작품을 전시하고 아트페어도 후원할 예정이다.

이처럼 시내에서 갤러리, 미술관 데이트를 즐기던 MZ세대의 일상이 호텔에 녹아들었다. 아트테크를 하려는 젊은 층이 이제 호텔로 향하고 있다. 호텔에서 전시도 보고 작품도 살 수 있는 트렌드가 대중화되고 있기 때문이다.

호텔이 일상으로 얼마나 들어왔나?

호텔 업계에서는 호텔 음식을 집에서도 즐길 수 있는 투고To-go 메뉴를 선보였다. 고급 재료로 호텔 셰프가 만든 음식을 집으로 가져가서 먹을 수 있게 한 서비스다. 코로나19로 배달음식과 가정간편식 시장이 커지자 유명 호텔에서도 뛰어든 것이다. 호텔신라는 '집에서 즐기는 호텔 파인 다이닝'을 모티브로 2021년 11월 처음으로 프리미엄 밀키트 '신라 다이닝 앳 홈'을 출시했다. 안심 스테이크와 떡갈비, 메로 스테이크 등 3종이며 호텔식 정찬 요리의 맛과 조리의 간편함을 담았다. 신세계조선호텔은 중식당 '호경전' 메뉴를 중심으로 '조선호텔 유니짜장', '조선호텔 삼선짬뽕'을 선보였다. 신세계 그룹 온라인몰 SSG닷컴, 이마트 등에서 구매할 수 있다.[2] MZ세대 주부는 호텔에서 만든 명절 음식으로 상을 차리기도 한다.

특급호텔 출신의 셰프가 요리하는 파인 다이닝이 사무실까지 찾아든 사례도 있다. 팔방에프앤비의 프리미엄 한정식 도시락 '담소반'은 단순히 배달뿐 아니라 테이블 세팅, 접객, 빈 용기 수거에 이르기까지 호텔식 서비스를 제공한다. 회사에서 열리는 품격 있는 행사나 회의에서 주문을 담당하는 젊은 직원들을 중심으로 재구매율 91%를 나타내는 등 큰 호응을 얻고 있다.

호텔에서의 숙면은 침대와 침구류가 좌우한다. 이런 안락함을 집에서도 느끼려는 수요 역시 커지고 있다. 신한카드 빅데이터연구소 분석에 따르면 2021년 2분기 호텔 프리미엄 침구 판매는 2019년 동 기간 대비 약 65% 증가했으며, 2030 소비자의 구매 비중이 약 72%로 나타났다. 롯데호텔 침구 브랜드 해온은 롯데호텔 서울 1층에서 이불, 베개, 매트리스 등을 판매한다. 프리미엄 거위털을 넣은 베개와 이불은 신혼부부나 싱글 가구들에 특히 인기다.

호텔에 들어서면 느껴지던 그 호텔 특유의 향기도 집으로 들여올 수 있다. 레스케이프 호텔, 해비치 호텔앤드리조트 등에서 자체 제작한 디퓨저, 퍼퓸, 캔들 등을 판매하고 있기 때문이다.

호텔이 재택근무의 공간이 되기도 한다. 코로나19로 재택근무를 경험한 MZ세대 직장인들은 엔데믹에도 재택근무를 선호한다. 이동 거리, 불필요한 회의가 줄어서 근무를 더 효율적으로 할 수 있다고 생각한다. 이들은 집에서 집중이 안될 때 카페로 나갔는데, 이제는 호텔에서 재택근무를 하기 시작했다. 호텔의 서비스를 받으며 나만의 공간에서 조용하게 집중할 수 있어서다. 글래드 호텔앤리조트는 '호텔로 출근해' 패키지를 운영하기도 했다. 오전 8시에 체크인해서 오후 7시에 체크아웃하면 되고, 커피와 스낵박스를 제공했다. 이렇게 호텔은 직장인의 근무 시간에 맞춰 숙박하지 않아도 되는 상품을 속속 내놓았다. '워캉스'의 시대가 열린 것이다.

MZ세대가 호캉스 등 호텔을 즐기는 문화가 대중화되면서 호텔 문화가 집이라는 일상의 공간으로도 스며들었다. 객실에서 푹 잘 수 있게 해주었던 푹신한 침구류를 구매해서 안방 침실에서도 사용하고, 호텔 레스토랑 음식을 테이크아웃해서 집에서도 즐긴다. 호텔 로비에서 맡았던 향이 좋아 호텔 전용 디퓨저를 사서 집에 두기도 한다. 호텔에서의 숙박은 짧았지만, 일상에서 누리고 싶다는 욕구는 길게 이어진다. 즐거운 경험은 잠깐이었지만, 이처럼 호텔을 집으로 옮겨 옴으로써 추억을 향유할 수 있다. 이제 젊은 층은 시각, 미각, 촉각 등 호텔에서 느꼈던 오감을 집에서도 느끼고 있다.

호텔의 프리미엄 공간이 실제 주거 공간이 되다

젊은 층의 일상에 파고든 호텔 문화로 주거 트렌드까지 바뀌고 있다. 프리미엄을 추구하는 호텔 서비스가 집으로 들어오고 있다. 서울 반포동 반포리체, 성수동 트리마제 등 대단지 주요 아파트에는 아파트 주민들이 이용할 수 있는 조식 서비스도 있다. 바쁜 맞벌이, 수험생들은 아침에 집에서 요리할 필요 없이 단지에 있는 카페테리아에 가서 조식을 먹을 수 있다. 졸린 눈을 비비며 부스스한 머리로 일어나 조식을 먹으러 가던 호텔에서의 경험, 그 편안하고 가뿐한 기분을 집에서 일상적으로 느낄 수 있게 된 것이다.

하이엔드 오피스텔의 등장도 새로운 트렌드다. 최근 2~3년간 강남, 한남동 등 서울 도심을 중심으로 하이엔드 오피스텔 분양 열풍이 불었다. 이런 오피스텔은 평당 1억 원을 호가하는 높은 가격에도 불구하고 많은 관심을 받고 있다. 강남에 자리한 루카831, 엘루크 방배 서리풀, 더 그로우 서초, 레이어 청담, 브라이튼 한남, 마포 뉴매드 등이 그 예다. 세탁, 룸 클리닝, 주차 등의 컨시어지 서비스를 제공하며 인피니티풀, 루프톱 가든 등 호텔 수준의 특화된 부대시설까지 갖췄다. 주방과 빌트인 가구는 명품 브랜드로 채워 넣었다. 이에 '호피스텔(호텔+오피스텔)'이라는 신조어까지 생겨났다. 한 하이엔드 오피스텔 관계자는 "분양 계약자의 약 60%가 20~30대 젊은 층이다. 비트코인이나 주식 등으로 돈을 많이 번 영앤리치, 유튜버 등 직업이 다양하다"라고 밝혔다.

이렇게 호텔의 일상적 가치를 알아본 젊은 층은 호텔을 제대로 누리고 있다. 친구, 가족과 함께 호캉스뿐 아니라 호텔 속 갤러리도 즐긴다. 재택근무도 호텔에서 한다. 호텔이 놀이터이자 사무실이 된 것이다. 한화호텔앤드리조트 관계자는 "과거 투숙객 80%가 비즈니스 고객이었던 것과 달리 지금은 20~30대 고객이 70%를 차지한다"라고 밝혔다.[3] 호텔에 숙박할 때만 특별한 대우를 받는 것이 아니라 매일 그 특별함을 누리고 싶어 하는 MZ세대의 욕구는 시간이 갈수록 더 커질 것이다.

와인, MZ세대의
일상에 스며들다

맥주와 와인을 놓고 인기 투표를 하면 무엇이 이길까? 예전에는 맥주가 이겼겠지만, 지금은 와인이 승자가 될 것으로 보인다. 수입 규모 측면에서 2020년 들어 와인이 맥주를 추월했기 때문이다. 현재 와인이 국내 수입 주류 1위로, 주류 시장에 와인 바람이 거세다. '와인 대중화'가 기존에는 와인 업계의 경영 전략이자 구호였다면, 지금은 단순한 외침이 아닌 현실이 됐다. 축하할 일이 있는 날 샴페인을 터트리듯 특별한 날에만 마시던 고가의 와인이 아니다. 대학생도, 사회 초년생도 일상에서 편하게 즐기는 친근한 술이 됐다. MZ세대가 와인을 즐기는 이유는 무엇이고, 어떻게 소비문화를 바꿨을까?

와인, 주류 시장의 '핵인싸'가 되다

고급이고 비싸다는 이미지가 강했던 와인이 팬데믹의 장기화로 대중화 속도가 빨라졌다. 관세청에 따르면 2021년 1월부터 11월까지 와인 수입액은 5억 617만 달러(6052억 7808만 원, 2022년 1월 11일 환율 기준)로 전년 동기보다 76% 급증했다(그림5). 코로나19가 유행하기 전인 2019년 2억 5926만 달러(3009억 7125만 원, 2022년 1월 11일 환율 기준)와 비교하면 95.23% 증가한 것으로 나타났다.[1] 와인 수입량은 4년 연속 증가세를 보였으며, 업계에서는 국내 와인 시장 규모가 2조 원에 달하는 것으로 보고 있다.

맥주와 와인의 인기도를 살펴보자. 롯데멤버스 조사 결과에 따르면, 코로나19 이후 판매량 증가율이 가장 높은 주류는 와인으로 무려 100%에 달했다(그림6). 그에 비해 맥주는 54.7%였다. 와인의 인기가 급상승한 것이다. 앞서 봤듯이, 관세청이 집계한 수입 규모 측면에서도 와인이 맥주를 2배 이상 앞섰다. 이쯤 되면 와인이 승자가 맞는 셈이다.

맥주는 국내에서도 많이 생산하므로 수입량으로만 와인과 절대적인 비교를 하기는 힘들다. 그렇다고 하더라도 와인이 가파른 성장세를 보인 건 자명한 사실이다. 여기서 굳이 이렇게 맥주와 비교하는 이유는 와인의 대중화 정도를 점검해 보기 위해서다. 맥주는 와인보다 훨씬 이전부터 대중화된 주류다. 따라서 판매량과 수입량 측면에서 와인이 맥주를 앞섰다는 것은 와인이 그만큼 대중화의 길로 들어섰음을 의미한다.

와인 대중화의 요인

와인의 대중화가 어떻게 최근 2년간 급진전될 수 있었을까? 물리적, 가격적, 심리적 세 가지 측면에서 접근성이 좋아졌기 때문이다. MZ세대가 그 물결을 타고 와인 소비에 대거 합류했다.

첫째, 물리적 접근성이다. 와인 유통 채널이 강화되면서 누구나

| 그림 5 | 홈술·혼술 트렌드에 맥주 수입 추월한 와인 수입 |

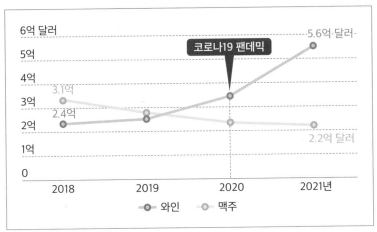

출처: 관세청

| 그림 6 | 코로나19 이후 주종별 판매량 변화 |

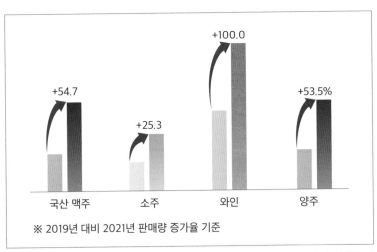

출처: 롯데멤버스

구매하기 쉬워졌다. 대형 마트, 편의점은 기존 와인 코너에 와인의 종류와 양을 보강했다. 특히 편의점은 1인 가구나 젊은 층이 가장 자주 가는 유통 채널이다. 와인을 저렴한 가격에 언제든지 편히 구매할 수 있게 함으로써 와인 대중화에 큰 역할을 했다. 홈술족, 혼술족이 많아지면서 슬세권이라 불리는 동네 편의점에 슬리퍼를 끌고 나가 1만 원대 와인을 사 와 집에서 소비하는 문화가 형성됐다. 이 외에 와인 전문 숍들도 증가했다. 신세계L&B의 와인 판매 직영점인 와인앤모어는 2016년만 해도 한남동과 청담동에만 있었지만, 2022년 6월에는 총 46개로 늘었다.

둘째, 가격적 접근성이다. 중저가 와인이 많아져 젊은 층도 이전보다 가격 부담을 덜 느끼게 됐다. 이는 앞서 언급한 유통 채널의 확대와도 관련이 있다. 마트, 편의점에서는 매출을 늘리고 젊은 고객을 사로잡기 위해 저가 전략을 펼쳤다. 이마트는 2019년 4900원짜리 와인 '도스코파스'를 출시했는데, 4개월 만에 100만 병이 팔렸다. 이후 대형 마트들이 1만 원이 안 되는 저렴한 와인을 경쟁적으로 내놓았다. 이런 가격 경쟁이 와인은 비싸다는 인식 탓에 와인 구매층으로 들어오지 못했던 MZ세대 고객들을 유인했고, 이를 계기로 와인을 처음 접하는 젊은 세대가 증가했다. 이들은 점차 더 비싼 와인, 먹어보지 못한 다른 품종의 와인 등으로 소비 영역을 넓혀갈 것이다.

셋째, 심리적 접근성이다. 와인은 라벨이 프랑스어·이탈리아어

·스페인어 등 외국어로 되어 있고, 품종과 와이너리 종류가 다양해서 이름조차 외우기 힘들다. 오늘 마신 와인 이름을 기껏 외워봐야 자고 나면 잊어버린다. 낯선 말이 난무해 고르기도 힘들고, 와인숍 직원의 설명을 들어도 무슨 말인지 이해하기 어렵다. 실컷 듣고 나서 누가 추천해 주는 걸 고르거나, 귀동냥으로 익숙해진 와인 또는 라벨 이미지가 인상적인 와인을 집어 들게 된다.

그런데 MZ세대를 중심으로 와인 소비문화가 바뀌고 있다. 마실 와인을 더 적극적으로 고르고 후기를 공유한다. 편의점 와인 코너에 있는 간단한 설명을 눈여겨보고, SNS 채널을 통해 와인 정보를 검색한다. 알고 마시면 더 맛있는 법, 모바일 앱으로 와인 정보를 확인한다. 와인 전용 앱, 네이버 앱으로 와인 라벨을 카메라로 찍으면 검색 결과가 뜬다. 이런 디지털 네이티브의 장점을 활용해 QR코드로 와인 라벨을 찍고 테이스팅 노트나 어울리는 음식 정보 등을 확인하며 지인들과 이야기를 나눈다. 하나의 대화 주제가 되는 것이다.

마신 와인의 인증숏도 필수다. 집에서, 캠핑장에서, 와인바에서 등등 와인을 마시는 장소와 상황도 다양하다. 인스타그램에 자신이 마신 와인을 찍어 올리며 #와인스타그램 태그를 달기도 한다. #와인 태그로 검색하면 2022년 12월 기준 395만 건의 게시물이 뜬다. 이제 와인은 '알아야 마시는 정장 같은 술'이 아니라 '몰라도 마시면서 알아가면 되는 캐주얼'로 다가오고 있다.

MZ세대는 왜 와인을 좋아할까?

와인은 여행이고 모험이고 도전이기도 하다. 와인을 알아가는 것은 긴 여정이며, 새로운 품종이나 와이너리를 접할 때마다 산지를 여행하는 기분이 든다. 모르는 것을 새로이 알아가는 일이니 도전이라고 할 수 있다. 종류가 다양해서 처음 맛보는 와인이 많기 때문에 미각적 모험이라고도 할 수 있다. 이런 와인의 특성은 새로운 것을 추구하는 MZ세대의 성향과 닮았다. 젊은 층은 호기심도 많고 시도했다가 실패하는 것을 덜 두려워하는 경향이 있다. 식당에 갔을 때 먹어본 적 없는 음식을 주문하고, 먹어본 후 맛이 없으면 "이번엔 실패했다"라고 쿨하게 말한다.

와인은 가격을 떠나 본인 입맛에 맞지 않을 가능성이 있다. '타닌이 많아 쓰다', '바디감 강한 레드와인을 기대했는데 생각보다 라이트하고 달다' 등 입맛이 상대적인 만큼 평가도 다양하다. 그래서 시도조차 하지 않는 경우도 많았다. 그러나 중저가 와인이 늘어나고 여러 유통 채널에서 쉽게 구매할 수 있게 되면서 MZ세대는 일단 와인을 마셔보기 시작했다. 한번 마셔보고는 다음에는 다른 와인을 고르면서 선택의 범위를 넓혀간다. 예컨대 여성은 달콤한 스파클링 와인에서 시작해 화이트와인과 레드와인으로 넘어가는 경우가 많은데, 그러다 보면 '맛 취향'도 점점 바뀐다. 본인이 좋아하는 스타일을 찾아가는 '맛 체험' 과정이다. 이처럼 와인은 고르는 재미, 알아가는 재미가 있다.

와인 수입사와 유통 채널은 이런 점을 파악하여 보다 다양한 와인을 수입하고 있다. 공급과 수요 양쪽에서 다양성의 시대가 열린 셈이다. 신세계L&B 마기환 영업 담당 상무는 "최근에는 MZ세대 중심으로 와인 수요가 늘고 있다. 기존 와인 소비자가 프랑스 보르도나 칠레 등 특정 원산지를 먼저 확인하고 구매했다면, MZ세대는 다양한 원산지의 와인을 경험하는 것을 즐긴다"라고 말했다.[2] 이렇게 MZ세대는 와인을 고르는 재미, 와인을 알아가는 재미에 푹 빠져들고 있다. 와인은 취향을 사는 대표적인 팬시 소비의 대상이다.

와인, 회식 문화까지 바꾸다

술 문화가 달라지고 있다. 코로나19로 홈술 문화, 4인 이내 소규모 모임에 익숙해지면서 취하기 위해 마시기보다 즐기기 위해 마시는 문화로 바뀌고 있다. 술을 즐기는 장소도 집뿐 아니라 캠핑장, 호텔 등 다양해졌다. 이런 분위기를 타고 즐기는 주종의 범위도 넓어졌다. 와인뿐 아니라 수제 맥주, 전통주, 프리미엄 소주, 저도주, 무알코올 맥주의 인기도 높아졌다. MZ세대는 내 취향에 맞는 주종을 찾아 마시는데, 이런 술 소비 트렌드가 회식 문화까지 바꾸고 있다.

10년 전 직장인들은 회식을 어떻게 생각했을까? 과거 설문조사 결과를 소개한다. 지금의 40~50대 직장인이 30~40대일 때 응답한 내용인데, 회식 문화에 대한 기성세대와 MZ세대의 인식이 얼마나 다른지 느낄 수 있을 것이다.

2010년 10월 한 주류 업체에서 30~40대 직장인을 대상으로 조사한 결과, 회식 자리에서 분위기를 띄우는 가장 좋은 방법으로 '폭탄주 돌리기'를 꼽았다. 세부적으로 보면 폭탄주를 이용한다(60%) 외에 노래방에서 최신 댄스곡을 부른다(15%), 상사가 자리를 뜨기 전까지 자리를 지킨다(13%), 상사보다 동료나 부하 직원을 챙긴다(10%) 등의 답변이 있었다. 선호하는 주류는 맥주(39%), 소주(26%), 양주(13%), 폭탄주(9%), 와인(8%) 순이었다. 직장인들이 희망하는 회식 차수는 2차(40%)가 가장 많았고 그다음으로 1차에 끝내야 한다(30%), 내 의지와는 상관없다(15%), 직장 상사가 만취한 틈을 타 스트레스를 풀 때까지(15%) 등의 응답이 있었다. '술을 마시는 회식 자리가 꼭 필요한가'라는 질문에는 '꼭 필요하다'라고 답한 비율이 60%나 됐다.[3]

이 설문 결과 내용을 읽는 당신이 40~50대라면 추억에 잠기며 미소를 지었을 것이고, 20~30대라면 말도 안 되는 소리라고 생각했을 것이다. 이제 이런 모습은 기성세대만의 회식 자리에서나 볼 수 있는 '그땐 그랬지' 문화가 되어가고 있다. 또 다른 설문조사 결과도 소개하겠다.

2022년 4월 인크루트가 직장인을 대상으로 회식 현황과 새로운 회식 문화에 대한 만족도를 조사한 결과, 회식 문화가 달라졌다는 응답이 78.0%였다. 달라져서 좋아진 점(복수응답) 1위는 시간 단축과 1차에서 마무리(61.7%)였고, 이어서 소규모 인원(36.7%), 점심 회식(31.0%)의 응답이 나왔다. 달라진 회식 문화에 응답자 94.5%가 만족한다고 답했다.[4] 예전처럼 '부어라 마셔라' 하는 회식 분위기를 원하지 않는 것이다.

회식을 간소화하되 짧지만 분위기 있게 보내기 위해 한 병을 마시더라도 취향에 맞는 술을 즐기길 원한다. 와인이 MZ세대의 사적 모임뿐 아니라 회식 자리의 테이블에도 자주 오르게 된 이유다. 원래 와인은 회식에서는 어쩌다 한 번 마셔볼 수 있는 주종이었다. 지금은 회식 때 MZ세대 직원들이 와인을 마시자고 먼저 요청하는 경우가 꽤 있는데, 윗사람들도 자연스럽게 받아들인다. 회식 장소를 예약할 때 콜키지 프리corkage free*가 되는지 묻는 모습도 일상이다.

MZ세대를 중심으로 바뀐 술 소비문화가 사회 전반에 영향을 미치고 있다. 와인은 더 이상 접근하기 어렵거나 특별한 사람들만 마시는 술이 아니다. 팬데믹 기간에 와인 시장이 급성장하면서 대중화의 속도가 빨라졌다. 젊은 층 사이에서 중저가로 입문했다가 와인 애호가가 된 이들이 증가하고 있으며, 이들은 갈수록 고가의 와인을 찾게 될 것이다.

----

* 국립국어원 우리말샘에서는 '호텔이나 음식점에서 별도의 수수료 없이 개인이 가지고 온 주류를 개봉할 수 있도록 허락하고 잔 따위를 제공하는 서비스를 이르는 말'이라고 정의했다.

프리미엄 스포츠,
MZ라는 새 옷을 입다

「골벤저스」, 「편먹고 공치리」, 「세리머니 클럽」, 「골프왕」, 「그랜파」….

이들의 공통점은 무엇일까? 바로 골프 예능 프로그램이란 점이다. 2021년 11월 기준 7개 프로그램이 방영되고 있다. 골프가 예능의 소재로 많이 쓰인다는 것은 그만큼 골프에 대한 대중의 관심이 높다는 방증이다. 골프채를 막 잡은 골프 초보 '골린이'들 중에는 MZ세대가 많다.

최근 테니스의 인기도 급상승하고 있다. 그러나 시장 규모는 골프가 13조 원, 테니스가 2500억 원 정도로 차이가 크다. 골프 산업에 젊은 세대가 유입되면서 어떻게 변화했는지 살펴보면, 앞으로 테니스 산업이 어떻게 변화할지 가늠할 수 있을 것이다. 이 두 스포츠는 중장년층이 누리는 귀족 스포츠로 인식돼 왔다는 점, 젊은 층이 유입되면서 새로운 소비문화를 형성하고 있다는 점에서 비슷하다. 분명한 점은 골프, 테니스와 같은 프리미엄 스포츠를 젊은 층이 즐기기 시작했다는 것이다.

이들은 왜 이렇게 프리미엄 스포츠에 빠져들었을까? 골프 산업을 중심으로 살펴보자.

골프장은 MZ세대의 새로운 놀이터

골프는 코로나19 사태의 최대 수혜주 중 하나로 꼽힌다. 골프 시장이 확대된 데에는 MZ세대의 활약이 있다. 2021년 새로 골프를 시작한 사람 4명 중 1명이 MZ세대일 정도로, 최근 이들의 골프 입문이 크게 늘어났다. 한국레저산업연구소에 따르면 2021년 2030 골퍼는 115만 명으로 전체 골프 인구의 22%를 차지한다. 부모 세대의 전유물로 여겨지던 고가의 레저 활동인 골프에 젊은 세대가 대거 유입되면서 이 분야 역시 대중화의 동력을 확보했다.

그동안 골프는 상류층의 스포츠라는 인식이 강했다. 경제적으로 여유가 있는, 주로 40대 이상이 접근할 수 있는 일종의 특권적 활동이었다. 기업체 임원, 사업가, 상류층 여성이 끼리끼리 즐기는 사교 모임 또는 접대 문화로 오랫동안 자리 잡았다. 골프에 입문하고자 할 때 진입장벽도 높았다. 골프클럽, 골프웨어, 캐디백을 다 마련하려면 몇백만 원이 든다. 필드에서 한 번 골프를 치려면 그린피, 캐디피, 카트 이용료 등 최소 20~30만 원은 필요하다. 게다가 멀리 있는 골프장까지 차를 타고 가야 하니 자가용도 필요하다. 골프는 20~30대가 쉽게 넘볼 수 없는 스포츠였다. 골프를 쳐야 할 필요성도 느끼지 못했다. 다른 놀거리가 많았기 때문이다.

그러나 코로나19가 전 세계를 휩쓴 2020년부터 분위기가 조금씩 바뀌었다. 해외여행은 막히고, 사회적 거리 두기 시행으로 사적 모임이 4인으로 제한됐다. 밀폐된 실내 공간에서의 감염 위험은 더 높았다. 집에 머무는 시간이 늘어나면서 가족과 함께할 수 있는 액티비티도 필요해졌다. 40대 이상 기존 골퍼들은 해외 골프 여행의 대체재로 국내 라운딩을 더 자주 가게 됐다. 이런 흐름 속에서 MZ세대가 골프채를 잡기 시작했다. 비교적 감염의 위험이 적은 야외에서 4명이 모여 즐길 수 있는 스포츠이기 때문이다.

실외 골프장뿐 아니라 실내 스크린에서도 젊은 층의 소비가 확연히 늘어났다. 신한카드 빅데이터연구소는 2019년 상반기 대비 2021년 상반기 신한카드 고객의 실외 골프장과 실내 스크린 이용 건수 데이터를 연령대와 성별로 분석했다(그림7, 8). 이 자료에 따르면, 전반적으로 2021년 이용 건수가 증가했다. 연령별로는 40대가 10%대 수준의 증가율을 보인 데 비해 20대와 30대는 20~50%대 수준으로 높은 증가율을 보였다. 실외 골프장은 20대 남성 31%, 20대 여성 23%, 30대 남성 39%, 30대 여성 40%의 증가율을 보였고 실내 골프장은 20대 남성 54%, 20대 여성 36%, 30대 남성 32%, 30대 여성 29%의 증가율을 보였다. 실외 골프장, 실내 골프장 모두 MZ세대가 여가를 즐기기 위해 찾는 핫플레이스가 됐다.

| 그림 7 | 실외 골프장 이용 건수 증가율 |

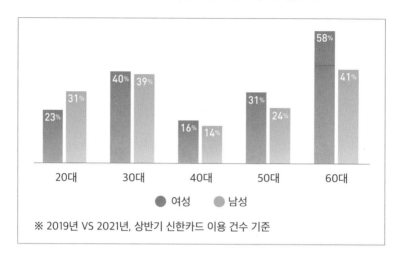

20대 / 30대 / 40대 / 50대 / 60대
● 여성 ● 남성

※ 2019년 VS 2021년, 상반기 신한카드 이용 건수 기준

| 그림 8 | 스크린골프 이용 건수 증가율 |

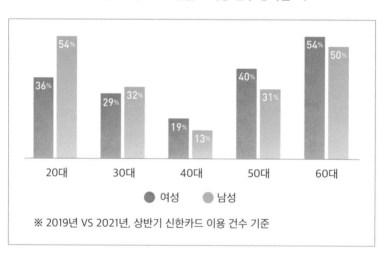

20대 / 30대 / 40대 / 50대 / 60대
● 여성 ● 남성

※ 2019년 VS 2021년, 상반기 신한카드 이용 건수 기준

골프웨어, '패션 아이콘'으로 재탄생하다

특히 젊은 여성 골프 인구가 늘어나면서 골프웨어 시장이 새로운 전환점을 맞이했다. 그동안 여성 전용 골프웨어 브랜드는 없었다. 그만큼 골프 산업 자체가 남성 위주였다. 그러다가 2017년 페어라이어가 여성 전용 골프웨어의 포문을 연 이래 새로운 브랜드가 출시되고, 기존 브랜드에서도 여성 제품의 라인업을 강화하는 추세다. MZ세대 골퍼들의 영향력이 확대되면서 이들을 사로잡기 위해 골프웨어 시장에 뛰어드는 패션 기업들의 움직임도 어느 때보다 활발하다. 기존 150여 개 브랜드에서 2021년 한 해에만 60여 개의 신규 브랜드가 쏟아져 나왔다. 2022년에도 신규 브랜드 출시 소식이 심심찮게 들린다. 패션 산업에서 골프웨어 시장이 뜨겁게 달아오르고 있는 것이다.

한국레저산업연구소는 2021년 골프웨어 시장 규모가 전년보다 11% 커진 5조 6850억 원이었고, 2022년에는 6조 3350억 원 규모에 이를 것으로 전망했다. 2021년 상반기 신세계백화점의 골프웨어 매출 가운데 2030세대 비중은 전년 동기 대비 각각 64.5%, 66.5% 증가했다.[1]

기존에는 타이틀리스트, 캘러웨이, PXG 등 전문성과 기능성을 강조한 골프웨어가 주류를 이루었고 디자인도 다양하지 않았다. 대체로 40~60대를 겨냥한 스타일이었기 때문이다. 그러나 지금은

20~30대를 타깃으로 한 신규 브랜드들이 많이 출시됐을 뿐 아니라 기존 브랜드들도 젊은 층의 기호에 맞춰 디자인에 변화를 주고 있다. '구호 골프' 등 하이엔드 여성복 브랜드에서도 골프라인을 출시하기에 이르렀다. 2021년 코오롱인더스트리 FnC부문은 글로벌 럭셔리 골프 브랜드 지포어G/FORE를 론칭했고, 하이라이트브랜즈는 미국 LA 기반의 라이프스타일 브랜드 말본골프를 론칭했다. 이 브랜드들은 MZ세대 골퍼들에게 큰 인기를 끌고 있다. 지포어는 대담한 컬러와 감각적인 디자인으로 주목받았고, 말본골프는 골프공 모양의 캐릭터를 바탕으로 힙한 감성과 독특한 아트워크를 선보였다.

골프 패션의 변화 키워드: 캐주얼화, 뉴럭셔리, 다양화

MZ세대로 인한 골프 패션의 변화는 캐주얼화, 다양성 추구, 뉴럭셔리로 요약해 볼 수 있다. 첫째, 디자인과 가격 측면에서의 캐주얼화다. 골퍼의 연령층이 낮아지면서 디자인 자체가 젊어졌고, 옷을 입는 스타일 역시 관행에서 탈피했다. 필드에서도 라운드티, 후드티 등 스트리트 패션 스타일을 접목한 캐주얼 디자인을 입기 시작했다. 요가복 젝시믹스, 안다르에서도 골프웨어를 비교적 저렴한 가격에, 일상에서도 입을 수 있는 디자인으로 내놓았다. 백화점에서 판매하는 골프웨어는 티셔츠 한 장에 20만 원 이상이지만, 온라인 전용 소호 브랜드에는 5만 원대도 있을 만큼 중저가 시장도 확대되고 있다.

둘째, 뉴럭셔리다. 앞서 언급한 지포어, 말본골프는 글로벌 기반의 럭셔리 골프 브랜드를 국내에 론칭한 사례인데 타 브랜드보다 고가임에도 젊은 층의 인기를 끌었다. 지포어는 브랜드 가치로 '파괴적인 럭셔리Disruptive Luxury'를 내세우며 골프 패션계의 럭셔리 마케팅을 이끌고 있다. 이런 프리미엄 골프웨어 브랜드들은 새로운 고급화 바람을 불러일으키며 골프웨어를 통해 플렉스하려는 젊은 층의 눈길을 사로잡고 있다. 이런 브랜드가 출시되면서 골프웨어 분야에서는 고급화되는 시장과 캐주얼화되는 시장이 한꺼번에 형성되고 있다.

셋째, 스타일과 브랜드 측면에서의 다양성 추구다. 골프웨어 브랜드가 다양해짐과 함께 소비자 입장에서는 선택의 폭이 훨씬 넓어졌다. 타이트한 핏과 화려한 컬러 등 전형적인 골프룩에서 탈피해 브랜드들이 다양한 스타일을 선보이는 만큼 MZ세대도 본인의 개성에 맞게 '나만의 골프룩'을 추구하고 있다. 특히 여성 골퍼는 필드에서도 예뻐 보이고 싶어 하며, 그래서 나만의 스타일링을 추구하고 착용숏을 찍어 SNS 채널에 올린다. 골프 인플루언서들도 등장했는데, 이들은 직접 구매한 옷이나 협찬받은 옷을 입고 인스타그램에 착용숏을 올린다. 이런 사진을 본 여성 골퍼들은 어떤 브랜드인지 관심 있게 보고, 실제 착용 후기도 유심히 살펴본다.

MZ세대 여성 골퍼들은 나의 착용숏뿐 아니라, 다른 사람의 착

글로벌 럭셔리 골프웨어 브랜드
(출처: 지포어)

용숏에도 관심이 많다. 즉, 옷 입은 모습 자체를 소비하는 것이다. 인스타그램 해시태그(#)를 통해 '골프웨어', '골린이'를 검색하면 게시물 건수가 각각 115만, 111만여 건에 이른다. 여성 골퍼들이 골프복을 입고 필드에서 포즈를 취하고 있거나 스윙하는 모습을 찍은 사진이 많다.

이처럼 여성 골퍼들의 패션 스타일링 수요가 증가함에 따라 골프웨어를 빌려주는 렌털 시장도 생겨났다. 매번 같은 옷을 입고 SNS에 인증숏을 올릴 수는 없기 때문이다. 아무리 플렉스하더라도 원하는 옷을 다 사기는 부담스럽다. 아직 사회 초년생 MZ세대도 많다. 이런 빈틈을 골프웨어 대여 업체들이 파고들었다. 제이린드버그·파리게이츠·데상트 등 다양한 브랜드의 옷을 구비해 놓고, 소비자가 원하는 제품을 선택해 날짜를 지정하면 배송해 준다. 티셔츠와 스커트 한 벌을 2~4만 원 선이면 빌릴 수 있다. 라운딩 후 택배로 반납하는 방식이다. 내 주변 MZ세대 여성 골퍼들도 "어떻게 매번 옷을 사요? 한 번 정도는 빌려 입는 것도 괜찮은 것 같아요. 예쁜 옷들도 많던데, 사는 것보다 훨씬 싸고 좋잖아요"라며 실제 후기를 들려주기도 했다.

MZ세대는 왜 골프에 빠져들었는가?

골프에는 '멀티 동기성'이 있다. 신경마케팅 전문가 한스-게오르크 호이젤은 뇌의 동기 및 감정 시스템의 여러 부분을 동시에 자극하고 활성화하는 것이 '멀티 동기성'이라고 설명한다.[2] 이 개념을 적용하면, 골프를 소비하는 이면에는 소비자의 다양한 동기가 숨어 있다.

기성세대의 골프는 주로 '사회적 동기'와 '지위 지향적 동기' 영역을 활성화했다고 볼 수 있다. 기성세대에게 골프는 기업체 임원이나 사업 파트너와 함께하는 일종의 영업 및 접대 문화였다. 5~6시간을 같이 보내는 골프라는 운동을 매개체로 친밀감과 네트워크를 쌓으려는 '사회적 동기'가 강했다. '지위 지향적 동기'는 "나 골프 좀 치는 사람이야"라는 경제적 여유와 골프에 대한 전문 지식을 과시하려는 심리에서 비롯된다.

그러나 MZ세대에게 골프는 이보다 더 다양한 동기를 활성화한다. 사회적 동기와 지위 지향적 동기 외에도 향유·활성화·개인화·사치 동기가 더 숨어 있다. 전국의 500여 개 골프장이 선택의 폭을 넓혀주며, 국내 여행을 하는 기분으로 새로운 곳에 가볼 수 있는 '향유 동기'를 충족시켜 준다. 또 탁 트인 자연에서 시원한 바람을 맞으며 라운딩을 하는 기분은 삶에 활력을 불어넣는 '활성화 동기'로 작용한다. 골프웨어를 본인의 스타일에 맞게 입고 SNS에 착용숏을 올리는 것은 개성을 표현하는 '개인화 동기'에서 나온 행동이다. 라운딩을 하거나 골프웨어를 구매하는 데 돈이 들긴 하지만, 나를 위한 작은 사치라 여기며 과감히 소비하는 '사치 동기'도 보인다. 이러한 멀티 동기성은 테니스에도 비슷하게 적용된다. 그렇기 때문에 MZ세대가 최근 테니스에도 열광하기 시작한 것이다. 앞으로 어떠한 프리미엄 스포츠가 뜰지 가늠해보고 싶다면, 이러한 멀티 동기성을 채워주는 종목을 찾아보면 될 것이다.

MZ세대의 사회적 동기는 기성세대와 사뭇 다르다. MZ세대는 부모의 영향으로 골프에 입문한 이들이 많고, 부모와 함께 라운딩 가는 것도 즐긴다. 「트렌드 모니터 2022」 조사 결과를 보면 부모가 골프를 칠 경우 자녀들도 골프를 많이 쳤고, 특히 20대는 부모 영향으로 골프를 시작하게 됐다는 응답이 많다. 앞으로 골프를 계속할 의향이 있느냐는 질문에서도 마찬가지였다. 골프를 치는 부모를 둔 자녀는 그렇지 않은 경우보다 골프를 계속할 의향이 월등히 강한 것으로 드러났다. 또한 MZ세대는 업무적인 '접대골프'보다 친구들과 함께하는 '명랑골프'를 즐긴다. 이처럼 MZ세대에게 다양한 동기와 감정 시스템을 채워주기 때문에 지금과 같은 골프 열풍이 부는 것이다.

코로나19를 계기로 MZ세대가 골프에 많이 입문했는데, 이 열기는 쉽게 식지 않을 것이다. 2022년 들어서는 골프보다 비교적 저렴하게 즐길 수 있는 테니스에 입문하는 이들이 급격하게 늘어나고 있다. 앞으로 이러한 프리미엄 스포츠에 젊은 층의 관심이 더욱 확대될 것이다. 골프장은 이미 MZ세대의 새로운 놀이터가 됐다. 정부에서도 골프장 그린피 합리화, 대중제 골프장 확대 등의 방안을 논의하고 있다. 정책의 방향도 소비자에게 우호적이지만, 무엇보다 골프는 멀티 동기성을 다 채워주는 소비재기에 한번 발을 들인 사람들은 쉽게 떠나지 못할 것이다. 골프나 테니스와 같은 프리미엄 스포츠는 더 이상 누군가의 특권이 아닌 모두의 일상이 됐다.

높아진 일상의 위상만큼
성장하는 산업들

어쩌다 한 번 특별한 '하루'보다 '일상적인 특별함'이 중요하다

일상의 위상이 달라졌다. 바쁘게 살아가는 요즘 세대에게는 하루하루의 성취와 위안이 중요하다. 그렇기에 이른바 갓생러*들은 잠깐의 여유 혹은 이색적인 체험을 위해 기꺼이 대가를 지불한다. 소비의 가치관이 바뀐 것이다. 어쩌다 한 번 특별한 하루를 즐기려 하기보다 일상에서 좀 더 만족스럽고 지속적인 특별함을 추구한다.

호텔·와인·골프 등은 대표적인 고급 산업으로 비교적 변화가 느리고, 대중과의 접근성이 떨어지고, 친근함과는 거리가 멀었다. 하지만 고급 산업에 큰 흥미를 지닌 젊은 연령층의 소비 주체가 새로이 유입되면서 대중화를 통한 성장이라는 또 다른 기회를 모색하고 있다.

고급 산업의 대중화라는 급격한 변화에 성공적으로 적응하고 있는 기업들의 비결을 살펴보고, 당신의 기업이 살아남을 수 있는

---

* '신'을 뜻하는 '갓(GOD)'과 '삶'을 뜻하는 '생(生)'의 합성어로, 거창한 장기 계획이 아니라 소소하지만 실천 가능한 단기 목표를 이룸으로써 하루하루 값지게 사는 사람이라는 뜻.

전략의 실마리를 찾아보자.

전통과 새로운 플랫폼으로 소비자를 유혹하다

잘나가는 기업들은 산업 특유의 오랜 전통과 고급문화를 자사의 경쟁력으로 흡수했다. 와인과 골프는 정확한 유래를 알기 힘들 정도로 오래된 산업이다. 역사를 따지자면 와인은 수천 년, 골프는 수백 년에 달하지만 그동안 젊은 층과는 담을 쌓아왔다고 해도 과언이 아니다. 일종의 넘사벽이었다고나 할까. 그런데 어떤 기업들은 이를 역으로 이용해 '알아가는 재미'를 제공했다. 역사가 긴 만큼 이야깃거리가 무궁무진하기 때문이다. 이를 콘텐츠로 만들어내고 기업의 경쟁력으로 강화한 것이다.

골프 등 고급 스포츠는 배우기 어렵다. 최근 열풍이 불고 있는 '귀족 스포츠' 테니스도 마찬가지다. 레슨을 받는다고 해도 잘 치려면 상당한 시간과 노력을 들여야 한다. 와인도 유럽의 역사만큼이나 복잡하다. 와이너리 브랜드, 와인 산지와 품종이 셀 수 없이 많다. 호텔 역시 체인 브랜드만 하더라도 메리어트, 힐튼, 포시즌, 하얏트, 글래드 등 대형부터 부티크 호텔까지 엄청나게 많다. 사는 동안 주말마다 간다고 해도 다 갈 수 없을 정도다. 이런 분야들에서 깊은 관심을 가지고 적극적으로 정보를 얻고 자기화할 때 비로소 전문가, 마니아의 경지에 이른다. 당연한 얘기지만, 이 과정에 드는 노력이 클수록 성취감과 자부심도 커진다.

이런 생존 경쟁에서 소비자의 선택을 받으려면 심리적 간극을 줄이는 '친화력'과 반복적인 구매를 유도할 수 있는 '경험형 또는 콘텐츠형 플랫폼'이 필요하다. 특히 콘텐츠는 해당 채널에 소비자들을 끊임없이 끌어들이는 동력이 된다. 물론 소비자와의 접점을 늘리기 위해 자원을 투자하는 것은 중요하지만, 온라인이든 오프라인이든 플랫폼을 구축하는 데 비용이 많이 들기 때문에 기업으로서는 전략적인 선택을 해야 한다.

"나 너랑 친해지고 싶어. 이리 와서 나랑 놀래?"라고 대놓고 말하는 곳이 있다. 먹을거리, 구경할 거리 다 만들어놓고 친구를 부르는데 안 갈 사람이 있을까? 2021년 12월 24일 크리스마스이브 파티에 초대하듯 500평 규모의 와인 전문 숍 보틀벙커가 문을 열었다. 제타플렉스 잠실점에 자리한 보틀벙커 1호점이다.

보틀벙커는 국내 최대 규모의 메가 와인 큐레이션숍이다. 수제맥주 펍처럼 와인을 시음할 수 있는 '테이스팅탭', 와인 초보자와 MZ세대가 좋아하는 '로제&내추럴 존', 오픈런을 부르는 '위스키존', 와인 마니아를 위한 '그랑 크뤼 존'에 와인과 함께 먹을 수 있는 치즈 코너 등 '푸드 페어링존'까지 있다. 와인 백화점이라고 해도 과언이 아닐 정도다. 보틀벙커라는 이름에서 느껴지듯이 매장은 힙한 창고 같은 분위기다. MZ세대가 이 공간을 편하게 드나들었고, 이내 핫플이 됐다. 보틀벙커는 2022년 9월 기준 잠실점, 창원중앙점, 상무점 등 3호점으로 늘어났고 매출이 월평균 500%씩 성장했다. 오프라인 공간에서 와인과 친해지게 한 것이 성공 요인이다.

친해지기 위해서는 온라인 접점도 필요하다. 와인25플러스는 GS 리테일에서 운영하는 모바일 앱이다. 5000여 종의 주류를 주문할 수 있고, 앱에서 신청한 후 전국 GS25에서 받아 볼 수 있는 스마트 오더 시스템이다. 2020년 7월에 론칭했는데 1년도 안 돼서 200만 병을 넘게 팔았다. 디지털 네이티브들에게 주류 주문도 손쉽게, 원할 때 언제나 할 수 있게 만든 것이 핵심이다. GS리테일의 강점인 오프라인 장악력에 온라인을 결합하여 새로운 경쟁력을 갖춘 것이다.

소비자를 고정 고객화하는 것도 필요하다. 그러려면 큐레이션과 구독 서비스 등으로 가격 부담과 심리적 저항을 낮추어야 한다. 보틀벙커는 테이스팅탭과 시즌별·상황별 푸드 페어링 제안으로 이를 해결한 대표적 사례다. 일정 금액을 내면 50여 종의 와인을 소량씩 맛볼 수 있는데, 이때 뇌의 자극 시스템이 마구 작동한다. 어떤 와인을 먹을지 고민하는 방문객들에게 가볍게 경험하게 함으로써, 구매 기회를 넓혀준 것이다. GS리테일은 와인25플러스에서만 구매할 수 있는 한정판 와인을 출시하기도 했다. 와인 매장에서 직원들의 안내를 받는 것에 부담을 느꼈던 이들이 이제는 편안하게 앱에서 정보를 얻고 주문까지 앱으로 해결한다.

가격에 민감한 젊은 층을 어떻게 확보할 것인가

골프 외에도 테니스, 조깅, 등산 등 운동이나 아웃도어 활동에 진심인 MZ세대가 늘어나면서 이와 관련한 패션, 운동기기 산업이 주목받고 있다. 렌털이나 정기구독 서비스를 이용하는 소비자도 늘어나고 있다.

한편, 현재는 '무지출 챌린지'를 할 정도로 불황이라 고가 제품은 부담을 느끼기 마련이다. 그렇다면 가격에 민감한 젊은 층을 어떻게 확보할 수 있을까? '쪼개기'를 해보자.

첫째는 가격 쪼개기다. 신용카드로 할부 결제를 하면 고가의 제품을 구입할 때도 최초 구매가의 부담을 덜 수 있다. 혹은 BNPL_{Buy Now Pay Later}과 같은 결제 방식을 도입할 수도 있다. 해외에서는 신용카드를 발급받기 힘든 저신용자나 Z세대 사이에서 주목받는 서비스다. 물건을 먼저 사고 돈을 나눠 낸다는 점에서 신용카드 할부와 비슷하다. 하지만 신용카드 없이도 체크카드나 계좌 이체로 매월 얼마씩 낼 수 있다. 최근 국내에 하이엔드 가구를 BNPL로 결제할 수 있는 플랫폼 '로마드LOMAD'가 등장했다. 예를 들어 로마드에서 500만 원짜리 뱅앤올룹슨 스탠딩 스피커를 사고 60개월간 매월 8만원 정도를 내는 식이다. BNPL이 해외에서는 신용카드를 발급받을 수 없는 사람에게 어쩔 수 없는 선택에 불과했다면, 신용카드 이용률이 높은 국내에서는 결제 방식의 다양화 측면에서 성장할 가능성이 크다. 고가의 제품을 카드 한도 상관없이 편리하게 결제하고 싶은 사람의 니즈를 공략해야 한다.

프리미엄 스포츠의 확산과 함께 의류 렌털업 분야도 유망해졌다. 필드에서의 패션을 중시하는 여성 골퍼를 위한 골프웨어 렌털 정기구독 서비스도 생겼다. 예를 들어 더페어골프에서는 지포어, 마틴골프 등 인기 있는 프리미엄 골프웨어를 빌릴 수 있을 뿐 아니라 입던 옷을 팔 수 있는 위탁 판매 서비스도 제공한다. 젊은 층은 운동이나 야외 활동을 할 때도 다양한 옷을 입고 싶다는 니즈를 가지고 있다. 그렇지만 매번 사기에는 가격이 부담스럽다. 그래서 당근마켓, 번개장터에서 골프채와 등산용품, 자전거 중고 거래가 활발하게 이뤄진다.

스포츠용품 브랜드 요넥스는 테니스 라켓을 2주간 빌려주는 서비스를 제공한다. 젝시오 등 골프클럽 브랜드에서는 자사 제품을 고객이 체험할 수 있도록 일주일 이내로 렌털을 해주기도 하는데, 최근 골프채를 장기간 렌털해 주는 서비스가 등장했다. 골프존유통의

'렌탈페이', 롯데렌탈 플랫폼 '묘미'에서는 골프클럽을 24개월 이상 대여할 수 있다. CU 편의점은 골프클럽, 거리측정기, 스윙 연습 도구 등 다양한 골프용품을 렌털 품목으로 추가하기도 했다.

이렇게 고가 제품에 대한 가격 저항선을 낮출 수 있는 다양한 방식을 고민할 필요가 있다. 렌털과 구독 서비스는 소비자에게는 고급 브랜드 제품을 이용할 기회를, 브랜드에는 젊은 층과의 접점을 늘릴 기회를, 플랫폼에는 선택의 다양성을 확보할 기회를 제공한다.

둘째는 시간 쪼개기다. 호텔은 당일 대실, 숙박 등 고객의 투숙 목적에 따라 시간 단위로 쪼개서 객실을 이용할 수 있게 했다. 이렇게 하면 재방문 주기를 짧게 만들 수 있다. 한 달에 일정 금액을 내면 큐레이션한 와인을 집으로 배송해 주는 와인 구독 서비스도 다수 생겨났다. 이처럼 콘텐츠가 있는 큐레이션과 정기구독 서비스는 고객을 유지하고 사업을 확장하는 데 무척 유용하다.

소비자층이 바뀌면 시장의 니즈가 달라지기 때문에 기업의 성장 원동력을 새로운 시각에서 찾아야 한다. 골프라는 스포츠에 MZ세대가 유입되면서 필드의 풍경이 바뀌었듯이, 테니스에서도 플레이어의 연령대가 낮아지면서 코트의 양상이 달라지고 있다. 테니스는 같이할 상대방을 찾는 것이 중요한데, 실력이 비슷한 친구를 찾는 앱도 생겼다. MZ다운 발상을 구현한 것이다.

PART 3

'사치'에서
'가치'로

Always
worth pursuing

중고 거래와 리페어라는
새로운 소비 스타일

'플렉스하는 자린고비.'

이베이 코리아가 최근의 두드러진 소비 특징을 정의한 용어다. 플렉스 소비를 위해 평소에는 가성비를 중시하며 돈을 모아두거나 아예 지출을 하지 않지만, 사고 싶은 물건이나 체험하고 싶은 서비스에는 돈을 아낌없이 쓰는 것을 말한다. '플렉스' 측면에서만 본다면 과시 소비를 하는 것 같지만, 그 이면을 들여다보면 자신의 '가치' 기준에 따른 합리적 행위라 할 수 있다.

프리미엄 소비를 이해하는 두 번째 코드는 '사치에서 가치로'이다. 소비의 고급화는 단순히 사치를 위한 행위가 아니다. 팬시는 부를 과시하고 신분 상승의 욕구를 드러내기 위한 '사치'와 다르다. '스몰 럭셔리'라는 말처럼 MZ세대는 사치를 특정 계층만의 혜택이 아니라 누구나 일상에서 누릴 수 있는 소소함으로 인식한다. 특히 '이 제품이면 내가 만족감과 행복을 느낄 수 있는지'가 핵심으로, 그 가치를 판단하는 기준이 자기 자신이 된다. 사치라는 개념이 일상에서 지속적인 만족을 주는 가치로 진화했다.

여의도 더현대 서울의 한 매장, 화이트 톤의 화려한 조명 아래 스니커즈로 가득 찬 진열대가 있다. 매장을 둘러싼 벽에 스니커즈를 전시한 공간, '스니커즈 월'이다. 그런데 새 제품은 없고 온통 중고 제품이다. 매장 입구에는 검은색 정장을 차려입은 남자 직원들이 서 있다. 명품 매장으로 착각할 정도다. 범상치 않은 분위기의 이

곳은 다름 아닌 번개장터의 '브그즈트랩'이다. 여기에서는 20~30대로 보이는 방문객들이 번개장터 앱을 실행해 중고 스니커즈의 가격을 확인하고, 스니커즈를 만져보고, 구매하는 모습을 흔히 볼 수 있다.

MZ세대는 중고 스니커즈를 실제 명품 못지않게 대우한다. 스니커즈로 대표되는 요즘의 중고 거래가 어떤 의미를 가지는지, MZ세대는 왜 럭셔리 명품 브랜드를 중고로 거래하고 수선해서 사용하는지, 그리고 중고 거래의 영역은 어디까지 진화했는지 알아보자.

부모님 세대의 중고와 MZ세대의 중고는 의미가 다르다

중고 제품 소비에 대한 인식이 달라졌다. 불과 몇 년 전만 해도 중고는 '소비' 트렌드라기보다 '나눔, 절약'이라는 맥락에 가까웠다. 중고 제품을 사는 건 신제품을 사기엔 가격이 부담스럽거나 제품이 더는 출시되지 않아서 어쩔 수 없이 이뤄지는 선택이었다. 가격이나 기업의 정책 등 외부 요인에 큰 영향을 받는다고 볼 수 있다. 중고 제품을 사고파는 것 역시 주로 경제적 측면에서만 바라봤다. 아이가 훌쩍 커버려 안 쓰는 장난감이나 책을 중고로 거래하면 사는 사람도 파는 사람도 알뜰하다는 점에서 만족감을 얻었다. 그런데 사이즈가 큰 교복을 물려받아 아이 체격에 맞지 않게 입히면 궁상맞아 보인다. 새 제품보다 몇만 원 저렴하다고 중고로 사는 경우에는 그냥 신제품 사지 왜 그러느냐는 소리를 듣기도 한다.

국내 중고 거래의 역사는 아나바다(아껴 쓰고 나눠 쓰고 바꿔 쓰고 다시 쓰기) 운동으로 거슬러 올라간다. 1997년 외환 위기가 발생한 이듬해인 1998년에 등장한 정부 주도의 캠페인이었다. 경제가 어렵던 시절, 절약하는 소비 습관을 키우고 서로 나눠 쓰며 돕자는 취지가 강했다. 이런 문화적 뿌리가 있기에 중고 거래에는 오랫동안 '절약' 이미지가 덧씌워져 왔다.

그런데 현재는 이미지가 완전히 반전됐다. 20~30대는 오히려 '힙하고 세련된 소비 수단'으로 인식한다. 스니커즈와 명품의 중고 거래가 활성화되고, 재테크의 수단으로 활용되면서부터다. 갖고 싶은 물건이 있을 때, 신제품 가격보다 더 비싼 가격을 주고 사기도 한다. 가격과 같은 외부 요인이 아니라 '내적 소비 욕구'로 중고 제품을 산다. 중고 거래 사이트는 MZ세대에게 네이버, 다음, 쿠팡 등과 다르지 않은 친숙한 곳이다. 원하는 물건을 찾기 위한 탐색 도구인 것이다.

오래 사용하고 고쳐 사용하는 리페어repair에 최근 MZ세대의 관심이 집중되고 있다. 에르메스, 샤넬 등 명품 업체들도 리페어 서비스를 더 적극적으로 펼치기 시작했다. 에르메스는 가죽 제품, 의류, 시계, 주얼리, 실크 제품 등 대부분 제품을 수리해 준다. 전 세계 300여 개 매장에 매년 약 10만 건의 수리 요청이 들어온다. 샤넬은 2021년 4월부터 '샤넬&므와Chanel & Moi(샤넬과 나)' 프로그램을 시작했다. 구매한 모든 핸드백 또는 체인 지갑에 대해 구매일로부터 5년간 수선 보증 서비스를 받을 수 있다. 샤넬 복원 케어 서비스는 전문 장인이 샤넬 부티크에서 제품을 세심하게 점검하고 관리한다. 샤넬은 블랙 아이코닉 레더 백을 시작으로 독특한 케어 서비스를 다양하게 선보일 예정이라고 밝혔다. 국내에도 명품 브랜드가 직접 운영하는 리페어 서비스 이외에 의류, 가방 등을 수선하고 관리하는 중소형 서비스 업체가 다양하게 존재한다.

패션의 새로운 소비 코드, 리플렉스

중고를 자연스럽게 소비하는 MZ세대에게 리세일resale이나 리페어는 리플렉스reflex 수단이다. 영어에서 're'라는 접두사를 붙이면 그 단어에 '다시'라는 의미가 더해진다. 즉 리세일은 '중고로 되팔다', 리페어는 '수선해서 다시 사용하다'라는 뜻이다. 리세일, 리페어는 MZ세대에게 물건을 '다시' 사용하는 것의 가치를 새롭게 일깨워 주었다.

리플렉스는 're'와 'flex'를 조합한 것으로, 나는 다음과 같이 정의하고자 한다. '다시' 사용하는 것에 대한 가치를 소비자 스스로 인식하고, 남들에게 보여주고 인정받고자 하는 '플렉스' 심리가 반

CHANEL

시간이 흐를수록 샤넬과 맺은 소중한 인연은 점점 더 깊어집니다.
CHANEL & MOI는 작품마다 행복한 추억을 담고,
이와 함께 영원히 빛나는 관계를 더욱 강화해주는 프로그램입니다.

샤넬 핸드백을 위한 서비스 프로그램

샤넬 수선 보증 서비스   샤넬 복원 케어 서비스

샤넬&므와 프로그램
(출처: 샤넬 홈페이지)

영된 소비 코드다. 명품뿐 아니라 친환경, 희소성도 리플렉스의 대상이 된다. 다른 사람이 쓰던 명품 중고 가방을 조금 더 싼 가격에 구입할 수 있다. 리세일과 리페어를 하면 제품을 오래 사용하게 되므로 환경 피해를 줄일 수 있다. 희소성 있는 스니커즈를 구입하면 SNS 채널에 인증하며 트렌드에 동참하고 나를 드러낼 수 있다. 이런 희소성이 있기에 일부 제품은 신상보다 중고가 더 비싸다. 예를 들어 '나이키X디올, 에어조던1 로우'는 발매가가 250만 원, 최고 리셀가 1500만 원이었다. 이런 흐름에 힘입어 일부 신제품과 중고 제품의 경계가 사라지고 있으며, 그 경계를 나누는 것도 무의미해지고 있다.

새로운 소비문화의 부상과 함께 국내 중고 거래 시장은 가파르게 성장하고 있다. 한국인터넷진흥원에 따르면 2008년 4조 원에서 2021년 24조 원으로 6배 성장했다. 글로벌 시장도 비슷하다. 미국 중고 거래 플랫폼 스레드업은 글로벌 시장 규모가 2021년 270억 달러(약 32조 원)에서 2025년 770억 달러(약 91조 원)로 3배가량 성장할 것으로 예상했다. 특히 명품을 구매하고 되파는 리셀 또는 리세일이 2030세대를 중심으로 큰 인기를 끌면서 글로벌 2030 소비 트렌드로 자리 잡았다.

중고 거래, 어디까지 해봤니?

중고 거래가 명품 중심으로 관심을 한 몸에 받은 것은 분명하다. 하지만 그렇다고 프리미엄 브랜드의 의류, 가방, 시계, 신발만 거래되는 것은 아니다. 고가의 캠핑용품이나 골프용품, 화장품, 레고를 비롯한 장난감 등 다양하다. 하나금융경영연구소 자료에 따르면, 전년 대비 2020년 중고 거래 결제 금액이 20대는 68%, 30대는 약 30% 증가했다. 덕질 소비 아이템도 중고 거래의 대상이다. 최근에는 편의점에서 몇 시간씩 대기해야 살 수 있는 포켓몬빵도 중고로 거래된다.

리세일 시장 성장세에 힘입어 이를 중개하는 플랫폼 서비스도 급부상했다. 중고 거래 플랫폼은 다양한 품목을 취급하는 '멀티 카테고리 플랫폼'과 특정 분야의 제품을 취급하는 '버티컬 플랫폼' 등 크게 두 가지로 나눠볼 수 있다. 우리에게 익숙한 중고나라, 당근마켓, 번개장터가 3대 멀티 카테고리 플레이어다. 이 중에서 번개장터는 MZ세대 회원 비중이 70~80%를 차지하며, 건당 평균 거래 단가가 약 10만 원이다. 주요 거래 품목은 생활용품 등 공산품보다 브랜드 제품들이며, 전체 거래에서 패션 비중이 절반에 육박한다.[1] 소비자들은 멀티 카테고리 플랫폼에서는 비교적 중저가의 물품을 거래하는 경향이 있다. 다소 고가의 물품을 거래할 때는 플랫폼에서 제공하는 안전결제 서비스를 이용한다. 2022년 5월 기준 번개장터의 '번개페이' 거래량이 가장 많은 카테고리는 디지털·가전 카테고리며, 그다음이 의류, 스포츠·레저, 신발 순이었다.[2] 다양한 카테고리에서 거래가 발생함을 알 수 있다.

버티컬 플레이어는 비교적 최근에 생겼다. 스니커즈를 특화한 크림·스탁엑스, 명품 카테고리인 필웨이구구스·고이비토, 이 외에 세계 3대 중고 명품 거래 플랫폼 더리얼리얼·스레드업·베스티에르 콜렉티브가 있다. 이 중 베스티에르 콜렉티브는 프랑스 회사로 유럽에서 명품 중고 거래 분야 1위다. 일본 소프트뱅크 그룹 손정의 회장이 이끄는 비전펀드와 구찌 등 명품 브랜드를 운영하는 케링 그룹의 투자를 유치하며 2조 원의 기업가치를 인정받았다.[3]

국내 3대 온라인 명품 플랫폼인 머스트잇, 발란, 트렌비도 새 상품만 판매하다가 최근 중고 사업에 뛰어들었다. 그중 트렌비는 2020년 중고 명품 재판매 서비스를 출시했다. AI 기술을 활용한 중고 거래 플랫폼도 속속 생겨나고 있다. AI 기반으로 중고 명품의 가격을 책정하고 직접 매입하여 판매하는 미국 뉴욕 기반의 '리백'이 대표적이다. 국내 최대 규모 명품 렌털 서비스 렌트잇도 성장하고 있다.

MZ세대를 중심으로 리세일, 리페어에 대한 인식이 바뀌면서 아무 거리낌 없이 중고품을 소비할 수 있는 시대가 왔다. 당근마켓, 번개장터 등 멀티 카테고리 플랫폼의 사업자는 중저가 제품을 중심으로 자리를 잡았고 거래도 활발하다. 그러나 스니커즈, 명품 등 카테고리에 특화한 버티컬 플랫폼에는 아직 뚜렷한 강자가 없다. 명품은 가품 논란이 있긴 하지만, 중고 거래 플랫폼의 서비스는 고객의 니즈에 맞춰 점차 진화하고 있다. 구구스는 2021년 11월 중고 명품 시세 체크 및 정품 비교가 가능한 'Ai구구스'를 선보였다. 구구스 앱에서 상품을 촬영하면, AI가 이미지를 식별한 후 거래 이력을 가진 상품들의 시세를 보여준다. 이 정보를 바탕으로 판매 중인 상품을 구입할 수 있다.[4] 버티컬 중고 플랫폼은 아직 초기 시장이다. 앞으로의 사업 전략과 마케팅 방식, 그리고 고객의 니즈를 누가 얼마나 더 빨리 파고드느냐에 따라 MZ세대의 발길이 향하는 곳이 정해질 것이다.

'중고'가 힙해진 이유: 리셀테크, 친환경 소비, 새로운 쇼핑의 수단

리세일, 리페어가 어떻게 MZ세대의 소비 스타일이 됐을까? 중고 관련 기업이라면 그 이면을 이해해야 슬기롭게 대응할 수 있을 것이다. '리세일'이라고 불리는 중고 거래는 개인 간 거래가 대부분이다. 파는 사람과 사는 사람 간에 입장 차이는 조금 있지만, 큰 맥락에서는 비슷하다.

첫째, 리셀과 재테크를 합친 '리셀테크'라는 신조어에서 짐작할 수 있다시피 중고 제품은 MZ세대에게 투자의 수단이다. 미국 중고 거래 플랫폼 더리얼리얼이 발표한 「2022 명품 리세일 보고서Luxury

「Cosignment Report 2022」에 따르면, 2021년 한 해 동안 리세일 판매 가격이 가장 많이 오른 스니커즈는 뉴발란스 운동화 컬래버로 387% 상승률을 보였다. 디올 조던 스니커즈는 318%, 루이비통 쿠쌍 가방은 175% 상승했다. 컬래버 스니커즈가 가장 많이 상승한 이유는 희소성이 있기 때문이다. MZ세대가 스니커즈를 명품과 다름없이 생각하고 적극적으로 사려는 이유다. 미래에 가격이 상승할 가능성에 가치를 두고 투자하는 것이다.

둘째, 젊은 층은 리세일·리페어를 돈을 아낀다는 관점이 아니라 환경보호 측면에서 필요하다는 데 공감하고 있다. 더리얼리얼 측은 "리세일이 메인 스트림으로 자리 잡은 가운데 새로운 고객의 40%가 패스트 패션 대신 리세일을 선택했고, 43%는 패션의 지속 가능성을 이유로 리세일 시장을 찾았다"라고 밝혔다.[5] 더리얼리얼 보고서에 따르면 명품 제품의 수명을 연장하고 싶다는 이유도 작용했다. 더리얼리얼의 45세 이하 고객들은 타 연령 대비 1.4배 많은 이들이 패션의 지속 가능성을 이유로 리세일 거래를 찾는다. 내가 안 쓴다고 버리거나 집에 방치한다면 그 제품은 쓸모없는 물건이 된다. 이를 필요로 하는 사람을 찾아 물건의 수명, 즉 사용 주기를 늘려주는 것은 환경적으로도 매우 이롭다. 가방, 의류를 수선하거나 리폼하는 것도 이런 측면이 강하다.

셋째, 중고 거래도 쇼핑이라고 인식하기에 가지고 싶은 물건이 있으면 중고 거래 플랫폼에 들른다. MZ세대에게 새로운 소비 습관

1 **New Balance Sneaker Collabs**
Sell for up to **387%** of retail

2 **Dior Jordan Sneakers**
Sell for up to **318%** of retail

3 **Chrome Hearts Trucker Hats**
Sell for up to **296%** of retail

4 **Rolex Submariner Date**
Sells for up to **262%** of retail

5 **Patek Philippe Nautilus**
Sells for up to **258%** of retail

6 **Chanel Costume Jewelry**
Sells for up to **234%** of retail

7 **Louis Vuitton Coussin**
Sells for up to **175%** of retail

8 **Bottega Veneta Chelsea Boots**
Sell for up to **100%** of retail

9 **Emilio Pucci Vintage Mini Dresses**
Sell for up to **99%** of retail

10 **Prada Men's Nylon Bags**
Sell for up to **98%** of retail

더리얼리얼의 리세일 판매 가격 상승 브랜드 Top 10
(출처: 더리얼리얼)

으로, 소비 경로가 확장된 셈이다. 품절된 상품을 찾거나, 급히 필요한 물건을 동네에서 찾을 때도 이용한다. 중고 거래 시장이 뉴리테일 시대를 열었다고 해도 과언이 아니다. 국내에서 이런 리셀테크의 열풍이 또래문화처럼 번지고 있다는 점도 한몫했다. 어렵게 득템한 상품을 SNS로 인증하며 트렌드에 뒤처지지 않고자 하는 심리, 또래문화에 속하고 싶어 하는 동질감 욕구가 반영된 것이다.

중고에 대한 인식이 변화하고, 하나의 힙한 트렌드로 자리 잡으면서 이제 MZ세대에게 중고 거래는 너무나 자연스러운 거래 방식이 됐다. 당근마켓 관계자는 "명품이나 운동화 등 일부 상품에서 리셀테크가 주목받는다는 점, 특색 있는 중고 제품을 발굴해 개성을 드러내고 싶어 하는 MZ세대의 소비문화가 확산됐다는 점도 중고 거래 시장이 성장하는 데 기여하고 있다"라고 설명했다.[6] 친환경 측면에서도 리세일, 리페어에 대한 관심이 높기 때문에 관련 시장은 더욱 성장할 것이다. 리세일, 리페어 등 패션의 're'는 MZ세대의 새로운 소비 코드다. 친환경 의식을 가지고 있음을 플렉스하고, 희소성 있는 아이템을 구했음을 플렉스하는 등 이들에게 리세일·리페어는 리플렉스 수단이다. 이제, 취향까지 플렉스한다!

최고의 메이크업,
향수에 눈뜨다

어떤 향을 맡았을 때, 머릿속에 이미지를 그릴 수 있을까? 향과 관련된 추억이 떠오를까? 후각이 시각에 자극을 줄 수 있는 걸까? 대답은 '그렇다'이다. 향수는 향을 매개체로 고유성을 표현하고 연상 작용으로 시각을 자극한다. 니치 향수는 더욱 그렇다. MZ세대가 이런 니치 향수의 매력에 빠졌다. 일반 향수가 10만 원 정도인 데 비해 니치 향수는 20~40만 원대로 비싸다. 니치 향수의 등장으로 향수가 고급화되고 있다. MZ세대가 향수를 좋아하는 이유는 무엇이고, 현재 향수 소비 트렌드는 어떤지 살펴보자.

향수가 최고의 메이크업이 된 이유

인간의 오감 중 가장 민감한 감각은 후각이며, 따라서 후각 경험은 시각이나 청각보다 강하고 오래간다. 향수는 은밀하고 은근하게 나를 표현하는 수단이다. 색조 화장품, 의류, 가방이 대놓고 표현하는 수단인 것과 대조적이다. 에르메스 버킨백을 들고 있다면 그게 어느 브랜드 가방인지, 얼마쯤 되는 가방인지 다른 사람들이 쉽게 알아차린다. 여성들은 같은 디자인의 가방을 들거나 같은 옷을 입은 사람과 마주치는 것을 꺼리는데, 같은 향을 뿌린 사람이 주변에 많은 것도 썩 좋아하지 않는다. 일반 향수보다 독특한 향이 많은 것도 이 때문이다. 지나치게 대중적인 것을 싫어한다는 뜻이다. 대중적인 향이 아닌 이상, 다른 사람들이 향을 맡고 어떤 향수인지를 알아차리기란 쉽지 않다. 니치 향수는 더 그렇다. 향수는 화장품으로 분류되지만, '향수를 입는다'라는 표현처럼 나의 개성을 드러내는 패션이라는 성격이 강하다.

그런데 향수에 관심이 많은 독자라면 주변에서 이런 말을 들어봤을 것이다. 향수에 관심이 많은 독자라면 뭔가 이상하다고 느낄 것이다. "요즘 니치 향수만 사는데", "향수 사주겠다고 하면 니치 향수를 콕 집어서 말해요" 등등.

니치 향수란 무엇일까? 소수의 취향을 만족시키는 프리미엄 향수를 뜻한다. 비싼 가격을 지불하더라도 남과 다른 나만의 향수를 원하는 소수의 소비자를 타깃으로 한다. 니치 향수라는 용어는 미국 뉴욕 기반의 향수협회The Fragrance Foundation가 기존의 패션 브랜드에서 대량으로 생산하고 대규모 유통망을 통해 공급하던 일반 향수와 구분하기 위해 '니치'라는 단어를 붙인 데서 유래했다. 참고로, 'niche'는 '틈새'를 의미하는 이탈리아어 'nicchia(니치아)'에서 파생된 말이다.

향수협회는 니치 향수를 인디indie 향수로 칭하기도 했다. 우리에게 익숙한 인디밴드를 떠올리면 의미를 쉽게 이해할 수 있을 것이다. 소비자가 두루두루 좋아하는 향수라기보다 소수가 좋아하는, 대중을 지향하기보다 그 브랜드만의 독특함을 추구하는 향수라는 얘기다. 즉, 주류 시장의 빈틈을 파고는 '소수 마니아를 위한' 향수다. 대표적인 니치 향수로는 바이레도, 딥디크 등이 있다.

| **니치 향수 vs. 일반 향수** |

구분	일반 향수	니치 향수
생산량	대량	소량
원료	합성 재료 비율 높음	천연 재료와 고농도 향수 추출물 주로 사용
판매 채널	대규모 유통 (대형 소매점, 백화점 등)	제한된 유통 (백화점, 향수 편집숍 등)

향수 시장의 신명품: 니치 향수

일반 향수가 주를 이루던 국내 향수 트렌드가 뒤집어졌다. 니치 향수의 시작은 '소소'했을지라도 이제는 '대세'가 됐다. 유로모니터는 2015년 5000억 원 규모이던 국내 향수 시장이 2025년 9000억 원 규모로 성장할 것이며, 그중 니치 향수가 90%를 차지할 것으로 예상한다.[1]

실제로 현재 니치 향수는 일반 향수보다 더 인기를 끌고 있으며, 일반 향수는 감소 추세다. 비주류가 주류가 된 셈이다. 롯데백화점 화장품팀의 한 관계자는 "니치 향수가 현 향수 시장의 트렌드를 주도하고 있기 때문에 일반 향수 시장은 상대적으로 하락세다. 대중적이고 대량화에 치우쳐 있는 일반 향수의 매력도가 점점 떨어지고 있다. 롯데백화점의 일반 향수 매출도 연평균 25% 정도 감소하

는 추세다"라고 설명했다.[2]

니치 향수는 고농도의 향수 추출물과 천연 재료를 쓰고, 소량 생산에 따른 희소성이 있다는 것이 가장 큰 특징이다. 이런 점 때문에 젊은 층은 일반 향수보다 니치 향수를 선호하고 더 고급 향수로 인식한다. 바이레도가 홈페이지에서 스스로 '럭셔리 브랜드'라고 말하듯이, 이제 니치 향수들은 럭셔리 향수로 분류되는 것이 더 맞을 것이다.

오픈서베이가 2022년 1월 발간한 「뷰티 트렌드 2022 리포트」에 따르면, 20~49세 국내 여성의 바디 제품 이용률은 바디워시·샤워젤(79.1%), 바디로션·크림·젤·밤·버터(69.3%), 핸드·풋케어(34.6%), 여성청결제(32.6%), 비누(32.5%), 향수(31.9%) 순으로 나타났다. 전체 응답자 평균에서는 향수가 여섯 번째로 많이 쓰이는 제품이지만, 20~34세는 향수를 세 번째로 많이 쓴다. 다양한 바디 제품 중 가장 기본적인 바디워시와 바디로션을 제외하고는 향수를 가장 먼저 찾는 셈이다. 젊은 층이 다른 연령대보다 향수에 대한 관심이 높다는 것을 알 수 있다.

MZ세대가 좋아하는 향수에는 공통점이 있다

MZ세대가 이렇게 향수를 좋아하는 이유는 무엇일까? 먼저, 향

| 국내 여성의 바디 제품 이용률 |

	전체	연령			
		20-24	25-34	35-44	45-49
Base	(1500)	(217)	(460)	(530)	(293)
바디워시/샤워젤	79.1	76.5	82.2	80.0	74.7
바디로션/크림/젤/밤/버터	69.3	62.2	70.4	71.3	69.3
핸드/풋케어	34.6	27.6	34.6	34.0	41.0
여성청결제	32.6	28.1	36.7	33.0	28.7
비누	32.5	26.7	30.7	32.1	40.6
향수	31.9	41.9	39.1	25.5	24.6
바디스크럽	29.3	22.6	32.4	29.8	28.7
바디오일/에센스	16.3	8.3	18.0	17.0	18.4
바디미스트/샤워코롱	14.5	18.0	18.3	11.5	11.3
데오드란트	11.8	12.0	13.7	13.4	5.8
입욕제	10.7	10.1	13.0	9.8	8.9
바디솔트	6.2	1.8	7.6	7.0	5.8
바디 마스크/팩	3.5	3.2	5.0	2.3	3.4
사용하지 않음	2.2	4.6	1.3	1.9	2.4

[Base: (한국조사) 전체 응답자, N=1500, 중복 응답, %]

(출처: 오픈서베이)

수 제조 과정에서 실마리를 찾아보자. 향수는 예술에 가깝다. 향수 브랜드의 창립자와 조향사들은 스스로를 아티스트라고 표현할 정도로 향수 제조 과정을 예술로 승화한다. 딥티크 글로벌 CEO 파비앙 마우니Fabienne Mauny는 "딥티크는 누구도 예상하지 못한 원료를 조합해 향을 만든다. 이에 관해 딥티크의 창립자 중 한 사람인 크리스티앙 고트로Christiane Gautrot는 '우리는 출세와는 상관없이 오로지 열정과 상상력, 창작 욕구 및 무엇인가 이루고 싶다는 의지로 충만한 아티스트들이다'라고 말했다."[3] 명품 가방과 같은 럭셔리 브랜드들은 최고의 장인을 두고 손으로 만드는 작업을 고수한다. 향수 전문 브랜드에서도 명품과 비슷한 철학을 가지고 있음이 느껴진다.

인기 향수는 명확한 브랜드 아이덴티티brand identity를 바탕으로 향수 제조에 대한 철학, 향에 대한 흡인력 있는 스토리를 결합해 향수병 하나에 응집시킨다. 이것이 MZ세대를 끌어당기는 힘이다.

니치 향수가 젊은 층에서 인기를 얻는 요인은 크게 네 가지로 분석해 볼 수 있다. 첫째, 희소성이다. MZ세대가 전통적인 명품보다 비교적 최근에 등장한 신명품을 더 좋아하고 한정판 스니커즈에 열광하는 이유는 희소성 때문이다. 젊은 층은 지나치게 대중적인 제품을 소비하면 남들과 똑같은 사람이 된다는 기분을 느끼기에 회피한다. 일반 향수는 60~70여 가지의 원료를 배합하여 제조하지만, 바이레도는 그보다 훨씬 적은 원료를 사용한다. 고급 천연재료 본연의 향을 표현하기 위해서다. 소량만 생산되기에 다른 사람들이 많이 쓰지 않는 나만의 시그니처향을 찾을 수 있다. 이렇게 나를 표현하는 수단이 되기 때문에 니치 향수가 인기를 얻고 있다.

둘째, 전문성이다. 딥티크, 바이레도 등은 향수를 전문으로 다루는 기업이다. 조향 과정을 예술적 작업으로 다루므로 전문적인 브랜드라는 이미지가 형성됐고, 이는 가격이 비싸더라도 소비할 가치가 있다는 생각이 들게 한다. 반면 샤넬·디올 등 기존 럭셔리 패션하우스들은 가방이나 옷 등 '패션' 아이템이 중심이었고, 향수는 부가적인 '뷰티' 카테고리로 갖추고 있다. 소비자, 특히 20대 초반의 소비자라면 샤넬 가방을 사고 싶어도 경제적 여력이 안 된다. 이때 가방보다 훨씬 저렴한 향수나 립스틱, 아이섀도 등 뷰티 제품을 먼저 구매하게 된다. 이처럼 젊은 층의 신규 고객 유입 차원에서 패션하우스들은 향수 등 뷰티 사업을 하는 경우가 많다. 그러나 니치 향수 제조사는 향수 제품을 주력으로 하며 향을 기반으로 한 바디 제품, 디퓨저 등 홈 프래그런스home fragrance 제품으로 확장해 나간다. 향수 카테고리 하나만 봤을 때 패션하우스보다 제품이 다양하다. 이런 전문성에 소비자들이 반응하는 것이다.

셋째, 창조성이다. 후각 경험을 주는 향수는 뇌를 자극하여 상상력을 불러일으킨다. 니치 향수는 이런 인간의 심리와 뇌과학 측면을 잘 활용했다고 볼 수 있다. 향을 맡을 때 기존에 경험했던 어떤 이미지가 그려지고 추억이 연상되는 것은 재생적 상상이다. 바이레도는 제품 네이밍에서부터 이런 점을 염두에 두고 상상력을 자극하는 이름을 짓는다. 블랑쉬, 뭄바이 노이즈, 비블리오테크, 집시 워터, 영 로즈, 오픈 스카이 등이 그 예다. 이 중에 국내에서 인기가 좋은 블랑쉬는 '흰색'이라는 뜻으로 이름만으로도 순백의 순수함이 연상된다. 바이레도는 이 제품에 사랑하는 연인들의 순수함이

니치 향수 특성	트리거	최종 소비가치
소량 생산, 천연 재료, 특별한 향	희소성	"나의 개성을 표현하기에 좋아. 내가 트렌디한 사람이 되는 느낌이야."
향수 전문 브랜드, 향수 제조 철학	전문성	"향이 세련되고 고급스러워. 이렇게 명품처럼 만든 향수는 구매할 가치가 충분하지."
'향'이 중심이 된 제품별 스토리텔링과 네이밍	창조성	"첫사랑의 순수함을 담은 향이라 그런지 그때 생각도 나고, 나도 순수해지는 느낌이야."
신선한 패키지 디자인과 고유한 글씨체	독창성 (유니크함)	"용기가 독특하고 예쁘네. 이름도 신선하다."

라는 스토리를 담았다고 소개했다. 이미지가 후각을 창조하고, 후각이 다시 이미지를 불러내는 것이다.

넷째, 독창성이다. 이는 신선한 패키지 디자인과 고유한 글씨체에서 확인되는데 바이레도, 딥티크, 산타마리아 노벨라 등의 향수 패키지 디자인에는 저마다의 개성이 묻어 있다. 바이레도 향수병은 실험실이 연상될 정도로 심플하다. 투명한 원통형 유리병에 검은색 반구의 뚜껑이 달려 있다. 제품 이름은 흰색 바탕에 검은색으로 새겨져 있다. 딥티크의 패키지는 서정적이면서 스케치 느낌이 살아 있다. 향수병 앞뒤로 서로 다른 일러스트를 넣은 점도 흥미롭다. 산타마리아 노벨라는 오래된 브랜드 역사에 맞게 이탈리아 피렌체 스타일의 고풍스럽고 우아한 디자인을 유지한다. 브랜드마다의 디자

바이레도 제품
(출처: 바이레도)

인 특징을 한마디로 정리하자면 바이레도는 모던하고, 딥티크는 서정적이며, 산타마리아 노벨라는 고풍스럽다. 디자인만으로도 서로 확실히 차별된다. 바이레도는 독자적인 폰트를 개발하는 데에도 심혈을 기울였다. 명확한 브랜드 아이덴티티를 설정하고, 이를 표현하기 위해 유명 크리에이티브 에이전시에 의뢰했다. 그렇게 탄생한 폰트는 바이레도의 독특한 네이밍 방식과 함께 소비자에게 브랜드의 독창적인 가치를 심어주는 데 기여하고 있다.

니치 향수, 향수 시장의 패러다임을 바꾸다

이렇게 일반 향수와 차별화되는 브랜드 전략을 통해 니치 향수는 MZ세대를 사로잡았다. 그렇다면 앞으로의 향수 시장은 어떻게 될까? 향수 시장은 이미 고급화됐고, 고급 향수 시장은 더욱 확대될 것이다. 향수 제조 기업들은 프리미엄 이미지 속에서도 자사 브랜드만의 독특한 브랜드 아이덴티티를 내세우고 유지해야 한다. 젊은 층이 다양한 향수를 경험하며 나만의 향기를 찾기 위한 여정을 지속할 것이기 때문이다.

향수 시장의 패러다임이 '이미지'에서 '향' 중심으로 이동했다. 기존에는 향수 제조 기업이 광고와 모델을 활용해 특정 이미지를 소비자에게 각인시키고자 했다. 1920년대에 출시된 세계 최초의 합성

향수 샤넬 No.5를 예로 들어보겠다. 샤넬은 매릴린 먼로, 카트린 드 뇌브, 캐롤 부케, 니콜 키드먼, 오드리 토투 등 당대 최고 인기 여배우를 모델로 수십 년간 샤넬 No.5 광고 캠페인을 진행했다. 모델은 바뀌었지만, 이들이 보여주는 이미지는 서로 연결됐다. 세련되고 도시적이고 관능적인 이미지다. 향수 구매자들은 '나도 저렇게 매혹적인 여성이 되고 싶어. 이 향수를 뿌리면 그렇게 될 것 같아'라고 느끼며 자기도 모르게 그 이미지를 소비했다. 많은 패션하우스의 향수, 화장품 광고들이 이런 기호학적 이미지를 구현했다.

그러나 조말론 등 니치 향수는 이런 문법을 깨고, 이미지보다 '향'에 집중했다. 조 말론Jo Malone은 "향수는 이미지를 소비하는 도구가 아니라, 향을 즐기고 좋은 감정을 느끼게 해주는 데 가치가 있다"라고 말했다. 최근 MZ세대 사이에서 인기를 얻고 있는 대표적인 향수들은 대부분 빅 모델을 내세워 광고하기보다 향수 브랜드의 콘셉트나 향 자체의 스토리를 자연스럽게 마케팅한다.

향수 업계에서 '향'이 주인공이 되면서 관련 산업도 함께 성장하고 있다. 향기 산업은 개인을 위한 향기와 공간을 위한 향기로 나눠볼 수 있다. 개인을 위한 향기는 향수·바디로션·핸드크림 등이고, 공간을 위한 향기는 홈 프래그런스 카테고리다. 실내에 은은한 향을 내는 디퓨저, 향을 피우는 인센스 스틱, 뿌리면 집 안에 향기를 채울 수 있는 룸스프레이 등 다양한 제품이 있다. 에센셜 오일을 사용해 심신을 안정시키는 아로마테라피에 대한 관심도 높아졌다.

향수를 중심으로 향에 대한 경험이 쌓이면서 내 몸뿐 아니라 내가 머무는 공간도 원하는 향으로 채우려는 욕구가 커지고 있다.

　니치 향수의 등장은 향수 시장을 고급화했고, 독특함과 상상력을 자극하는 여러 요인으로 젊은 층을 사로잡고 있다. 향기를 인테리어 요소로 활용하는 트렌드가 강해지면서 '향테리어'라는 신조어도 생겨났을 정도로 향기 산업은 새로운 국면을 맞이하고 있다. 인테리어 디자이너 양태오는 "공간을 향기·음악·조명 등 보이지 않는 것으로 완성하려는 경향이 최근 인테리어 업계의 대세"라며 "취향을 보여주는 동시에 공간의 완성도를 높이고자 하는 이런 시도는 더욱 확산·발전될 것"이라고 분석했다. 향기는 공간을 채울수 있고 나를 손쉽게 메이크업할 수 있다. 꾸미지 않은 듯 꾸민 최고의 메이크업 수단이 될 수 있다. 특히 MZ세대는 향수를 통해 감성적 만족감을 크게 느끼기 때문에 나만의 향을 찾는 데 더 진심이다. 이제 향수는 정체성을 표현하는 '퍼스널 브랜딩'의 수단이 됐다. 향으로 자신을 드러내고자 하는 세대가 있기에 향기 산업은 더욱 성장할 것이다.

날 위한 집의 모든 것,
'홈 라이프스타일' 소비

집에 대한 모든 것, '홈 라이프스타일'의 새로운 소비 코드는 무엇일까? 공간에 대한 관심이 늘어나면서 공간을 채우는 향기뿐 아니라 가전, 가구, 리빙용품, 홈뷰티home beauty에 대한 수요도 증가했다. 이런 트렌드는 코로나19로 집에 머무는 시간이 길어지면서 시작됐다. 그러나 엔데믹이 된 지금도 젊은 층을 중심으로 그 열기는 식지 않고 있다.

나는 가전, 가구, 리빙, 홈뷰티 등 집과 자신을 가꾸는 것과 관련한 모든 소비를 '홈 라이프스타일 소비'라 부르고자 한다. 삼성전자 비스포크가 주도한 프리미엄 냉장고를 비롯해 MZ세대는 다양한 홈 라이프스타일 영역에서 프리미엄 소비 경향을 보인다.

집, 가장 사적인 취향의 공간으로

코로나19의 반사 효과가 큰 시장으로 가전, 가구, 인테리어 업계를 꼽을 수 있다. 2020년부터 2년간 매출이 급성장해 2022년에는 수요가 이미 포화 상태에 이르렀다는 분석이 있다. 글로벌 시장조사 전문 기업 GfK의 자료에 따르면, 국내 가전 시장 성장률은 2020년 19.4%, 2021년 5.9%, 2022년 1~2월은 전년 동기 대비 0.5%로 나타났다. 확실히 성장세가 꺾였음을 알 수 있다. 판매 채널을 나눠 보면 오프라인 백화점의 매출 증가세가 두드러졌고, 그 밖의 오프라인 채널의 매출은 감소했다. 백화점은 2021년 오프라인 채널 가운데 유일하게 플러스 성장을 했고(2020년 대비 매출 금액 기준 14.0%), 2022년 1~2월에도 9.1% 성장했다.[1] 프리미엄 대형 가전제품 중심으로 잠재구매력이 높은 고객층을 공략한 것이 성공 요인이라고 업계는 분석했다.

전체 수요가 일시적으로 감소할 순 있지만, 소비자의 욕구는 줄어들지 않았다. 팬데믹 기간에 재택근무, 원격수업 등으로 충분히 겪었듯이 이제 집은 잠만 자는 곳이 아니다. 취미와 문화생활까지 누리는 복합 공간이다. 특히 젊은 층에게 집은 물리적 공간 이상의 의미를 지닌다. 먹고 마시고 쉬고 일하며 한 사람의 라이프스타일이 그대로 드러나는 '사적 취향 공간'이기 때문이다. 집에서 온전히 즐기고 싶다면 나의 취향과 맞아떨어져야 편안한 공간이 된다. 그래서 집에서 스몰 럭셔리뿐 아니라 빅 럭셔리까지 추구하려 한다.

팬데믹에서 엔데믹으로 넘어온 지금도 공간에 자신만의 스타일을 더하기 위해 투자하려는 욕구는 계속되고 있다. 고물가, 주가 하락 등 경제적으로 힘든 환경이라도 취향에 부합하고 심리적 만족감을 높여주는 제품에는 마음이 너그러워진다. 또한 집 면적은 한정되어 있기에 가지고 싶은 물건이 아무리 많아도 다 살 수는 없다. 그래서 집이라는 공간은 양적 투자가 아니라 '질적 투자'를 하게 되는 소비 대상 중 하나다. 하나를 사더라도 가장 마음에 드는 것으로, 오래 제대로 쓸 수 있는 것으로 구매하려 한다. 핸드폰, 노트북과 같은 전자제품을 살 때 가장 최신 버전을 선호하는 이유와 비슷하다. 매일 문을 여는 냉장고도 가장 좋은 것으로, 음악을 듣는 오디오도 이왕이면 사운드가 풍부한 것으로, 갈바닉과 같은 피부관리 기기도 성능이 뛰어난 것으로 찾는다. 바로 홈 라이프스타일 소비가 고급화되는 이유다.

젊은 층은 인테리어도 플렉스하길 즐긴다. 한국건설산업연구원은 국내 인테리어·리모델링 시장이 2020년 41조 5000억 원에서 2021년 60조 원 규모로 44.5% 급성장했다고 밝혔다.[2]

랜선 집들이를 통해 자신이 꾸민 집 곳곳을 보여줄 수 있는 전문 인테리어 플랫폼의 등장은 2030세대의 인테리어 욕구를 더욱 높였다. 다른 사람의 랜선 집들이를 보고 어디서 구매했는지 물어본다. '오늘의 집'은 2014년 젊은 층이 인테리어 한 집의 사진을 공유하는 커뮤니티로 시작했는데, 지금은 가구·가전·인테리어용품을 판매하는 쇼핑 플랫폼으로 거듭났다. 주 사용자는 20대부터 40대까지 다양하다. 20대가 29.85%, 30대 25.18%, 40대 27.45%로 고루 분포한다.[3]

신한카드 빅데이터연구소가 가구 판매 채널별 연령 비중을 분석했는데, 20~30대가 가구를 구매할 때 가장 많이 이용하는 채널은 오프라인 매장이 아니라 온라인 인테리어 플랫폼인 것으로 나타났다(그림9). 특히 20대는 온라인 인테리어 플랫폼을 사용하는 비중이 36%로 대형 가구 전문점 6%, DIY 가구 전문점 15%에 비해

| 그림 9 | 가구 판매 채널별 연령 비중 |

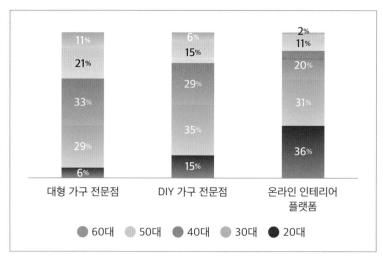

출처: 신한카드

현저히 높았다.

브랜드 충성도를 높이는 요즘 방식, 프리미엄 가전

2030세대의 프리미엄 소비의 경향은 패션을 넘어 가전, 가구 등 라이프스타일 전반으로 확대되고 있다. 이에 따라 프리미엄 리빙 카테고리가 급성장하고 있다. 롯데백화점이 2021년 1월부터 8월까지 세대별 매출을 분석한 결과, MZ세대가 많이 구매한 상품군 중 해외 패션(29%)에 이어 '리빙(22%)'이 두 번째로 많았다.[4] 백화점들의 2021년 리빙 매출도 전년 대비 모두 증가했다. 현대백화점 프리미엄 리빙 120.2%, 롯데백화점 프리미엄 리빙 편집숍 '더콘란샵' 59%, 신세계 백화점 리빙 분야 22.3% 등이다. 이 중 더콘란샵은 4000만 원짜리 소파, 3000만 원대 식탁 등 초고가 상품을 취급하는 영국 기반의 럭셔리 리빙 편집숍이다. 롯데백화점이 2019년 11월 매장에 입점시켜 국내 소비자에게 300여 가지의 리빙 브랜드를 선보여 왔다.

가전가구 시장에 프리미엄의 불을 지핀 주인공은 삼성전자 비스포크다. 기존 가전 시장은 백색가전 중심이었다. 냉장고, TV 등 대형 가전은 수명이 길기에 한번 사면 10년 가까이 사용했다. 즉, 쉽게 바꾸기 힘들었다. 손목시계 줄을 교체하듯이 가전제품의 부속품이나 색상을 바꾸는 것은 엄두도 내지 못했다. 그런데 2019년 삼성전자가 소비자 취향대로 색상을 지정하고 도어 패널도 교체할 수 있는 냉장고를 국내 최초로 출시했다. 이를 계기로 업계의 트렌드가 바뀌었다.

여기에 20~30대가 SNS 채널 등을 통해 열렬하게 반응했다. 비스포크는 제품을 설계할 때부터 MZ세대를 타깃으로 정했다. 기존 대형 가전 구매자인 40대 이상 고객층은 대체로 브랜드 로열티가 굳어졌기 때문이다. 20~30대가 비스포크에 관심을 가지면서 50대 부모에게 영향을 끼치고, 자신도 독립이나 결혼할 시기에 비스포크를 구매하기 시작했다.

삼성전자 생활가전사업부 양혜순 부사장은 "MZ세대는 가전 브랜드 로열티가 아직 뚜렷하지 않은 세대이면서 이 브랜드가 내게 뭘 줄 수 있는지, 이 제품이 주는 가치와 경험이 무엇인지를 가장 깊이 생각하는 고객층이죠"라고 말했다.[5] MZ가 '가족의 인플루언서'인 셈이다. 집 안에 비스포크를 설치하고 인테리어를 새로 한 이들은 자발적으로 인스타그램 등 SNS에 게시글을 올렸다. 2022년 7월 기준 인스타그램 #비스포크 냉장고 게시글은 6만 3000건에 달한다.

이런 팬덤을 기반으로 비스포크는 냉장고에서 식기세척기, 인덕션, 전자레인지 등 소형 가전뿐 아니라 세탁기, 공기청정기와 같은 리빙 제품으로까지 제품 카테고리를 확장해 나갔다.

LG전자는 2020년 10월 오브제 컬렉션 라인을 출시하며 개인

맞춤형 프리미엄 가전 시장을 키워나가고 있다. 냉장고, TV, 드럼세탁기, 스타일러 등 다양한 가전에 적용했다. LG전자가 자체 조사한 바에 따르면 오브제 컬렉션 제품을 구매한 고객 중 40대 이하가 60%를 차지한다. 일반 LG전자 생활가전을 구매한 고객의 40대 이하 비중은 50%가량이다.[6] 프리미엄 가전에 대한 관심이 젊은 층에서 더 높게 나타난 것이다.

또한 2021년 출시한 무선 프라이빗 스크린 'LG 스탠바이미'는 MZ세대의 숨어 있는 니즈를 잘 파악해 성공한 사례다. 온라인 쇼핑 플랫폼에서 한정 대수로 판매할 때마다 매진 기록을 세웠다. 'TV야, 태블릿이야?' 내가 처음 이 제품을 접했을 때 정체성을 파악하기 힘들었다. 거실에 대형 TV가 걸리는 게 최근의 트렌드인데 TV라고 하기에는 너무 작았다. 그렇다고 태블릿이라고 하기에는 휴대하기가 힘들고 지나치게 컸다.

이런 모호함이 오히려 파괴적 혁신의 요소가 됐다. MZ세대 사이에서 스탠바이미의 별명은 '바퀴 달린 초대형 태블릿'이다. 젊은 층의 라이프스타일 욕구를 정확히 파고들었다는 얘기다. 방에서 OTT를 보며 자유롭게 시간을 보낼 수 있고, 집 안에서 원하는 장소로 간편하게 이동할 수 있을 뿐 아니라 화면을 가로세로로 돌릴 수도 있으니 틱톡 등 세로 영상을 볼 때도 편하다. 그동안 가려웠던 곳을 시원하게 긁어준 만능 기기인 셈이다. 부모님 집에 사는 20대는 자신의 방에 따로 두고, 싱글 30대는 TV 대신 구비하기도 한다.

일반 태블릿보다 조금 비싼 100만 원 정도의 가격으로 사치 아닌 가치를 누리는 것이다.

집에서 피부도 관리하는 2030 홈뷰티족

최근 2030세대는 집에서 나를 가꾸는 시간에도 투자한다. 홈트레이닝으로 몸을 가꿀 뿐 아니라 셀프로 피부관리를 할 수 있는 홈뷰티에도 관심이 많다. 뷰티 유튜버들이 비슷한 기능의 다양한 브랜드 제품을 써보고 비교하면서 정보를 준다. 뷰티 디바이스의 경우, 예전에는 엄마나 이모가 쓰는 제품을 젊은 층이 한 번씩 써보는 정도였다. 굳이 피부관리를 할 필요성도 못 느꼈다. '관찰자'의 입장이었다. 그러나 뷰티 유튜버 등 다양한 정보 습득 경로가 생겨나고, 폭넓은 가격대의 제품이 출시되는 등 뷰티 디바이스 산업이 진화하면서 젊은 층도 접근 가능한 '구매자'가 됐다. LG 프라엘과 같은 고가 제품부터 중소기업에서 만든 스몰 브랜드의 중저가 제품까지, 선택의 폭이 넓어졌다. 엄마가 선호하는 40만 원대의 제품은 못 사더라도, 10만 원대 제품도 잘 고르면 '가치 있는 사치'를 할 수 있다. 뷰티 디바이스의 종류도 다양하다. 클렌저, 각질케어, 리프팅, 두피케어, 화장품 흡수를 돕는 부스터 등이 있다.

2030세대 홈뷰티족이 증가하는 이유는 미세먼지 등 유해 환경에 대한 인식이 강해졌고, 코로나19로 건강관리가 얼마나 중요한지를 실감하게 됐기 때문이다. 운동을 열심히 하고, 영양제를 꼬박꼬박 챙겨 먹는 등의 모습으로 나타나는데, 이를 '얼리 케어 신드롬'이라고 한다. 이런 트렌드가 피부에 대한 관심으로 확대된 것이다. 나이 들어서 피부를 '개선'하는 것이 아니라, 한 살이라도 어릴 때 건강한 피부를 유지하려는 '예방' 차원에서 접근한다. 이렇게 화장품 위주로 관심을 가졌던 젊은 층이 뷰티 디바이스를 중심으로 한 홈뷰티 시장에 신규 고객층으로 대거 유입되고 있다.

시장조사 전문 기업 엠브레인이 2022년 6월 홈뷰티 시장을 조사한 결과에 따르면, 홈뷰티 디바이스에 대한 평가는 긍정적인 것으로 나타났다. 피부관리기를 사용하면 어느 정도 도움이 될 것 같다(89.3%), 혼자서도 쉽게 사용할 수 있다는 장점이 있다(87.5%) 등의 응답을 고려할 때 홈뷰티 시장의 잠재력이 크다고 볼 수 있다. 실제로 95.4%의 응답자는 앞으로 더욱 다양한 피부미용 기기가 등장할 것 같다고 전망하는 등 기대감을 보였다.

홈 라이프스타일 어디까지 진화할 것인가?

홈 라이프스타일 시장의 수요가 늘어나면서 업계의 기술과 서비스도 진화하고 있다. 가전제품에 AI, IoT(사물인터넷) 등 디지털 기술을 접목한 서비스가 출시되고 있다. 몇 년 전 처음 나온 인공지능 스피커를 가장 먼저 받아들인 세대 역시 2030이다. 이제 인공지능 스피커는 호텔, 레스토랑에서도 활용할 정도로 익숙해졌다. 새로운 첨단 기술을 흥미롭게 바라보고 능수능란하게 활용할 줄 아는 MZ 세대이기에 홈 라이프스타일 시장은 성장 잠재력이 크다.

삼성전자는 2022년 2월에 AI 기반의 '스마트싱스Smart things 홈 라이프' 6대 서비스를 론칭했다. 쿠킹·에어케어·펫케어·클로딩케어·에너지·홈케어를 스마트폰, 태블릿, 냉장고 등에서 사용할 수 있게 연결했다. LG전자도 전자제품에 IoT와 AI를 결합한 서비스를 강화하고 있다. LG씽큐LG Thin Q는 앱 하나로 전자제품은 물론 집 안 곳곳을 관리할 수 있는 서비스다. 2022년 1월에 출시한 프리미엄 로봇청소기 '코드제로M9 오브제 컬렉션'은 LG씽큐와 연결해 청소 영역을 설정할 수 있다.

진화된 제품은 삶을 더 편리하게 해주어 집 안에서 보내는 시간을 늘려주는 효과가 있다. 같은 시간을 집 안에서 머무르더라도 휴식하고 누릴 수 있는 시간이 더 늘어나는 것이다. 『로빈슨 크루소의 사치』에서 저자 박정자 교수는 "시간은 교환 가능한 물건이다. 다른 상품과 교환될 수 있고 특히 돈과 교환될 수 있다. 생산물이 시간의 결정체라는 것은 그것을 제조한 생산자의 시간이며, 소비자에게 자유시간을 보장해 준다는 의미도 된다"라고 했다.[1]

집 안에서 내가 누리는 가치가 중요하다는 점을 알기에 MZ세대는 자신만의 공간을 꾸미고 집에서의 만족감을 높이는 데 투자를 아끼지 않는다. 거실, 주방, 침실 등 집 안 곳곳에 이들의 손길이 미치고 있다. 바쁜 현대 사회일수록 시간의 가치는 더욱 커진다. 시간을 가치 있게 쓸 수 있게 해주는 홈 라이프스타일 제품이 나온다면 소비자는 열광할 것이다.

번개장터(김유림 홍보 매니저)

'장터'가 아니라 '백화점'으로
업을 재정의하다

중고 거래 플랫폼이 백화점이 될 수 있을까? 그 가능성을 보여준 곳이 번개장터다. 브그스트랩 매장을 더현대 서울에 열었을 뿐 아니라, 조선팰리스 호텔 건물 1층에 중고 명품 매장 브그스트 컬렉션 매장까지 오픈했다. 누적 가입자 1700만 명, 연간 거래액 2조 400억 원 규모로 성장한 번개장터는 '중고 브랜드의 모든 것이 모인 백화점'이 되겠다는 목표를 세웠다.

3대 중고 거래 플랫폼에서 단연 돋보이는 행보를 보여주는 곳이 번개장터다. 내가 처음 사례를 조사하면서 놀란 사실은 X세대가 아니라, Z세대가 번개장터에서 중고 스니커즈를 거래하고 있다는 것, 그리고 번개장터가 '취향을 잇는 거래'로 업을 재정의했다는 사실이었다. 중고나라, 당근마켓과 차별화하는 것을 넘어 중고 거래 플랫폼 자체의 정체성을 바꾼 것이다.

중고 거래와 취향이 무슨 상관이 있는 걸까? 번개장터는 고객 데이터에서 업을 재정의할 단서를 찾았다고 한다. Z세대는 번개장터에서 패션 브랜드를 많이 검색하고 거래하고 있었다. 같은 브랜드에 대한 취향을 가진 사람끼리

모이고, 이들이 많아질수록 플랫폼은 활기를 띠었다. '취향'이 중요하게 작동한다는 증거다.

명품에 대한 취향도 반영했다. 번개장터는 2021년 11월 조선팰리스호텔이 있는 센터필드 건물에 세 번째 오프라인 매장 '브그즈트 컬렉션'을 오픈했다. 샤넬이나 롤렉스 등의 신상품을 백화점에서 사려면 오픈런을 하거나 대기를 해야 하지만, 중고는 바로 구매할 수 있다. 번개장터의 힙하면서도 다소 저렴하다는 이미지는 명품이 갖는 럭셔리 이미지에 녹아들었다. '장터'가 '백화점'이 된 것이다. '중고'의 새로운 가치를 보여주고 있는 번개장터의 김유림 홍보 매니저를 만나 이야기를 들어봤다.

Q   **지금의 MZ세대는 중고 스니커즈를 실제 명품 못지않게 대우하고, 중고 거래를 오히려 '힙하고 세련된 소비 수단'으로 인식한다. 번개장터와 같은 플랫폼에서 중고 제품을 '쇼핑하듯이' 이용하는 모습이 보인다. 중고 제품을 다루지 않는 여타의 패션 플랫폼과 특별히 구분하려 들지 않는 듯하다.**

A   그렇다. 번개장터 이용자의 약 70%가 MZ세대이고, 그중에서도 Z세대 남성이 많다. 젊은 층에 인기인 다른 패션 플랫폼과 이용자층이 겹친다. 많은 사람이 쿠팡, 네이버 등에서 검색하기 전에 중고 거래 앱을 검색해 보고 미개봉 새 상품이 있는지 찾아본다.

Q 번개장터에서 주로 거래되는 중고 제품은 무엇이며, 트렌드는 어떻게 변하고 있는가?

A 카테고리 측면에서 트렌드는 거의 비슷하다. 다른 중고 플랫폼에서는 생활용품 위주의 거래가 많지만 번개장터는 디지털기기, 패션, 레저 등 취미 관련 거래액이 전체의 80%를 차지한다. 그래서 건당 거래 금액이 10만 원으로 다른 플랫폼보다 높다. 1인당 연간 소비 금액은 49만 원이다. 브랜드 제품 위주로 거래되다 보니 거래 단가가 높고, 리셀 문화도 소비 금액을 높인 요인 중 하나다. 중고 거래의 한 영역인 '리셀'은 한정판 스니커즈, 구찌 등 최초 구매가 대비 더 높은 가격을 매겨서 파는 것이다. 이런 현상들이 번개장터에서 일어나기 때문에 건당 거래 금액이 높아진 측면이 있다. 그런데 전자제품이나 자전거, 골프용품도 기본적으로 가격이 높다. MZ세대가 비싼 물건을 조금이라도 싸게 구매하기 위해 번개장터를 찾기도 한다.

또한 이용자들이 번개장터에서 어떤 제품을 검색하는지 알려주는 '주간검색어 순위'를 보면 그때그때 어떤 것들이 핫한지 파악할 수 있다. Z세대 이용자가 많다 보니 이들이 지금 어디에 관심을 두고 있는지 알 수 있다. 프라이탁, 파타고니아 등 특정 패션 브랜드는 봄가을 시즌에 많이 검색되고 최근에는 말본, 타이틀리스트 등 골프 브랜드 검색도 눈에 띈다.

Q   골프 중고 물품 플랫폼 '에스브릿지', 중고 의류 셀렉트숍 '마
    켓인유', 국내 대표 스니커즈 커뮤니티인 '풋셸' 등의 기업 인
    수를 통해 사업을 다각화해 왔다. 종합 커머스 플랫폼을 지향
    하는 것인가? 번개장터 경영 전략에 변화가 있는 것인가?

A   각 기업이 가진 카테고리 전문성과 번개장터의 기술력을 합쳐
    '중고와 관련된 모든 것이 있는 백화점'이 되기를 지향한다. 번
    개장터 이용자들은 일반 제품보다 '특정 브랜드'를 찾는다. 취
    향, 디깅 소비 등 좋아하는 분야를 파고드는 문화가 강해지고
    있다. 번개장터는 브랜드를 자신의 개성을 담아내는 중요한
    수단으로 보고 있다. 이에 착안해 '브랜드 중고 거래의 성지'
    로 키우는 것이 목표다.

Q   '브랜드 중고 거래의 성지'로 진화하기 위해 어떤 활동을 하고
    있나? 중고 시장에서의 경쟁력은 무엇이라고 생각하는가?

A   브랜드 중심의 서비스를 고도화할 계획이다. 예를 들어 이용
    자들은 디지털기기는 애플, 스포츠용품은 스노피크를 찾는
    다. 이렇게 브랜드 제품 위주로 거래하는 모습을 보고 '브랜드
    팔로우' 기능을 만들었다. 본인이 좋아하는 특정 브랜드를 등
    록하면 그 브랜드 제품의 게시물을 한눈에 볼 수 있다.

    또한 중고 거래의 '페인 포인트pain point(불편함을 느끼는 지점)'를
    해소하기 위해 노력하고 있다. 번개장터는 우선 중고 시장의

페인 포인트를 세 가지로 정의했다. 재고가 '하나'밖에 없다는 문제, 구매자보다 '판매자' 우위의 시장인 점, 판매자가 기업이 아니라 '개인'이라는 점이다. 지역 중심의 중고 거래 플랫폼에서는 대면 거래가 많다면, 번개장터는 전국구 비대면 거래다. 모르는 사람과 비대면 거래를 하려니까 돈을 주고받기 불안하고 정품인지 걱정도 된다. 이렇게 구매자가 결제할 때 불안해하는 것이 페인 포인트다. 그래서 안전결제인 '번개페이'를 도입하여 거래의 신뢰성을 높였다. 고가의 제품을 거래할 때 구매자가 판매자에게 요청하는 경우가 많다. 2021년 번개페이를 통한 거래액이 전년 대비 100% 늘었을 정도로 이용률이 빠르게 증가하고 있다. 구매자가 거래 금액의 3.5%를 수수료로 부담하는데, 이것이 번개장터의 주된 수익원이다. 명품, 스니커즈에 대한 '정품 검수 서비스'를 도입한 것도 같은 이유에서다. 개인 간의 거래에 번개장터가 안전장치 역할을 하는 것이다.

Q **Z세대의 스니커즈, 명품 등 프리미엄 소비 경향을 고려해서 빠르게 대응하고 새로운 서비스를 내놓는 것 같다. 최근 론칭한 정품 검수 서비스 반응은 어떤가?**

A 번개장터의 전문 검수팀이 브랜드 정품 인증을 대신 해주는데, 아직 베타 서비스 중이지만 반응이 좋아서 이용 건수가 계

속 올라가고 있다. 스니커즈를 전문적으로 복원하는 아티스트와도 협업하고 있다. 중고 거래를 하면 지저분한 상태 그대로 받아야 하는데 새 상품처럼 재탄생한다. 예쁘게 포장까지 해서 보내니 유저 만족도가 높다.

Q   **더현대 서울과 코엑스몰에는 중고 스니커즈를 판매하는 '브그즈트랩', 조선팰리스호텔이 있는 센터필드 건물에는 샤넬·롤렉스 등 중고 명품을 파는 오프라인 매장 3호점 '브그즈트컬렉션'을 오픈했다. '장터'라는 단어의 저렴한 이미지와 명품이 주는 '럭셔리' 이미지는 이질적인데, 프리미엄 전략을 추구하는 것인가? 어떤 목적으로 매장을 만든 것인지?**

A   번개장터가 다양한 영역의 제품을 취급하다 보니 전문성, 대표성을 보여주기가 힘들었다. '스니커즈', '명품' 등 사람들이 많이 찾는 브랜드 제품에 전문성이 있다는 점을 보여주고 싶었다. 매장을 운영하는 이유가 매출에만 있는 것은 아니다. 판매가 주목적이었다면 브그즈트랩에 스니커즈 월을 만들지도 않았을 것이다. 일반적인 매장은 고객의 손이 닿지 않는 높은 곳까지 상품을 진열하지 않는다. 오프라인 매장은 경험을 제공하고 포토 스폿이 되도록 의도한 것이다. 한정판 스니커즈를 직접 눈으로 보고 만져보고 신어보며 사진 찍고 여기에 대해서 이야기할 수 있는 곳. 이렇게 좋아하는 사람들만 아는

스토리, 아는 사람만 아는 공간으로 만들고 싶었다. 기존에는 없었던 공간이기 때문에 반응이 좋았고 자연스럽게 매출이 늘어나는 효과를 거뒀다.

브그즈트 컬렉션은 프라이빗하게 상담을 받을 수 있는 VIP룸도 있고 샤넬 뮤지엄 느낌이 나는 고급 콘셉트 스토어다. 압구정 등에 있는 다른 중고 오프라인 매장과는 완전히 다른 개념이다. 매장에 들어오고 싶게 하고 최상의 고객 응대를 통해 프리미엄 경험을 제공하고 싶었다.

이런 3개의 오프라인 매장이 번개장터의 리브랜딩에 도움이 됐다. 매장 이름도 '번개장터' 그대로 하지 않고 영어로 'BZGT(브그즈트)'로 지었다. 네이밍부터 특화된 제품 라인업, 세련되고 고급스러운 매장 인테리어 등이 이런 결과를 가져왔다.

Q **최근 고물가, 고금리 등 경제 상황이 안 좋아지면서 젊은 층 사이에서도 무지출 챌린지를 하는 등 소비를 줄이려는 움직임이 보이고 있다. 이와 반대로 플렉스 열풍도 이어지고 있다. 이런 상황에서 중고 거래 시장을 전망해 본다면?**

A 앞으로는 신상품 유통 시장의 일부를 중고 제품이 대체할 것이다. 중고 시장은 불황에 강하지만 불황에만 뜨는 시즌 산업이 아니며, MZ세대의 합리적이고 똑똑한 소비 성향 덕에 지속적으로 성장할 것이다. 무지출로 아낀 다음에 플렉스할 때

는 환경문제를 고려해서 새 상품보다 중고 제품을 먼저 고려할 것이다. 중고 거래가 많아지는 것 자체가 친환경적이다. 번개장터는 ESG에 대한 의식을 강화하기 위한 콘텐츠들을 준비하고 있다. 또한 행복의 기준이 예전에는 보편적이었다면 이제는 주관적이다. 그것이 개인의 '취향'으로 나타나고 있다. 브랜드 취향이 확실한 제품일수록 더 많이 선택받을 것이다.

PART 4

프리미엄 소비 코드 #3

'가짐'에서
'누림'으로

New sustainable

consumption

친환경 자동차로
자신을 드러낸다

프리미엄 소비를 이해하는 세 번째 코드는 '가짐에서 누림으로'이다. 우리는 오늘만 살지 않는다. 2030 소비자들은 이미 친환경, 비거니즘 등 지속 가능한 것들에 관한 가치를 알아봤다. 현재의 나를 중시하는 것 이상으로 5년 뒤, 10년 뒤 누릴 수 있는 환경과 혜택에도 관심을 가진다. 이런 누림을 지향하는 태도는 '공존'의 욕구이기도 하다. '오늘의 나'와 '미래의 나', 그리고 '나'와 '나를 둘러싼 생명체'가 공존해야 한다고 생각한다. 브랜드는 지속 가능한 여러 가치를 자신들만의 방식으로 소화해야 할 때다. 소비자 개인이 제품을 통해 누릴 수 있는 편익과 공익적 가치를 연결하여 소비자 욕구를 만족시켜 줘야 한다.

전기차, 하이브리드차 등 친환경 자동차에서 나는 소리는 인공 배기음이다. 포르쉐 전기차 타이칸은 포르쉐가 녹음한 '일렉트로닉 스포츠 사운드'를 장착하여 우주선이 날아가는 듯한 느낌을 준다. 테슬라에서도 특유의 소리를 들을 수 있다. 친환경 자동차는 내연기관차와 달리 구동음이 거의 들리지 않기 때문에 인공 배기음을 넣도록 법적으로 규정돼 있다. 보행자가 차가 오는 것을 인지하지 못하는 위험을 방지하기 위해서다. 최근 '위이잉~' 우주선 소리가 부쩍 자주 들린다. 친환경 자동차의 보급률이 그만큼 높아졌다는 의미다.

친환경 자동차의 독주가 시작됐다

친환경 자동차에 대한 관심이 뜨겁다. 국내에서 판매된 신차 5대 중 1대가 친환경차다. 국내 자동차 전체 판매량은 줄어도 친환경 자동차는 늘고 있다. 한국수출입은행 해외경제연구소의 「자동차산업 2021년 4분기 동향」 보고서에 따르면, 2021년 4분기 국내 자동차 판매량은 총 42만 대로 전년 동기 대비 14.6% 감소했다(그림10). 그러나 친환경 자동차 판매량은 8분기 연속 상승 흐름을 타며 2021년 4분기 8만 대로 전년 동기 대비 44% 증가했다. 전체 자동차 판매량의 19%다. 친환경 자동차 종류는 연료에 따라 하이브리드, 전기차, 플러그인 하이브리드, 수소전기차 등 네 가지로 구분하는데 이 중에서 전기차 판매량 증가폭이 232.7%로 가장 컸다. 전기차를 중심으로 친환경 자동차 수요가 증가하고 있다.

친환경 자동차 누적 보급 대수는 2022년 상반기 기준 136만 4489대로 전체 자동차 2522만 대의 5.4%를 차지한다.[1] 아직 전체 비중은 적지만, 국내외 자동차 제조사들의 친환경 자동차 판매 확대 전략, 탄소 절감을 위한 환경 규제, 친환경 소비에 대한 관심 증가 등으로 친환경 자동차는 더욱 늘어날 것이다. 테슬라, BMW 등 수입차뿐 아니라 국산차 중에서 2021년 출시된 하이브리드차(싼타페, K8 등)와 전기차(아이오닉5, EV6 등)도 꾸준히 팔리고 있다. 2022년 하반기에도 아이오닉6, 그랜저 HEV 등 다양한 친환경차가 출시될

| 그림 10 | 한국 자동차 판매량 추이 |

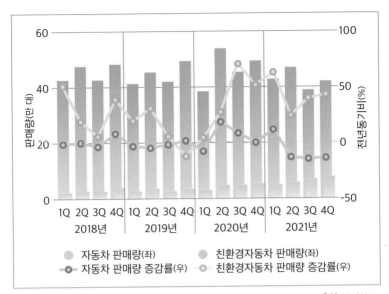

출처: MarkLines

예정이다.

친환경차의 성장세는 전 세계적인 현상이다. 블룸버그 NEF_{New Energy Finance}가 발표한 보고서 「2019 전기차 전망_{Electric Vehicle Outlook 2019}」에서는 2010년 몇천 대 판매에 불과했던 전기차가 2040년에는 판매되는 승용차의 57%, 전 세계 승용차의 30% 이상을 차지하리라고 전망했다.

젊은 층이 친환경차를 좋아하는 진짜 이유는 무엇일까?

제주 여행을 갈 때 렌터카 예약이 가장 빨리 마감되는 차종이 전기차다. 특히 젊은 층 사이에서 전기차 렌터카가 인기를 끌고 있다. 이럴 때 한번 타보고 나중에 구매할지 말지를 고려하는 것이다. 전기차 이용에 만족하는 이유는 소음이 적고(77.5%), 승차감이 좋고(62.2%), 운전하는 재미가 있어서(55.1%)라는 응답이 나왔다.[2] 이들이 친환경차를 좋아하는 이유를 몇 가지로 나눠볼 수 있다.

첫째, '친환경적 이미지'가 세련됐다고 느끼기 때문이다. 이미지만 그렇고 실제는 그렇지 않다면 그린워싱_{greenwashing}*이라고 맹렬히

---

* 실제로는 그렇지 않으면서도 상품의 친환경적 특성을 과장함으로써 경제적 이익을 얻고자 하는 것. '녹색분칠'이라고도 한다.

비판할 것이다. 그러나 친환경차는 주행 시 탄소가 배출되지 않기 때문에 환경에 덜 해롭다. 또한 친환경차를 만드는 자동차회사들은 자동차 내부에도 친환경 소재를 적용하기 위해 노력한다. 자동차 의자에 가죽 대신 비건 레더를 사용하기도 한다. 예컨대 EV6는 폐플라스틱 재활용 소재와 아마씨 추출물을 사용했다. 도어 포켓, 크래시패드의 무드조명 가니쉬, 보조 매트에 폐플라스틱 재활용 소재를 사용하고 나파 가죽 시트에는 아마씨 추출물을 활용한 친환경 공정을 적용했다. MZ세대는 환경에 관심이 많기 때문에 환경에 이로운 활동을 하고 싶어 한다. 이벤트처럼 어쩌다 한 번 하는 것은 오히려 참여하기 힘들 수 있다. 그러나 내가 타는 차를 전기차로 바꾼다면 일상에서 친환경 활동을 할 수 있다. 또한 이들은 남들에게 자신이 환경에 신경을 쓰는 사람으로 인식되길 바란다.

둘째, 친환경차의 '혁신적인 이미지'를 운전자에 투영하기 때문이다. 친환경차에는 최첨단 기술이 적용된다. 전기 충전으로 수백 킬로미터를 주행하기 위해서는 전기모터 등의 기술이 매우 중요하다. 전기차만의 인공 엔진 사운드를 만드는 것도 새로운 기술이다. 그래서 친환경차를 타면 앞서가는 사람이라는 공식이 생겼다. 즉, 남들에게 앞서가는 사람으로 각인되고 싶어서 구매하는 것이다. 젊은 층은 자동차의 승차감도 중요하게 보지만 '하차감'도 중시한다. 하차감이란 차에서 내렸을 때 사람들이 나를 어떻게 봐주는지를 포함해 내가 느끼는 자부심 등 심리적 만족감을 뜻한다. 친환경차를 통해 나의 만족감을 끌어올릴 수 있다.

앞서 언급한 두 가지 이유가 감성적인 측면이었다면, 세 번째 이유는 경제적인 측면이다. 보조금 등 제도적인 혜택과 휘발유 대비 저렴한 연료비용 등 현실적인 조건이 좋다는 점이다. 비슷한 등급 자동차의 휘발유차량과 전기차를 비교하면 전기차가 훨씬 비싸다. 그러나 보조금 혜택을 받으면 구매가는 비슷하거나, 전기차가 조금 더 비싼 수준에 그친다. 최근 유가 급등에 따라 휘발유와 전기의 연료비 격차가 더 커지고 있다. 2019년 7월 1300원대였던 휘발윳값은 2022년 7월 2000원을 넘어섰다. 전기차 충전비가 주유비 대비 연간 약 200만 원 적게 든다는 분석도 있다. 전기차 기술이 갈수록 좋아지면서 한 번 충전해서 달릴 수 있는 주행거리가 늘어나고 있다는 점도 긍정적 요인이다. 이런 측면에서 고급 전기차를 선택하는 것이 역설적으로 '합리적 소비'가 되고 있다.

중고차나 리스도 괜찮아

내 차를 소유하는 방식은 다양하다. 꼭 신차를 사거나 내 명의로 살 필요도 없다. 소유 자체보다 원하는 차를 누릴 수 있는지가 더 중요하기 때문이다. MZ세대는 자동차를 소유하는 방식에서도 쿨하다. 신차가 출고될 때까지 기다리기 힘들다면 중고차를 사도 괜찮다. 할부 구매가 부담스럽다면 리스나 렌털도 고려한다. 마음에 드는 차를 써보다가 다른 차로 쉽게 바꿀 수 있기 때문이다. 평생 가지는 '소유'의 개념보다 일정 기간 타고 바꾸는 '누림'에 더 가치를 둔다.

최근 자동차 업계를 둘러싼 공급 환경이 불안해졌다. 차량용 반도체 수급난, 중국의 경제 봉쇄, 화물연대 파업 등으로 생산이 위축됐기 때문이다. 신차를 사려면 1년 가까이 기다려야 한다. 신차 출고가 지연되면서 중고차, 렌털 시장으로 눈을 돌리는 소비자가 늘어나고 있다. 중고나 렌털로 계약하면 바로 탈 수 있어서다. 특히 친환경 중고차는 인기가 뜨겁다. 모바일 중고차거래 플랫폼 첫차에서 발표한 「중고 전기차 구매 전망」 보고서에 따르면, 2022년 1년간 중고 전기차에 대한 구매 문의가 전년 동기 대비 84% 늘었다. 하이브리드 차량 구매 문의도 36% 증가했으나, 디젤 차량은 20% 감소했다. 엔카닷컴 관계자는 "신차급 중고 전기차는 신차와 달리 대기 기간 없이 차를 바로 받을 수 있다는 장점이 있다"라며 "현재 유가 상승으로 친환경 전기차의 관심이 확대되는 만큼 중고 전기차에 대한 소비자의 높은 관심은 앞으로도 지속될 것으로 예상된다"라고 말했다.[3]

렌터카 시장에서도 20~30대의 전기차 수요가 눈에 띈다. 렌터카 가격 비교 앱 '카모아'가 분석한 「2021년 전기차 렌트 트렌드」에 따르면 전기차 렌터카 이용률이 2018년 대비 연평균 399% 이상 증가했다. 전기차를 가장 많이 빌린 연령은 30대(44%), 20대(24%), 40대(21%), 50대(9%), 60대 이상(2%) 순이었다. 30대 비율이 가장 높은 이유에 대해서는 "가치 소비를 지향하면서도 운전에 익숙한 세대이기 때문"이라고 분석했다.⁴ 자동차는 가격이 비싸고 구매 전에 고민을 많이 하는 전형적인 고관여 제품이다. 소비자는 구매 전에 직접 시승해 보거나, 렌터카를 이용할 일이 있을 때 향후 구매하고 싶은 차를 타보는 경우가 많다. 렌터카가 이런 니즈를 충족시켜주는 것이다.

친환경 자동차는 감성적 소비재

소비자 심리학에서는 소비자의 제품 관여도에 따라 고관여 제품과 저관여 제품으로 나눈다. 이 둘은 구매 여정이 완전히 다르며, 제품 구매를 결정하기까지 걸리는 시간과 가격대도 다르다. 고관여 제품은 자동차, 컴퓨터, 시계 등 고가의 상품이며 구매하기 전까지 고민을 많이 한다. 저관여 제품은 과자, 아이스크림 등 구매 결정을 빨리 할 수 있는 것들이다. 즉, 비싸고 오래 쓸 제품일수록 구매 전에 정보를 많이 얻고자 하고 고민도 많이 하게 되는 고관여 제품이다.

당연하게도, 자동차는 고관여 제품이다. 자동차 매장에 가서 상담도 해보고, 시승도 해보고, 온라인으로 다양한 정보를 찾아보기도 한다. 제품에 대한 관여와 브랜드에 대한 관여로 나눠서 본다면, 고관여 제품은 브랜드에 대한 관여가 높다. 간단한 예로, 고급 수입차를 사기 위해 BMW와 벤츠 중에서 고민하는 30대라고 가정해 보자. 벤츠는 성공한 CEO나 사업가가 타는 중장년층을 위한 차라는 이미지가 있다. BMW는 이에 비해 좀 더 스포티하고 젊은 층을 위한 차라는 이미지가 있다. 만약 이 30대의 소비자가 올드해 보일 수 있는 벤츠의 이미지에도 불구하고, 새로 출시한 모델의 성능과 디자인이 마음에 들어서 벤츠를 구매하기로 했다면 브랜드보다 '제품' 자체에 더 끌렸다고 볼 수 있다. 반대로, 이 소비자가 벤츠 특정 모델의 성능은 마음에 들지만, 왠지 벤츠가 주는 이미지가 본인과 맞지 않는다고 판단할 수 있다. 그래서 더 젊어 보이는 이미지에 점수를 더 줘서 BMW를 선택했다면, '브랜드'에 대한 관여도가 더 크다고 할 수 있다. 수입차나 고급 국산차를 타는 소비자들의 성향은 후자에 가깝다. 즉, 자동차 브랜드가 가져다주는 가치와 이미지에 더 신경을 쓴다.

재미있는 사실은 자동차가 최근 감성적 소비재의 특징을 지니게 됐다는 것이다. 소비자들은 자동차 브랜드가 주는 상징적 가치와 감성적 혜택을 매우 중시한다. 테슬라는 친환경 자동차의 대명사다. 기존 자동차회사들은 휘발유차를 주요 사업으로 하면서 친환경차를 점차 늘려왔다. 반면 신생 기업 테슬라는 전기차, 자율주행차를 전면에 내세우며 시장을 빠르게 확대해 왔다. 기술 결함 논란이 있긴 하지만, 소비자들은 여전히 테슬라가 트렌디하고 혁신적이라고 느낀다. 이런 이미지를 원하는 소비자들은 다른 자동차 브랜드에 친환경차가 있어도 테슬라를 선택할 것이다. 세계 전기차 1위라는 테슬라의 독보적 이미지를 원하는 소비자도 마찬가지다.

차박, 캠핑 열풍은 자동차를 선택하는 기준에도 영향을 미쳐서 자동차가 주는 감성적 혜택을 더욱 중시하게 됐다. 자동차의 성능 등 기능적인 면도 중요하지만 차에서 잠을 자거나 별을 바라보며 인스타 감성 조명을 즐기는 등의 시간이 많아지면서 차의 존재감이 달라졌다. 운전자, 동승자의 감성을 만족시켜야 하기 때문이다. 자동차 인테리어에 대한 관심도 높아졌다. 외관 디자인뿐 아니라 내부도 내 스타일대로 꾸밀 수 있어야 한다. 심지어 자동차의 사운드 디자인도 선택할 수 있다. 현대차는 EV6 인공 배기 사운드를 네 가지로 개발하여 운전자가 취향에 맞게 선택할 수 있도록 했다. 자동차 마니아들이 자신의 자동차를 반려견에 비유하기도 하듯이, 자동차와 소비자 간의 감정적 유대관계가 더욱 끈끈해지고 있다. 소비자들은 '나만의 공간'과 '여행 감성'을 모두 충족시켜 주는 차를 택할 것이다.

어느새 친환경 자동차는 대세가 됐고, 젊은 층 사이에서는 갖고 싶은 차로 자리매김했다. 전기차를 중심으로 한 친환경 자동차는 앞으로도 수요가 증가할 것이다. 제도적 혜택과 연료비 절감이라는 경제적 이유도 있지만, 친환경 자동차가 주는 고유의 이미지와 감성적 혜택에 매료됐기 때문이다. 젊은 층은 자동차와 자신을 동일시하며 자동차 브랜드에서 얻을 수 있는 가치를 중시한다. '내 명의의 물건을 소유하는 것' 자체에만 의미를 두지 않기에 신차 구매뿐 아니라 리스, 렌털에도 관심을 가지며 시장에서의 영향력을 넓히고 있다. 평생 가지는 '소유'의 개념보다 일정 기간 타고 바꾸는 '누림'에 더 가치를 둔다. 자동차를 단순히 물건으로 대하지 않고 나의 감성을 충족시켜 줄 수 있는 감성적 소비재로 대한다. 자동차를 통해 나의 출퇴근길과 여행길, 누군가를 태우러 가는 길의 그 시간이 더 행복해지길 원한다.

지속 가능한 뷰티, '비건 뷰티'가 뜬다

'나의 피부 건강을 위한 착한 성분' '미래 세대를 위한 친환경' '나와 공존하는 동물 보호', 이 모두를 만족시키는 것은 무엇일까? 화장품 하나로 이것이 가능할까? 비건 화장품이 20~30대 사이에서 새로운 소비 키워드로 떠오르고 있다. 비건 뷰티는 나와 동시대를 살아가는 동물을 보호하고 우리를 둘러싼 생태계를 지키기 위한 하나의 신념이자 라이프스타일로 진화하고 있다. 나의 아름다움을 위해 화장품 개발 단계에서 동물을 대상으로 실험하는 것을 지금의 소비자들은 어떻게 받아들일까?

비거니즘이 뭐길래, 화장품에 불어닥친 비건 열풍

비건 레스토랑, 비건 화장품, 비건 패션, 비거니즘veganism 등 '비건'이라는 말이 유행처럼 번지고 있다. 채식주의, 유기농, 친환경을 말하는 걸까? 비건과 비거니즘이 무엇인지 그 의미부터 명확하게 알아보자. 비건은 영국의 비건 운동단체인 비건 소사이어티Vegan Society가 1944년에 처음 제시한 용어로, 초기에는 '육류·어류·달걀·유제품 등 동물성 식품을 먹지 않는 채식주의자'를 뜻했다. 그러다가 1951년부터는 '인간이 동물을 착취하지 않고 살아야 한다'라는 개념으로 확대됐다. 비건 소사이어티의 정의에 따르면 비거니즘은 음식, 의류 또는 그 밖의 목적을 위해 동물에 대한 모든 형태의 착취나 학대를 거부하는 철학이자 삶의 방식이다. 비거니즘을 실천하는 비건은 동물성 식품을 먹지 않을 뿐 아니라 동물실험을 한 화장품, 동물이 사용된 옷을 입지 않는 것을 말한다.

비건은 이제 채식주의를 실천하는 일부 사람을 칭하는 말이 아니다. 비거니즘이 식품, 화장품, 패션 등 산업 전반에 녹아들고 있기 때문이다. 특히 20~30대를 중심으로 하나의 소비 트렌드로 자리 잡고 있다. 영국 《이코노미스트》는 2019년을 비건의 해로 정했고, 소셜 데이터 분석에서도 2019년부터 비거니즘이라는 용어가 급속도로 확산됐다. 국내에서는 2020년 코로나19를 기점으로 관심도가 크게 높아졌다. 건강과 안전, 환경에 대한 문제의식이 심화하면서 자연스럽게 비건에 대한 관심도 증가한 것이다.

비거니즘 열풍이 부는 대표적인 분야가 화장품 업계다. 비건 화장품이 잇따라 출시되고 있다. 비건 화장품은 일반 화장품과 뭐가 다를까? 천연 화장품, 유기농 화장품과도 다른 걸까? 2019년 식품의약품안전처에서 천연 화장품과 유기농 화장품에 대한 기준을 규정했다. 즉 천연 화장품은 천연성분의 함량이 제품 전체의 95%를 넘어야 한다. 유기농 화장품은 유기농 원료가 10% 이상 차지하고, 유기농 원료를 포함한 천연 함량이 95% 이상이어야 한다. 즉, 두 화장품 모두 합성원료는 5% 이상 넣을 수 없다. 합성성분이냐 천연성분이냐를 구분하는 데 중점을 두었다. 천연성분은 동물성 원료라고 할지라도 사용할 수 있다. 그러나 비건 화장품에는 동물성 원료를 사용할 수 없다.

비건 화장품은 동물성 원료를 사용하지 않고, 동물실험을 하지 않으며, 국내외 공식 인증 기관의 인증을 받은 제품을 말한다. 일반 화장품에 주로 사용하는 동물성 성분은 꿀, 달팽이 추출물, 콜라겐, 젤라틴, 라놀린 등이다. 예를 들어 라놀린은 양털에서 지방을 추출하기 위해 양털을 깎아야 한다. 피부 탄력에 좋은 젤라틴은 소나 돼지의 껍질에서 추출하는 단백질 성분이다. 이렇게 흔히 들어본 성분들이 동물성 성분이며, 비건 화장품은 이런 성분을 사용하지 않아야 한다.

비건 화장품이 되는 또 다른 조건은 동물실험을 하지 않는 것이다. 2021년 4월에는 「세이브 랄프」라는 영상이 전 세계적으로 동물실험에 대한 문제의식을 불러일으켰다. 미국의 국제 동물보호단체 휴메인 소사이어티 인터내셔널HSI에서 제작한 4분가량의 애니메이션 영화다. 랄프는 인간이 사용할 화장품 독성 등을 실험하는 데 쓰이는 토끼의 이름이다. 실험이 진행될수록 몰골이 피폐해진다. 한쪽 눈이 멀고, 한쪽 귀가 들리지 않으며 등 전체에 화상을 입는다. 인간의 아름다움을 위해 동물이 희생되는 모습을 담은 영상이다. 미국 HSI의 유튜브 공식 채널을 통해 먼저 공개됐는데, 1년 남짓한 기간에 4000만 회 이상의 조회 수를 기록했다. 댓글은 약 5만 개가 달렸다.

한국 HSI에서는 이 영상에 한국어 자막을 입혀 '실험동물의 날'

인 2022년 4월 24일에 공개했다. 한국 HSI는 이 영상을 제작한 취지에 대하여 "국내에서 매년 실험으로 죽어가는 수백만 마리의 동물에 대해 인식하고, 더 나아가 동물대체시험법 제정안 통과를 촉구하여 동물대체 방법을 개발하고 보급 및 이용을 촉진하는 데 기여하고자 한다"라고 밝혔다. 이를 위한 서명 캠페인을 러쉬코리아와 함께 진행하고 있다. 선도적인 비건 화장품회사라고 할 수 있는 러쉬는 오랫동안 동물실험을 반대하고, 이와 관련한 과학적·정책적 측면을 발전시키기 위해 노력해 왔다. 러쉬의 브랜드 윤리 중에는 동물실험반대Fighting Animal Testing 정책이 있다. 2022년 10주년을 맞이한 러쉬 프라이즈LUSH Prize가 그 예다. 동물대체시험 분야의 세계 최대 시상식으로 동물대체시험 활성화에 기여한 개인, 연구기관, 단체를 선정하여 시상한다.

더바디샵The Body Shop 역시 오래전부터 동물실험을 금지해 왔다. 1993년부터 화장품회사 최초로 동물실험 반대 캠페인을 벌였으며, 특히 제품에 쓰여 있는 '동물실험금지Against Animal Testing'라는 문구는 반향이 컸다. 다른 많은 화장품이 동물실험을 통해 만들어진다는 사실이 이때 널리 알려졌다.

화장품 업계에서는 마스카라의 안전성을 실험하기 위해 토끼의 눈에 마스카라를 바르거나 약품을 넣어보고, 화장품의 독성 여부를 확인하기 위해 쥐를 대상으로 실험한다. 인간의 '안전'을 위해 동물의 안전을 '위협'하는 것이다. 이런 문제의식이 대중적으로 확산

동물대체시험법 제정안 통과를 위한 서명 캠페인
(출처: 러쉬코리아)

되면서 화장품 소비를 통해 잘못된 현실을 바로잡아야 한다는 신념이 젊은 층 사이에서 공감을 얻고 있다.

비건 화장품 시장 현황

미국 시장조사 업체인 그랜드뷰리서치에 따르면 세계 비건 화장품 시장은 2010년 중반 이후 연평균 6.3%씩 성장하고 있으며, 2021년 151억 달러(약 19조 5000억 원)에서 2025년 208억 달러(약 26조 9000억 원)로 커질 전망이다. 국내 시장은 초기 단계지만 점차 성장하는 추세다. 화장품 제조 기업 코스맥스는 2021년 비건 화장품 매출이 전년 대비 5배 이상 증가했다고 밝혔다. 한국콜마도 2020년 35개였던 비건 화장품이 2021년 235개로 6.74배 늘었다고 한다.[1]

국내 주요 화장품 기업에서도 비건 화장품 브랜드를 새로 내놓고 있다. LG생활건강은 비건 메이크업 브랜드 '프레시안'을 2022년 6월 론칭했다. 사탕수수 유래 원료로 만든 바이오 상자, 옥수수 전분으로 만든 퍼프 등을 사용한다. 아모레퍼시픽은 비건 화장품 브랜드인 '이너프 프로젝트', '롱테이크'를 선보였다. 비건 화장품 시장이 커지자 화장품 유통 채널인 올리브영에서도 2022년 2월부터 '비건 뷰티' 카테고리를 만들었다. '클리오 비건웨어', '디어달리아', '어뮤즈' 등 10여 개 브랜드로 구성되어 있다.

이 외에도 국내에는 다양한 비건 화장품 브랜드가 있다. 한국기업평판연구소는 국내 브랜드의 빅데이터 평판지수를 매달 측정하여 발표한다. 2022년 7월 기준 비건 화장품 브랜드 평판 순위는 러쉬, 달바, 아로마티카, 아떼, 디어달리아, 닥터 브로너스, 톤28, 빌리프, 보나쥬르, 아워글래스, 멜릭서 순으로 나타났다. 화장품 대기업은 일반 화장품 라인에 비건 화장품 라인을 추가하여 출시하는 경우가 많은데, 최근 비건 화장품만을 만드는 스타트업도 등장했다.

대표적인 사례가 멜릭서다. 2018년에 설립됐으며 대나무, 쌀, 녹차 등 전통 원료를 바탕으로 화장품을 만든다. 미국과 한국이 주요 시장이며, 현재 미국에서의 매출 비중이 50% 이상이다. 멜릭서는 한국 최초의 비건 화장품 브랜드로 20~30대 팬덤이 구축되어 있다. 이 브랜드의 성공을 계기로 비건 화장품에 대한 관심이 더욱 확산됐다. 멜릭서는 최근 MZ세대 사이에서 트렌디하고 고급스러운 비건 화장품으로 인식되며, 럭셔리 브랜드와의 컬래버 마케팅도 하고 있다. 워커힐 호텔은 2021년부터 비건 콘셉트 룸인 비건 전용 객실과 이를 체험할 수 있는 '비긴 비건Begin Vegan' 패키지를 선보였다. 비건 객실 투숙객에게 멜릭서의 비건 뷰티 세트를 어메니티로 제공한다. 메르세데스-벤츠 코리아는 2022년 6월 '더 뉴 C-클래스' 출고를 완료한 고객 대상으로 추첨을 통해 사은품을 제공했다. 이때 제공된 사은품 '컴포트 럭셔리 패키지Comfort Luxury Package'에 멜릭서 화장품이 포함됐다.

멜릭서가 협업한 워커힐의 비긴 비건 패키지
(출처: 멜릭서)

비거니즘도 하나의 취향이다

비거니즘은 일시적인 유행으로 그치지 않을 것이다. 비거니즘이라는 의미 자체가 확장되면서 소비자들의 인식 폭도 넓어졌다. 소비자들은 채식주의, 동물복지, 친환경, 기후변화 등 본인의 관심사와 비거니즘의 가치관을 연결한다. '나와 관련이 있는 가치관'이기에 라이프스타일로 받아들이고 하나의 소비문화로 여긴다. 예전에는 유기농 화장품, 비건 화장품이라고 하면 피부가 예민하거나 트러블이 있는 사람 등 특별한 이들만 쓰는 것으로 생각했다. 그러나 이제는 20~30대가 관심을 가지는 대중적인 영역으로 들어왔다. 동물실험을 반대하거나 환경을 지키는 일도 NGO 단체에서만 하는 줄 알았는데 신념 있는 '소비'를 통해 누구나 작게라도 실천할 수 있다고 생각하게 됐다.

화장품 업계에 부는 비거니즘 열풍은 기업의 친환경 활동과 연계되어 다양한 모습으로 나타나고 있다. 화장품회사들은 생산공정에 화학 연료 대신 태양열 에너지를 사용하고, 플라스틱 화장품 용기도 줄이기 위해 노력한다. 화장품 용기는 '예쁜 쓰레기'라고 불릴 정도로 환경 오염 문제가 심각하다. 환경부에 따르면 국내 화장품 포장재의 64%가 재활용 용이성 평가에서 '재활용 어려움' 등급 판정을 받았다. 환경단체에서는 주요 화장품 기업에 플라스틱을 줄일 것을 요구하는 시위를 벌이기도 했다. 그에 대한 하나의 대안으로 화장품 리필 매장이 떠오르고 있다. 더바디샵은 리필 매장을 적극적으로 확대하고 있는 기업 중 하나다. 2021년 전 세계 400개 매장, 2022년 추가로 400개의 매장에 리필 스테이션을 설치할 예정이라고 밝혔다. 아모레퍼시픽, 이니스프리, 아로마티카, 알맹상점 등도 국내에 리필 매장을 운영하고 있다. 방문 고객들은 샴푸, 린스 등을 원하는 만큼 용기에 담아 가져갈 수 있다. 그러나 전국적으로 보면 아직 매장 수도 적고 커버하는 지역도 넓지 않다. 친환경에 대한 고객 의식이 높아짐에 따라 이런 리필 수요는 더욱 늘어날 것이다.

제품을 구매하기 전에 고려하는 요소가 바뀌고, 소비자의 가치관이 바뀌면 전반적인 소비 트렌드가 변화한다. 기업들은 비거니즘 가치관이 소비 영역에 들어왔다는 점을 주목해야 한다. 소비자들은 자신의 아름다움을 위해 환경과 동물복지를 모르는 척하지 않는다. 이런 소비자는 젊은 층을 중심으로 점점 더 많아질 것이다. 화장품 성분이 무엇인지, 화장품 용기는 무엇으로 만들었는지를 따지며 미래에도 지속 가능한 뷰티를 꿈꿀 것이다.

부모가 된 MZ세대,
자녀를 골드 키즈로 키운다

호캉스를 익숙하게 다니는 MZ세대, 이제 30~40대가 된 일부 MZ세대는 부모가 됐다. 연령대로 봤을 때 영·유아부터 초등학생 저학년 자녀를 둔 경우가 많다. MZ세대 부모가 살아가는 초저출산 시대, 아이 1명을 위해 아낌없이 투자하는 가정이 늘어나고 있다. 부모가 돈을 소유하고 아끼기보다 2세대인 자녀가 더 잘 누리고 미래에 더 나은 삶을 삶기를 기대하는 마음에서다. 이에 따라 부모 MZ세대는 키즈 시장의 큰손이 됐다. 이들로 인해 키즈 시장의 소비 트렌드는 어떻게 바뀔까?

초저출산 시대, 출생아 수는 줄어도 육아용품 시장은 성장한다

통계청이 발표한 「2021년 출생·사망 통계」 자료에 따르면, 2021년 출생아 수는 26만 500명으로 전년 대비 1만 1800명(4.3%) 감소했다. 출생아 수는 매년 급감하고 있고, 한국은 세계에서 출산율이 가장 낮은 나라가 됐다. UN은 합계출산율이 2.1명 이하면 저출산 국가, 1.3명 이하면 초저출산 국가로 정의하고 있다. 우리나라는 2005년 1.09명으로 이미 초저출산 시대에 접어들었으며, 2021년 0.81명으로 여성 1명이 낳는 아이가 평균적으로 1명에도 미치지 못한다.

전망도 밝지 않다. 젊은 층의 결혼관이 달라졌기 때문이다. 비혼 의향이 증가했을 뿐 아니라 결혼을 하더라도 아이를 낳지 않겠다고 생각하는 젊은 층도 늘었다. 한국개발연구원KDI 경제정보센터의 《나라경제》 5월호에 따르면, 결혼하고 아이를 갖지 않는 데 동의하는 20대 비율은 2015년 29.1%에서 2020년 52.4%로 대폭 증가했다. 아이를 키우는 데 드는 비용에 대한 현실적인 걱정, 결혼 후에도 개인적인 행복을 중시하고 아이가 없는 것에 대한 사회적 시선을 덜 신경 쓰는 등 다양한 요인이 영향을 미쳤다고 분석된다. 출산율은 앞으로도 계속 떨어질 것이다.

결혼을 하는 연령대가 높아지면서 아이를 낳는 시기도 늦춰지고 있다. 통계청 조사 결과, 평균 출산 연령이 2001년 29.3세, 2011년 31.4세, 2022년 33.4세로 점차 높아졌다. 커플이 좀 더 경제력을 갖춘 상태에서 결혼하고 아이도 그때 낳는 것이다. 이는 아이에게 집중적인 소비를 할 수 있는 기반이 마련되어 있음을 의미한다. 실제 우리나라 출산율은 떨어지고 있는 반면, 육아용품 시장은 급격하게 성장하고 있다. 아이에게 1인당 지출하는 비용이 오히려 증가했기 때문이다. 육아용품 시장 규모는 2015년 2조 4000억 원에서 2021년 4조 원 이상으로, 5년 만에 1.7배 증가했다(그림11).

| 그림 11 | 국내 육아용품 시장 규모 및 출생아 수 |

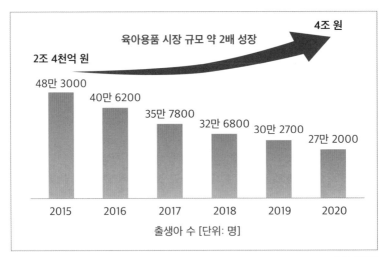

4조 원

육아용품 시장 규모 약 2배 성장

2조 4천억 원

48만 3000
40만 6200
35만 7800
32만 6800
30만 2700
27만 2000

2015 2016 2017 2018 2019 2020

출생아 수 [단위: 명]

출처: 통계청

새로운 소비 주체, 부모가 된 MZ세대

초저출산 시대가 하나뿐인 자녀에게 아낌없이 투자하는 '골드키즈' 시대를 열었다. 프리미엄 키즈, VIBVery Important Baby라고도 한다. 기성세대와 다른 소비 성향과 가치관을 가진 MZ세대가 이 시장에 '부모'로서의 소비자로 유입되면서 새로운 국면을 맞이했다. MZ세대는 나를 위한 소비에 돈을 아끼지 않고, 자기계발에도 적극적이다. 새로운 경험에 호기심이 많다. 이들이 부모가 되면 어떨까? 하나 낳아 잘 키우기 위해 '금쪽같은 내 새끼'에게 아낌없이 지갑을 연다. 나를 위한 소비는 일시적으로 줄어드는 대신 아이를 위한 소비가 증가한다. 워킹맘이라면 아이를 낳고 일터로 돌아가기 전까지 1~2년 휴직 기간에 양적·질적으로 소비가 폭발한다.

임신을 하는 순간 '출산과 육아의 신세계'가 열리며 여성들은 폭풍 쇼핑을 하기 시작한다. 첫아이일 때가 가장 적극적이고 둘째나 셋째 때는 다소 시들해지는 경향이 있다. 그러나 평균적으로 아이 1명을 낳기 때문에 대부분의 대한민국 기혼 여성은 아이를 낳고 소비 팽창기를 거치게 된다. 산후조리원, 기저귀, 젖병, 유모차, 이유식, 장난감 등 장만해야 할 쇼핑 아이템이 한가득이다. 아이를 낳기 전에는 접해보지 않았던 생소한 제품이므로 맘 카페나 지인을 통해 방대한 양의 정보를 수집한다.

이제 아이를 위해 '처음이자 마지막으로' 해줄 수 있는 소비가 시작된다. 좀 더 좋은 것을 먹이고, 좀 더 좋은 것을 입히면서 '골드 키즈'로 키운다. 가격이 비싸더라도 퀄리티를 따지는 '아이를 위한 프리미엄 소비'다. 이 기간에는 '나를 위한 쇼핑'이 '아기를 위한 쇼핑'에 자리를 내준다. 날 위해 최고의 소비를 하던 패턴이 자녀를 위한 쇼핑으로 옮아간다.

산모의 자존심은 산후조리원을 고를 때부터 작동한다. 기준도 까다롭다. 아이를 위해 믿을 만하고 깨끗한 시설이어야 할 뿐 아니라 고생한 나 자신을 위해서 호텔처럼 편히 쉴 수 있고 이왕이면 산후마사지까지 잘하는 곳이어야 한다. 그러다 보니 가격보다 퀄리티를 따지게 된다. 육아용품도 마찬가지다. 아이 피부에 직접 닿는 기저귀, 옷은 유기농 소재를 찾는다. 이유식을 만들기 위해 한살림, 초록마을과 같은 유기농 매장을 처음으로 방문한다. 남자들에게 고급 수입차가 플렉스의 수단이라면, 엄마들에게는 유모차가 그렇다. 스토케, 부가부, 오르빗 등 프리미엄 유모차 가격은 200만 원에 가깝다. 비싼 가격에도 불구하고, 인기가 높다.

2021년 기준으로 가공식품 세분 시장 현황을 보면, 분유·이유식·간식 등 영·유아식 총생산액은 2020년 기준 2607억 원으로 2016년 3013억 원 대비 13.5% 감소했다.[1] 출산율에 직접적인 영향을 받는 분유 시장이 위축됐기 때문이다. 그러나 이유식 시장은 꾸준히 성장했다. 2016년 생산량 7367톤에서 2019년 1만 2982톤으로 증가했으며, 2020년에는 1만 119톤으로 소폭 감소했지만 성장세를 이어가고 있다. 이유식은 생산 규모에서 차지하는 비중 면에서도 2016년 13.8%에서 2020년 34.2%로 증가했다.[2] 맞벌이 부부가 늘어나 배달 이유식, 프리미엄 이유식을 중심으로 한 수요가 증가했기 때문이다. 이 보고서에서는 영·유아식 시장 트렌드를 '프리미엄'과 '간편'으로 정의하며, "가격이 비싸더라도 고급 식재료를 넣은 식품이 주목받는 동시에 간편하게 즐기려는 소비 성향이 고루 반영된 것"이라고 분석했다.

MZ세대 엄마들은 프리미엄 분유에 대한 관심도 높다. 분유 시장 전체 규모는 축소되고 있지만, 프리미엄과 일반 분유로 양극화된 시장에서 프리미엄 분유의 점유율은 오히려 높아졌다. 프리미엄 분유는 대중적인 제품보다 30~40% 정도 비싸다. 프리미엄 분유의 시장 점유율은 2017년 55.9%에서 2021년 74.5%까지 올라갔다. 중가 분유 점유율은 같은 기간 37.5%에서 23.3%로, 저가 분유는 5.6%에서 1.2%로 낮아진 것과 대조적이다.[3]

부모가 된 MZ세대가 육아 시장의 새로운 소비 주체로 떠오르며 육아용품, 이유식뿐 아니라 영·유아 패션 시장도 고급화되고 있다. 특히 해외 명품 등 프리미엄 유·아동 브랜드를 찾는 MZ세대 부모들이 증가했다. 출생아 수는 매년 감소하고 있지만, 백화점 유·아동 의류의 매출은 증가했다. 2022년 2월까지 백화점 유·아동 카테고리의 전년 동기 대비 매출 증가율이 신세계백화점 19.1%, 롯데백화점 17.6%, 현대백화점 18.2%였다. 유·아동 카테고리 중 해외 명품 등 프리미엄 유·아동 브랜드의 성장세가 두드러졌는데 신세계백화점은 15.8%, 롯데백화점은 49%, 현대백화점은 37.8% 증가했다고 밝혔다.[4]

신세계백화점은 2022년 3월 아동 럭셔리의 인기에 힘입어 명품 브랜드 디올의 아동복 라인인 베이비 디올 매장을 강남점에 국내 최초로 오픈했다. 베이비 디올의 티셔츠는 약 50만 원, 스니커즈는 약 90만 원에 이른다. 국내에 정식 매장을 오픈하기 전부터 소비자들이 해외 직구로 쇼핑할 만큼 이미 인기를 얻고 있었다. 신세계 강남점은 겐조키즈, 펜디키즈 등 주요 아동 명품 브랜드를 갖추고 있다. 롯데백화점도 명품 키즈 편집숍 퀴이퀴이CuiCui를 잠실점·본점·동탄점에서 운영하고 있으며, 발렌시아가키즈·끌로에키즈·오프화이트키즈·마르지엘라키즈 등 명품 브랜드가 입점했다. 현대백화점 압구정본점도 최근 지하 2층을 리뉴얼하며 지방시키즈 등으로 구성된 키즈 빌리지 공간을 마련했다.

부모로서의 영앤팬시족은 자신이 좋아하는 명품 브랜드에서 키즈 상품을 출시하면 아이를 위해 살 확률이 높다. 가족이 같이 살면 입맛과 생활방식이 닮아가듯, 부모의 브랜드 취향이 자연스럽게 자녀에게 공유된다. 엄마들은 아이를 어린이집, 유치원 등에 보낼 때 아이에게 입히는 옷의 브랜드에 신경을 쓸 수밖에 없다.

MZ세대 부모들이 자녀의 외적인 측면에만 신경 쓰는 것은 아니다. MZ세대는 자기계발에 열심이라는 특징이 있다. 커리어를 개발하기 위해 셀프학습을 할 뿐 아니라 명상 등으로 정신 건강도 챙긴다. 이들이 부모가 되고 나면, 자녀를 위한 조기 교육뿐 아니라 자신의 양육 태도를 되돌아보고 자녀의 발달 상태와 정서적 안정 등 내적인 건강도 챙긴다. '나 자신에 대한' 성장 욕구로 고민하던 MZ세대가 '내 아이를 어떻게 하면 잘 키울 수 있을까'로 이동한 것이다. 최근에는 유아 대상의 영어 학원, 일명 '영어유치원'을 보내는 이들도 많아졌다. 그만큼 아이의 패션뿐 아니라 교육에도 투자하는 부모가 늘었다는 뜻이다.

오은영 박사는 대한민국 사람이라면 누구나 알 정도로 유명한 육아 전문가다. 우리나라에 육아에 관심 있는 사람이 이렇게 많았나 싶다. 왜 이렇게 육아 전문가의 인기가 높을까? 부모들의 관심이 높기 때문이다. 오은영 소아·청소년 정신과 의사의 인기와 더불어 소아·청소년 정신건강에 대한 문제 인식이 대중적으로 확산됐다. 소아과에서 신체 발달 등 육체적 건강에 대한 부분을 다룬다면 소아정신과는 언어 발달, 사회성, 인지 능력 영역을 담당한다.

기존에는 성인들이 가는 정신의학과나 아이들이 가는 소아정신과에 선입견이 있었다. 즉, 정서적인 장애가 있을 때 간다고 생각했다. 그러나 코로나19를 거치면서 신체뿐 아니라 정신적 영역의 건강도 얼마나 중요한지를 많은 사람이 인지하게 됐다. 정서적 장애를 치료하기 위해서가 아니라, 정신적 건강을 잘 챙기기 위해 사선 예방 차원에서 찾는 경우가 많아졌다. 부모들은 자녀들이 ADHD(주의력결핍 과다 행동장애)가 아닌지 판단해 보고 싶어 소아정신과를 찾기도 한다.

육아정책연구소의 '육아정책 여론조사' 결과에 따르면 부모들은 자녀를 양육하는 데 가장 어려운 점으로 양육비용, 일·가정 양립의 어려움, 자녀의 심리적 안정 등을 꼽았다. 특히 자녀의 심리적 안정 문제는 영·유아를 둔 양육자 중에서 더 많은 응답이 나왔다.[5] 아이를 1명만 낳는 부부가 많고, 따라서 아이를 처음 키워보기 때문에 모든 것이 생소하다. 초보 양육자로서 전문가의 도움을 받기를 기대한다. 아이가 하나이기에 아이가 잘못될 경우 부모가 받는 심리적 타격도 크다. 이에 아이의 정서적 문제를 되도록 조기에 발견하고자 하는 니즈가 커지고 있다. 내 아이가 겪는 지금의 문제가 심각한 질병인지, 지나가는 일상적인 현상인지 구분하고 싶어 한다.

아이 돌봄 서비스도 앱으로 스마트하게 해결한다

육아 관련 스타트업이 등장한 것도 새로운 현상이다. MZ세대 부모는 디지털에 익숙하므로 분유나 이유식도 오프라인 매장보다 온라인에서 주문하는 비중이 크다. 육아 도우미도 앱에서 찾는다. 양육자의 기질과 자녀의 발달검사를 분석하기 위해 앱을 설치하거나, 육아 스타트업 '그로잉맘'에서 온라인으로 아이 기질 분석과 전문가 솔루션을 제공받을 수 있는 서비스를 이용하기도 한다. 또 육아 정보는 인터넷 커뮤니티에서 검색하는 등 육아와 관련한 모든 것을 디지털 채널에서 적극적으로 해결한다.

맘시터, 째깍악어, 자란다는 모두 2016년 출시한 대표적인 아이 돌봄 서비스 매칭 플랫폼이다. 맘시터는 2018년 이용자 수 12만 명에서 2022년 2월 누적 회원 수 100만 명을 넘어섰다. 엄격한 돌봄 교사 관리로 입소문이 난 째깍악어는 22만 명의 회원 수를 바탕으로 오프라인 돌봄 공간 '째깍섬'을 백화점 등에 오픈하며 사업 영역을 확장하고 있다. 자란다는 돌봄뿐 아니라 교육에 초점을 맞추고 있으며 2022년 4월 310억 원 규모의 시리즈 B 투자를 유치하기도 했다. 맞벌이 부부가 자녀를 어린이집, 유치원에 보낼 때 중간에 생기는 공백을 이런 서비스가 채워준다. MZ세대 부모는 초보 양육자나 맞벌이로서의 어려움을 앱으로 스마트하게 헤쳐나가고 있다.

날 위해 최고의 소비를 하던 패턴이 자녀를 위한 소비로 옮아간다

자신의 플렉스 소비를 인스타그램에 올리던 MZ세대는 '○○맘'으로 불리길 자처하며 유모차에 탄 아이와 찍은 사진, 예쁜 옷을 입힌 아이 사진 등을 인스타그램에 올린다. 본인의 성향이 육아를 할 때도 드러난다. 여행이나 뷰맛집을 가면 꼭 자신을 위한 인증숏을 찍었는데, 이제는 아이와 함께 가는 곳마다 포토 스폿을 찾아 아이가 가장 잘 나올 수 있는 구도로 인증숏을 찍는다. SNS에 업로드한 후 '여기 너무 예쁘다. 나도 아이 데리고 가고 싶다', '아이 옷 코디 너무 예쁘네', '아이도 엄마도 인생숏 건졌네' 등의 댓글이 달리는 걸 보면 왠지 뿌듯해진다. 날 위한 인증숏이 가족 단위의 인증숏으로 확대된다.

싱글일 때나 결혼 후 아이가 없을 때도 호캉스를 즐겼던 MZ세대 부모는 자녀가 태어나면 함께 호캉스를 떠난다. 우리 가족이 함께 누리길 원하기 때문이다. 호텔 역시 '키즈 패키지' 등을 내세우며 가족 단위의 투숙객을 사로잡기도 한다. 일부 호텔에서는 부모가 아이를 1~2시간 정도 맡길 수 있는 키즈 케어 프로그램이나 학습체험 프로그램을 운영한다. 파라스파라 서울에서는 6~13세 어린이 투숙객 대상으로 자연물을 이용한 공예 체험을 하는 '헬로, 트리', 망원경으로 북한산 절경을 관람하고 숲속 미션 활동을 하는 '헬로, 마운틴' 프로그램을 선보였다. 자녀를 이 프로그램에 맡기면 부모는 2시간가량 자유시간을 얻을 수 있다. 아이와 함께하는 호캉스가 가족을 위한 '봉사'가 아니라 나를 위한 '힐링'의 시간이 된다.

MZ세대 부모들은 소비 패턴, 양육 방식, 놀이 문화 등 모든 면에서 기성세대와 다른 면모를 보인다. 하나뿐인 아이를 VIB로 대하며 먹는 것, 입는 것, 노는 것 모두에서 프리미엄 소비를 하는 경향을 보인다. 맘코노미라고도 불릴 정도로 영앤팬시족이 부모로서 이끄는 소비 시장은 폭발적으로 성장하고 있다.

MZ세대의 스스로 잘 누릴 줄 아는 성향은 자녀가 태어나도 그대로 유지된다. 누려본 자만이 누릴 줄 안다. 내가 누려봤기에 나의 자녀가 더욱 잘 누릴 수 있게 하고 싶은 심리가 작동한다. 본인이 누리는 물질적 풍족함, 정신적 풍요로움, 새로운 경험의 소중함을 잘 알기에 자녀에게 더욱 내주려 할 것이다. 따라서 키즈 시장은 더욱 고급화되고 지속적으로 성장할 것이다.

1인 가구를 위한
주거 문화의 진화

MBC 「나 혼자 산다」는 2013년 3월 22일 첫 방송을 시작한 이후 지금까지 방영되는 장수 예능 프로그램이다. 1인 가구로 사는 연예인들의 모습을 다큐멘터리 형식으로 촬영해 싱글족의 라이프스타일을 보여줌으로써 혼자 사는 시청자들에게 많은 공감을 얻었다. 1인 가구가 증가하면서 '솔로이코노미'로 불릴 정도로 이들을 위한 상품 서비스가 확대되고 있고 주거 문화도 달라지고 있다. 새로운 경험을 즐기는 20~30대는 새로운 형태의 주거 문화도 빨리 받아들인다. 어떻게 달라지고 있을까?

구독과 공유에 익숙한 20~30대는 주거에도 이런 개념을 적용한다. 머무르고 싶은 만큼 계약하여 구독하듯이 월세를 내고, 개인 공간은 분리하되 공용 공간은 같이 쓰는 코리빙하우스로 간다. 개인 공간은 작아도 공유 공간은 호텔이나 카페처럼 고급스럽게, 1인 가구를 위한 주거 문화가 진화하고 있다.

가파르게 증가하는 1인 가구

열 집 중에 세 집이 1인 가구다. 통계청에 따르면, 2020년 기준 1인 가구는 664만 3000가구로 전체 가구의 31.7%를 차지한다. 전체 가구 중 가장 큰 비중이다. 1인 가구 비중은 2010년에 이미 전통적인 가족 형태인 4인 가구를 앞질렀다. 통계청은 2045년에는 1인 가구 비중이 36.3%에 이르러, 4인 가구 7.4%의 5배가 넘는 수준이 될 것으로 전망했다. 저출산, 고령화, 비혼 비율이 크게 늘고 있기 때문이다.

1인 가구의 연령별 비중은 어떨까? 2020년 기준 20대가 전체 1인 가구의 19.1%로 가장 많고 그다음은 30대(16.8%), 50대(15.6%), 60대(15.6%), 40대(13.6%) 순이다. 20~30대는 자발적으로 1인 가구를 구성하는 경우가 많다. 또한 이들은 '생애미혼'을 선택하기도 한다. 생애미혼은 결혼하지 않고 자유로이 살아가고자 하는 새로운 라이프스타일이다. 최근 서울시 조사에서 1인 가구의 86%가 혼자 사는 삶에 만족한다고 응답했다. 통계청은 우리나라 생애미혼율이 꾸준히 증가해 2035년에는 30%에 이를 것으로 예측했다.

혼자 사는 가구는 주거 공간을 정할 때 자유롭다는 특징이 있다. 2인 이상 또는 자녀가 있는 가구는 거처를 정할 때 주거 공간의 면적뿐 아니라 학군, 주변 편의시설 등 고려해야 할 사항이 많다. 자주 옮겨 다닐 수도 없기에 최소 2년 이상의 전세를 구하거나 자가 소유를 고민하게 된다. 싱글족은 원하는 곳에서 원하는 만큼 살아 보고 오래 거주할 공간을 고르려고 한다. 그래서 월세로 단기 계약하는 비중이 높다. 통계청에 따르면, 전체 가구의 월세 비중이 22.9%인 데 비해 1인 가구의 월세 비중은 41.2%다.

기존에는 20대에 자취를 시작한다면 원룸에서 사는 것이 보편적이었다. 그러나 최근 몇 년 사이 셰어하우스, 코리빙하우스 등 1인 가구에 맞는 주거 형태가 다양화됐다. 20~30대가 스스로 혼자 살기를 선택하고, 혼자 사는 데 만족한다면 이들의 라이프스타일은 1인 가구가 아닌 세대와 다를 수밖에 없다. 주거 공간을 고를 때의 기준도 달라진다. 나만의 취향과 나를 위한 가치를 추구하고, 느슨한 연대를 선호하는 MZ세대의 성향과 맞물려 주거 형태도 변화하고 있다.

공유하면 질이 높아진다

MZ세대는 이미 집 밖에서 프리미엄 소비를 경험했다. 파인 다이닝과 같은 미식 문화뿐 아니라 명품 패션, 호캉스에도 익숙하다. 소비문화 자체가 고급화되고 있다. 이는 주거 영역에서도 마찬가지다. 이미 집 밖에서 프리미엄 소비를 경험한 20~30대가 1인 가구로 독립하며 거주할 집을 고를 때도 높아진 눈높이는 유지된다. 집 안을 꾸미는 인테리어와 가전제품 등 물건 소비에 국한되지 않는다. 주거 공간 자체가 중요하다. 거실과 침실이 분리되지 않은 원룸 형태, 좁은 개인 공간, 부족한 커뮤니티 시설, 불편한 주차 공간, 보안 문제 등이 있다면 등을 돌린다.

1인 가구의 주거 형태는 다른 사람과의 공유 공간이 있느냐 없느냐에 따라 크게 두 가지로 나눠볼 수 있다. 개인을 위한 완전한 독립 공간이 존재하는 '독립 주거 형태'와 개인 독립 공간과 공유 공간이 혼재하는 '공유 주거 형태'다. 셰어하우스, 코리빙하우스라는 새로운 주거 형태가 등장하면서 1인 가구를 위한 공유 주거 형태가 주목받기 시작했다. 업계에서는 공유 주거 시장이 2020년 기준 2.1만 가구에서 2024년 6.7만 가구까지 증가할 것으로 예상한다.[1]

먼저 등장한 셰어하우스는 하숙집과 비슷한 개념이다. 방 2~3개와 거실이 있는 집을 여러 명이 공유하는 형태며 개인 사업자가 대학가에서 운영하는 경우가 대부분이다. 이는 사생활이 보장되지 않는다는 단점이 있다.

셰어하우스가 대학생과 사회 초년생을 겨냥한다면, 코리빙하우스는 안정적인 경제생활을 하는 직장인이 타깃이다. 일반적인 원룸이나 셰어하우스보다 코리빙하우스의 월세가 비싸다. 코리빙하우스는 오피스가 등 시내 중심가에 자리하며, 대기업이나 스타트업 등 전문적인 회사에서 운영한다. 보다 전문적으로 시설을 기획하고 관리하는 것이다. 코리빙하우스 전문 브랜드를 내걸기도 한다. SK 디앤디의 '에피소드', 패스트파이브의 '라이프온 투게더', 코오롱글로벌의 '커먼타운'이 대표적인 사례다.

코리빙하우스는 빌트인 오피스텔에 라운지 공간, 주방 등 입주자들이 넓은 공유 공간을 편리하게 사용할 수 있도록 만든 일종의 하이브리드 형태다. 일반 오피스텔은 개인 공간이 독립돼 있긴 하지만, 원룸이거나 1.5룸으로 좁은 편이다. 재택근무, 홈파티 등 최근

| 국내 코리빙하우스 운영업체 현황 |

기업	브랜드	전체 운영 현황	주요 지점
MGRV	맹그로브	335호실	신설, 숭인
SK디앤디	에피소드	1999호실	성수, 서초, 강남
패스트파이브	라이프온투게더	100호실	선정릉
로컬스티치	로컬스티치	500호실	서교, 성산
코오롱글로벌	커먼타운	1700호실	용산, 성수
이지스자산운용	디어스	100호실	명동

(출처: 머니투데이)

달라진 MZ세대의 라이프스타일을 반영하기에는 부족하다. 그에
비해 코리빙하우스는 라운지뿐 아니라 비즈니스룸, 휴게실 등 공유
공간이 별도로 있고 입주자 간 네트워킹을 돕는 서비스도 제공한
다. 주방에서는 지인을 초대해 요리도 하고 다이닝룸에서는 파티를
할 수도 있다. 전문 강사를 초빙해 수업을 진행하기도 한다.

반려동물을 키우는 입주자의 취향에 맞춘 거주 공간도 생겼다.
코리빙하우스 '에피소드 서초 393'은 반려동물과 함께 거주할 수
있는 특화 가구에 내구성이 강한 마감재, 미끄럼 방지 바닥, 소음차
단 중문, 반려동물 전용 출입문 등을 적용했다. 반려동물과 함께 즐
길 수 있는 '펫 플레잉' 존과 펫 전용 루프톱 '펫 파크' 등 전용 공간
도 있다.

'워라블' 라이프스타일

1인 가구라도 '방'이 아닌 '집'에서 살고자 하는 욕구가 있다. 2030세대는 혼자 산다고 하더라도 좁은 주거 공간에 만족하지 않는다. 좁은 '방' 때문에 해결하지 못했던 욕구를 공유 주거 공간으로 채운다. 코리빙하우스는 한 건물 안에서 일, 공부, 운동, 요리 등 방이 좁아서 누리지 못했던 편의 서비스를 누릴 수 있게 해주었다. 코로나19로 재택근무 형태가 도입된 영향도 있다. 주거 공간에서도 일할 공간을 확보해야 하는데, 원룸 형태라면 침실과 사무 공간을 분리하기가 쉽지 않다. 코리빙하우스와 같은 공유 주거 형태의 수요가 계속 확대되는 것도 이런 이유에서다.

2030세대는 위라밸을 추구한다. 최근엔 '워라블'* 현상이 감지된다. 워라블은 일과 개인 생활을 완전히 구분하기보다 일상생활 속에 일이 있고, 일 속에 일상생활이 있는 개념이다. 워커홀릭과는 다르다. 워라블은 스스로 원해서 즐기는 것으로, 집이 일하는 공간이자 쉬는 공간이다. 공용 공간인 라운지로 출근하고, 개인 공간인 방으로 퇴근한다. 그래서 코리빙하우스는 공용 공간 일부를 '공유 오피스'처럼 꾸며놓기도 한다.

1인 가구 주거 공간의 미래는 공유와 고급화가 핵심이다. 첫째,

---

* 에듀윌 시사상식 사전에서는 '일과 삶을 융합하다Work-Life Blending의 줄임말로, 업무와 일상의 적절한 조화를 추구하는 생활 방식을 말한다. 업무와 일상의 균형을 추구하는 워라밸 Work-Life Balance에서 파생된 용어다'라고 정의했다.

주거 공간의 공유는 젊은 층에게 합리적인 선택이다. 월세를 조금 더 내더라도, 집에 거주하는 동안 이왕이면 넓고 쾌적하고 서비스도 좋은 비즈니스룸이나 라운지를 쓰는 것이 좋다. 그만큼 내가 누릴 수 있는 혜택이 커지기 때문이다. 큰 공간을 혼자 차지하는 것은 비효율적이다. 여러 사람이 공유하면 전체적인 삶의 질을 높일 수 있다. 둘째, '나심비'를 채울 수 있는 고급화는 주거의 만족감을 좌우한다. 나심비는 가격과 상관없이 소비를 통해 얻을 수 있는 만족감에 초점을 맞추는 소비 행태다. 특히 여성은 돈을 좀 더 내더라도 보안이 철저하고 쾌적한 공간을 선호한다. 코리빙하우스는 월세 50~60만 원에서 200만 원대까지 다양하며, 여성 전용 건물도 생겨났다.

코리빙하우스가 점차 대중화되고 고급화되고 있다. 오피스텔도 진화하고 있다. 고소득자나 영앤리치들은 호텔식 컨시어지 서비스를 내세우는 하이엔드 오피스텔로 가기 시작했다. 조식 서비스, 수영장, 발레파킹 등 오피스텔에 호텔 문화를 입힌 곳이다.

국내 1인 가구가 지속적으로 증가하면서 정부에서도 1인 가구 주거 환경 개선을 위한 여러 가지 정책을 내놓고 있다. 서울시는 2021년부터 '1인 가구 특별대책추진단'을 출범해 운영하고 있다. 코리빙하우스를 비롯한 1인 가구를 위한 공유 주거 형태는 갈수록 진화할 것이다. 1인 가구에서 가장 높은 비중을 차지하는 MZ세대의 라이프스타일을 반영하고 이들의 삶의 질을 높일 수 있는 주거 형태가 앞으로도 주목받을 것이다. 제한된 공간에서 쉬고 일하며 여가까지 즐길 수 있는 곳에 프리미엄 라이프를 추구하는 영앤팬시족이 머무를 것이다.

현재 가진 것을 넘어
미래를 위해 지속 가능한 것으로

비소유 시대에는 태세 전환이 중요하다

"당신은 소유 자체에 얼마만큼의 의미를 부여하고 있는가?" 어떤 것에 얼마만큼의 의미를 부여하느냐는 그 사람의 가치관을 보여준다. '소유' 자체가 가지는 중요성이 예전보다 줄어들고 있다. 현재를 위해 소유하는 것보다 지속 가능하게 누리는 것에 더 큰 의미를 부여한다. 친환경과 비건, 공유경제가 반영된 제품에 젊은 층이 열광하자 기업들이 이를 사업화하고 있다. 사회 전체에 흐르는 가치관의 변화를 체감했기 때문이다.

기업 입장에서 '소유'는 무엇일까? 현재 주력 사업이나 제품을 유지하려는 경향성이다. 과거부터 지금까지 꾸준하게 기업에 수익을 창출해 준 무언가가 있다면, 바꾸기가 쉽지 않다. 비용 문제도 있겠지만 내부적인 반발이나 마찰도 생기기 때문이다. 그럼에도 기업이 현재 가진 것을 넘어, 기존의 소비자는 물론 기업과 직원이 지속 가능하게 누릴 수 있는 방향으로 사업을 전환하거나 확대해야 한다는 것은 절실한 문제다.

현재를 버티는 것과 미래를 내다보며 대응하는 것은 차원이 다르다. 1년 단위의 계획도 부족하다. 기획자나 마케터라면 또는 창업을 준비하는 사람이라면, 2~3년 뒤 또는 5년 이상을 내다봐야 한다. 기업에 지금 캐시카우 역할을 하는 제품이라도 몇 년 뒤에는 그 역할을 못 하게 될 수도 있다. 반대로, 당장의 매출 규모는 작지만 시장 반응이 좋아서 성장 가능성이 큰 제품도 있다. 성장성과 수익성이라는 두 가지 관점에서 기업들은 자원을 어디에 배분해야 할지, 어떤 사업을 주력으로 하고 어떤 사업은 축소해야 할지 가늠하는 포트폴리오 전략을 짠다. 그렇다면 이제 방향성이 문제다.

현재가 아니라 미래에 대한 방향키를 쥐고 있는가? 변화의 핵심을 중장기 전략에 반영하여 사업 포트폴리오를 재편하고 있는가?

변화의 물결에 올라탈 타이밍을 잡아라

앞서 언급한 친환경 자동차, 비건 뷰티, 골드 키즈, 1인 주거 문화는 모두 소비 주체와 가치관의 변화를 비즈니스에 빠르게 적용한 사례들이다. 친환경 자동차는 기술의 진보 및 기후 위기 대응과 관련한 글로벌 정책의 변화로 주목받고 있는 신사업이다. 비건 뷰티와 골드 키즈는 소비자 가치관의 변화에 대응한 사례이며, 1인 주거 문화는 만혼과 비혼, 출산율 감소 등 인구 트렌드에 대응한 사례다.

자녀의 학습지 선생님이나 아이 돌보미를 구할 때는 불과 몇 년 전만 해도 해당 지역 센터에 전화하거나, 지인의 추천을 받는 경우가 흔했다. 그런데 이제 젊은 맞벌이 엄마들은 선생님이나 돌보미도 같은 비용이면 더 좋은 사람으로, 또는 돈을 더 내더라도 더 좋은 서비스를 해줄 수 있는 사람으로 구하기 위해 직접 나서고 있다. 키즈테크 등 모바일 앱에 서비스를 론칭하는 스타트업들이 생기는 이유다. 방문 선생님이 오는 학습지에만 의존하지 않는다. 전용 태블릿으로 자녀가 한글·수학·영어 등 모바일 수업을 듣게 하기도 하고, 초등학교 줄넘기 시험을 준비시키기 위해 일대일 과외 선생님을 구하기도 한다.

에듀테크는 전통적인 학원에만 머무르는 것이 아니라 골드 키즈를 키우는 부모의 니즈를 파고든다. 이에 따라 교육 서비스가 더 개인화되고 고급화될 것이다. 하나뿐인 자녀에게 '최고 수준의 교육'을 제공하기 위해 더 전문적이고 검증된 과외 선생님을 찾을 것이기 때문이다.

부동산property과 테크놀로지technology를 결합한 프롭테크proptech도 아직 신생 분야다. 1인 주거의 핵심 소비자층은 경제력 있는 젊은 세대다. 이들은 집을 구할 때도 취향에 맞는지 확인하기 위해 여기저기 살아보고자 할 것이다. 그렇다면 집을 구하는 플랫폼도 새롭게 진화해야 하지 않을까? 시장의 새로운 싹이 트는 곳에 아직 기회가 있다.

태생이 다른 기업들, 전략도 다르다

기존에 해당 산업을 주도하던 대형 레거시legacy 기업은 중장기 관점에서 사업 전환transformation을 도모하고, 신생 기업은 새로운 시장을 선점하기 위해 촉을 세우고 있다. 자동차 산업의 패러다임은 전기차로 대전환을 하고 있다. 국내 자동차 업계의 레거시 기업인 현대자동차는 내연기관차에서 전기차로 사업 포트폴리오를 재편했다. 2021년에 '2045년 탄소중립'을 선언하며, 2030년 제네시스 100% 전동화, 2040년 주요 시장 100% 전동화 등 기존 내연기관차에 대한 파생 모델로 전기차를 출시하는 '전동화 전략'을 추진 중이다. 전동화는 차량을 움직이는 동력을 내연기관 대신 전기모터로 바꾸는 과정을 의미한다.

BMW, GM 등 전통의 강자들도 막대한 투자를 감행하며 사업의 중심축을 바꾸고 있다. 현대자동차 그룹을 포함하여 레거시 기업들이 이처럼 비즈니스 트랜스포메이션 전략을 취하는 데 비해 테슬라는 태생이 전기차, 자율주행차 전문 회사다. 자동차 업계의 차세대 기술이 일반인들에게 생소했을 때부터 일론 머스크는 '꿈'을 팔며 시장을 개척해 왔다. 그는 '최고 몽상가Chief Dreaming Officer'로 불리며 SF 영화에서나 봤을 법한 미래를 차근차근 현실로 만들어왔다. 기존 대형 자동차 제조사들이 전기차를 출시하고 있지만, 아직까지 소비자들에게는 테슬라 자동차가 더 세련되고 고급스러운 이미지로 각인되어 있다.

스타트업은 더 좁고 깊게 시장을 파고들어야 한다. 비건 뷰티는 최근 소비자들의 가치관이 빠르게 변하면서 생긴 새로운 트렌드다. 아로마티카와 멜릭서가 그랬듯이, 스타트업들은 이런 트렌드에 대응하기가 오히려 쉽다. 2004년 아로마테라피 에센셜 오일 제품으로 시작한 아로마티카는 2019년 유기농 인증을 받으며 비건 뷰티 전문 브랜드로 진화하고 있다. 몸집이 작은 것이 오히려 장점으로 작용했다. 2018년 론칭한 멜릭서는 태생이 비건으로 제품 전문성을 부각했다. 모든 제품을 비건 화장품으로 출시하고 있다. 그 결과 화장품 업계에서 비건 뷰티라는 비즈니스 틈새를 파고들 수 있었다. 이에 비해 전통적인 화장품 기업 아모레퍼시픽, LG생활건강은 다양한 브랜드를 보유하고 있기에 갑자기 자원을 비건 뷰티에 올인하기가 쉽지 않다. 비건 뷰티 전용 새로운 브랜드를 출시하며 사업 포트폴리오를 보완하는 차원에서 움직일 뿐이다. 한편, 유통 채널인 올리브영은 온·오프라인 매장에 비건 뷰티 카테고리를 강화하여 소비자를 끌어당기고 있다.

트렌드보다 신념으로 이끌어라

많은 기업이 ESG 경영을 기존 사업 체계에 적용하기 위해 노력하고 있다. 그러나 ESG 경영은 우르르 편승하다가 그만둘 버블도 아니고, 단기적인 트렌드도 아니다. 이렇게 트렌드에 큰 영향을 받지 않는 인류 보편적 신념이 있다면 잘 지켜나가야 한다.

10여 년 전 신한금융지주 전략기획팀에서 근무할 당시 나는 그룹 전반에 지속가능경영 체계를 도입하기 위해 다양한 이해관계자와 커뮤니케이션하고 전략을 세우는 일을 했다. 유럽의 평가기관이나 투자자들은 탄소 배출량을 줄이기 위한 활동은 하는지, 사회적 약자를 위한 금융 서비스는 있는지, 무기 사업과 같은 사회에 유해한 기업에 투자하지는 않는지 등 당시로서는 생소한 질문을 던졌다. 이제는 굳이 이런 활동을 왜 해야 하는지 설득하지 않아도 된다. ESG는 당장 눈에 보이는 이익을 창출하지 않기에 기업으로서는 신념을 가지고 밀고 나가야 한다. 기업에 내재화하기 위해서 상당히 긴 호흡이 필요하다. 신한금융그룹은 경영진의 의지가 있었기에 다른 기업들보다 앞서 ESG를 경영 전반에 빠르게 도입할 수 있었다.

이런 경영을 온몸으로 보여주는 기업이 있다. 러쉬, 파타고니아가 그렇다. ESG를 내재화하기 위해 사업 포트폴리오를 바꾼 것도 아니고 ESG를 경영 트렌드로 인식하고 대응한 것도 아니다. 기업의 태생과 창업자 철학이 그랬을 뿐이고 그 신념을 50년 이상 지켜나가고 있다. 파타고니아 창업자 이본 쉬나드의 철학은 강력하다. 회사 운영의 목적이 이윤 추구가 아니라 지구를 되살리는 것이라고 정관에 명시했을 정도다. 재무적 이익이 우선시되는 것을 막기 위해 회사를 상장하지도 않는다. 기업 공개Going Public가 아니라 기업 목적Going Purpose을 추구한다. 주식은 창업자와 가족이 소유하지 않고 기부했다.

벤처 캐피털 업계에서는 스타트업에 투자할지 결정할 때 창업자가 어떤 사람인지 눈여겨본다. 창업자가 어떤 비전과 신념으로 경영해 나갈지 판단하기 위해서다. 초기 단계에 있는 스타트업은 매출, 수익과 같은 재무 지표에서 보여줄 만한 성과가 아직 없다. 그렇기 때문에 무형의 자산과 가능성을 보여주어야 한다. 새로운 사업 모델을 제시하고 그에 대한 비전을 가지고 시장을 만들어가고 있는가? 성숙기에 있는 시장에 진입한다고 해서 성공하지 못할까? 부침의 상황에서 리더의 신념은 회사를 이끌어나가는 원동력이자 경쟁력이 된다. 기업의 강한 신념이 트렌드를 이길 수 있다. 비전에 공감하는 직원들이 모이면 일체감이 생기고 비전과 직원이 한 몸이 되어 단단해진다. 그러려면 사람들의 지지를 받을 수 있는 좋은 신념에서 출발하는 기업을 세워야 한다.

멀리 내다보는 비즈니스 철학으로
업계의 선두주자가 되다

최근 몇 년 사이에 비건 뷰티가 급성장하면서 신생 화장품회사들이 그 기회를 잘 포착해 성공의 길을 닦았다. 그에 비해 러쉬는 비건 뷰티 산업을 25년 넘게 묵묵히 키워왔는데 그 과정에서 대세와는 다른 길을 간다고 여겨지기도 했다. 러쉬는 태생 자체가 비건이다. 포장지를 쓰지 않는 네이키드naked 제품, 동물 보호를 위한 캠페인, 일부 SNS 활동 중단, 디지털 디톡스 캠페인 등을 보면 비건뿐 아니라 사회적 신념을 강하게 드러내는 행동파 기업이기도 하다.

핸드메이드 코스메틱 브랜드 러쉬는 1995년 영국의 한 시골에서 창립자 6명으로 출발한 회사다. 창립자들은 뷰티 전문가, 동물 보호 운동가, 여성 인권 시민 활동가 등이었고 이들은 '동물·환경·사람이 조화롭게 공존하는 세상을 만들자'라는 유토피아적인 비전을 세웠다. 그 비전에 공감한 우미령 대표가 2002년 한국에 러쉬코리아를 세웠다.

치열한 국내 화장품 시장에서 러쉬는 단일 브랜드로 20년 동안 성장세를 이어 왔다. 2002년 명동 1호점에서 직원 4명으로 시작해 2022년 10월 기준

전국 70여 개 매장에 직원 800여 명을 두고 있다. 2021년 매출은 1000억 원을 넘어섰다. 러쉬코리아는 전 세계 러쉬 중에서 항상 매출 상위 10%를 차지할 정도로 국내는 물론 글로벌에서도 존재감이 커졌다. 러쉬 글로벌은 세계적인 여성전문지《WWD》가 선정한 세계 100대 화장품 중에 단독 브랜드로서는 유일하게 선정됐다. 이런 저력의 바탕에는 무엇이 있을까?

지금이야 비건 뷰티가 친환경 트렌드와 맞물리면서 러쉬가 소비자들의 주목을 받고 있지만, 예전에는 대세와 다른 길을 가는 '컬트 브랜드', '니치 브랜드'로 인식됐다. 비주류였던 원조, 러쉬가 이제는 비건 뷰티 시장을 선도적으로 이끌어가는 주류가 됐다. 광고나 할인행사도 하지 않고 묵묵하게 신념을 지켜온 러쉬가 괄목할 만한 성과를 보여주기까지 이 회사를 뒷받침해 온 원동력은 무엇일까? 전 세계 48개국에 1000개가 넘는 매장이 있는데도 영국 창립자가 시작한 핵심 가치가 어떻게 일관되게 적용될 수 있을까? 러쉬코리아 20주년 행사가 열린 성수동 팝업 전시관에서 에틱스 디렉터Ethics Director 박원정 이사를 만났다. 박 이사는 기업의 핵심 가치가 비즈니스 전반에서 실현될 수 있게 여러 활동을 기획하고 내외부에 알리는 일을 하고 있다.

Q **20주년 행사 티켓이 불과 몇 시간 만에 마감됐다고 들었다. 러쉬는 초창기에 마니아스러운 브랜드였다. 화장품 기업이 단일 브랜드로 이렇게 오랫동안 사랑받기가 쉽지 않은데, 고객들이 러쉬를 좋아하는 이유가 무엇이라고 보는가?**

A 러쉬 고객 중에는 찐팬들이 많다. 특이하게 순수한 충성심으

로 러쉬코리아 창립 때부터 꾸준히 함께해 줬다. 오늘 행사장에도 그런 고객들이 많이 왔다. 사진 찍고 전시 체험하고 그런 재미를 즐기려는 것도 있지만 친구의 생일을 축하하듯 러쉬를 응원하고 지지하러 온 것이다. 명동 1호점을 재현한 곳에 고객들이 몰려든 이유도 '내가 키운 브랜드'라는 자부심이 있기 때문이다. 러쉬코리아 사업 초반에 러쉬는 마니아층 사이에서 '나만 알고 싶은 브랜드'였다. "이 향기 좋은데, 이 제품 뭐야?"라고 주변에서 물어보면 안 알려 줄 정도였다. 이렇게 두터운 고객 팬심으로 성장해 왔다.

Q **지속적으로 성장할 수 있었던 원동력은 무엇인가?**

A 무엇보다 직원이 팬덤으로 형성되어 있다는 것이 큰 힘이다. 진정한 VIP라고 생각한다. 오너십과 리더십을 장착한 직원들이 러쉬를 이끌어왔다. 내가 좋아하니까 알려주고 싶어서 고객에게 제품의 스토리 등을 하나하나 열정적으로 설명한다. 그렇게 제품을 추천하다 보면 자연스럽게 판매로 이어진다.
우리는 예전부터 오프라인 매장을 고객과의 소통 채널로 중시해 왔고, 고객들에게 올바른 제품을 추천해 줘야 한다고 생각했다. 그래야 고객이 꼭 필요한 제품을 구매해서 깨끗이 다쓰고, 환경에 버려지는 쓰레기가 없어진다. 고객에게 잘 맞는 제품을 소개하려면 고객의 니즈를 알아야 한다고 생각해서

(상) 러쉬 매장 내부
(하) 러쉬의 6대 핵심 가치
(출처: 러쉬코리아)

많은 이야기를 나누게 된다. 그래서 러쉬는 매장에 다른 브랜드보다 직원을 2~3배 더 많이 둔다.

Q **직원들이 고객과의 직접적인 소통 채널이 되려면 매장 직원의 역할이 중요하고, 회사 철학에 대한 내재화가 필요할 텐데, 어떻게 하고 있나?**

A 러쉬 매장은 대리점 없이 모두 직영점이다. 러쉬를 유치하려고 제안하는 곳이 많은데 직접 운영을 원칙으로 한다. 한국에 800명 정도의 직원이 있다. 직원 교육이 매우 중요하다. 거창한 교육이 아니라 매장에서 틈틈이 매니저가 트레이닝을 한다. 매장에 잠깐 여유 시간이 생기면 모여서 제품에 대해 이야기를 나눠보는 식으로 교육이 문화화되어 있다.

정기 교육도 물론 있는데, 제품이나 브랜드 교육보다는 업무에 필요한 소프트 스킬 교육을 주로 한다. 예를 들어 하드 스킬이 그 업무의 어떤 직업에 해당하는 전문 교육이라면 소프트 스킬은 피드백 방식, 보디랭귀지, 신뢰 등 커뮤니케이션에 해당하는 교육이다. 제일 중요한 건 동료 간 피드백 방식에 대한 교육이다. 최근에는 ED&I Equity, Diversity and Inclusion 교육도 많이 한다. 예를 들어 '~린이' 같은 표현은 좋지 않다. 어린이는 뭔가를 잘하지 못한다고 생각하는, 어린이를 비하하는 표현이기 때문이다. 우리가 일상생활에서 알게 모르게 하는 '미세 차별microaggression'을 경계하며, 고객과 커뮤니케이션할 때도 이런 규칙을 따르게 하고 있다.

Q 광고를 하지 않는 이유는? 그 대신 어떤 마케팅 활동을 하는지?

A 광고를 하지 않는 대신, 수익은 캠페인으로 환원하겠다는 것이 러쉬의 미션 스테이트먼트다. 또 러쉬는 싸(4)가지가 없다(웃음). 광고뿐 아니라 할인, 증정, 스타마케팅 등 총 네 가지가 없다는 뜻이다. 바위처럼 흔들리지 않는 원칙이다.

기본적으로 전통 4대 매체 광고는 진행하지 않으며, 디지털 광고 일부를 진행한다. 광고 목적보다는 검색엔진최적화SEO와 같이 소비자가 러쉬를 인터넷에서 검색했을 때 브랜드를 쉽게 찾고 편리하게 쇼핑할 수 있게 하려는 목적이다.

Q 다른 기업들은 다 하는 '네 가지'가 없는데도 성장한 비결은?

A 러쉬코리아는 재무제표로만 봐도 계속 성장해 온 게 사실이다. 지속 가능한 성장의 기반이 ESG 경영이라고 할 수 있다. 이미지만 추구하는 것이 아니라, 일단 제품에 승부를 건다. 제품이 좋은 이유는 정말 건강하고 신선한 원재료를 쓰고, 이것을 책임 있고 공정하게 거래해서 다 손으로 만들고, 동물실험을 절대 하지 않고, 포장을 웬만하면 하지 않는 등 여섯 가지 핵심 가치를 지켜왔기 때문이다. 이렇게 하니까 고객들은 러

쉬 제품을 사는 것이 어디 후원하거나 봉사하지 않아도 나름 대로 인간으로서, 인류로서 해야 할 어떤 도리를 한다고 생각 하는 것 같다. 특히 MZ들이 이런 부분에 뿌듯함을 느끼고, 중요시한다.

Q **러쉬는 모든 것을 '거꾸로' 하는 회사인데도 잘된다. 많은 기업 이 하는 광고도 안 하고, 모두가 디지털을 외치는 시대에 러쉬 는 자사 앱도 없다. 비건이 트렌드가 아닐 때부터 비건에 대한 신념을 품었다. 그런데도 매출이 지속적으로 상승한다는 점이 놀랍다. 매출은 어디에서 나오는가?**

A 러쉬코리아는 바위처럼 단단한 브랜드 윤리와 시냇물처럼 유 연한 시장 트렌드의 균형을 맞추며, 팬데믹 시기에도 단 한 곳 의 매장도 문을 닫지 않고 '러쉬 비누로 손 씻기 캠페인' 등을 실시하며 오히려 위기를 기회로 극복해 냈다. 그 결과, 러쉬가 진출한 전 세계 48개국 중 상위 10%에 해당하는 4~5위의 위 상에서 더 치고 올라가는 저력을 보여주었다. 2021 회계연도 (2021년 6월 마감)에는 전년 대비 23% 매출 성장으로 2위(상위 4%), 2022 회계연도(2022년 6월 마감)에는 전년 대비 21% 상승 하며 3위(상위 6%)를 기록했다. 한국보다 매출이 높은 국가는 영국과 미국뿐이다.

전체 매출의 60~70%가 오프라인 매장에서 나오고, 온라인 매출 비중은 30~40%이다. 팬데믹을 거치면서 온라인 소비가 꾸준히 성장했고, 많은 기업이 디지털 전환을 최우선으로 적용하고 있는 게 사실이다. 그러나 오프라인 경험 또한 여전히 강력하고 건재하다는 점이 여러 보고서를 통해 검증되고 있다. 러쉬의 오프라인 매장은 고객의 윤리소비를 지원하는 공간으로 차별화되어 있다. 화장품 매장을 넘어 제품의 구매가 미치는 소셜 임팩트를 설명하고 캠페인에 동참하도록 독려하는, 고객이 '브랜드 정수를 체험할 수 있는' 공간이다.

Q **주력하는 채널에 변화를 줄 계획이 있는가? 앞으로의 전략은?**

A 가장 주력하는 채널은 매장이다. 변함없이 오프라인 매장과 직원을 중심으로 움직일 것이다. 앞으로의 전략은 최근 러쉬 글로벌이 발표한 비전 '100 Years Life'에 맞춰 러쉬코리아도 윤리적 경영 원칙에 따라 다양한 활동을 강화할 계획이다. 고객층은 Z세대, 제품은 향수와 스파, 캠페인은 기후에 중점을 둘 예정이다. 캠페인은 특히 '환경, 동물, 인권'이라는 세 가지 키워드를 중심으로 전개해 나가고자 한다. 100세까지 건강한 브랜드로 유지하기 위해서는 우리가 살아가는 '지구'에 관심을 가지고, 실천해야 한다고 생각한다. 다방면의 환경 캠페인을 더욱 다양하고 깊이 있게 지속해 가는 것이 앞으로 러쉬의 목표고 비전이다.

PART 5

'실재'에서
'가상'으로

Create your own
virtual world

놀이와 소비,
모든 것이 가능한 꿈 같은 공간

지루함의 요소는 변화가 없는 똑같음, 반복, 거기에서 오는 익숙함이다. 이를 깨뜨리면 크든 작든 자극을 받는다. 익숙함에서 탈피하기 위해 기존의 경계를 넘어서고 다른 것과 융합하는 탈경계 현상을 소비 트렌드에서도 발견할 수 있다. 현실과 가상세계를 넘나드는 메타버스, 디지털 세상에서 '진짜'를 보증하는 NFT와 같은 신기술은 소비자에게 '신선함'으로 다가간다. 새로워서 끌리고 궁금해서 끌린다. 이런 탈경계 영역에 소비자들이 지갑을 열고 있다. MZ세대는 '실재'를 넘어 '가상'에서 놀기 시작했다. MZ세대의 마음을 사로잡은 마지막 프리미엄 소비 코드는 '실재'를 뛰어넘는 '가상'에 대한 이야기다.

2022년 7월, 블랙핑크가 신곡 「Ready For Love」를 오프라인 콘서트장이 아닌 메타버스 공간에서 발표했다. 그것도 모바일 게임 속에서. 블랙핑크 멤버 4명은 3D 아바타로 등장해 몽환적인 공간을 오가며 댄스와 노래를 선보였다. 특정 게임 안에서만 볼 수 있는 인게임in-game 콘서트였다. 콘서트 관객은 자신의 캐릭터로 응원봉을 흔들기도 했다. 이날 트위터 월드와이드 트렌드는 1위부터 5위까지 배틀그라운드 모바일과 블랙핑크 관련 해시태그가 차지했다. 현실에서의 가수가 가상세계로 들어가 콘서트를 열고, 현실 속의 팬들이 그곳으로 들어가 관람을 한다. 현실과 가상세계를 넘나드는 메타버스다.

블랙핑크는 왜 인게임 콘서트를 열었을까? 지금 엔터테인먼트

산업, 패션업, 유통업, 금융업까지 다양한 업계가 메타버스로 들어가고 있다. 메타버스가 중심이 되어 기업과 소비자를 빨아들이고 있다. 메타버스는 무엇이며 왜 주목받고 있는지, 앞으로 메타버스는 소비 트렌드를 어떻게 바꿀지 살펴보자.

MZ세대는 메타버스에서 무엇을 하며 놀까?

메타버스에서는 취미 생활을 즐길 뿐 아니라 사람들과 네트워킹을 하거나 직장 또는 학교와 관련한 여러 활동을 할 수 있다. 많은 사람이 취미 생활로 게임, 아바타 꾸미기, 콘서트 보기 등을 한다. 대학 신입생 환영회에서 새로운 사람과 교류하기도 하고, 세미나·설명회·기업 연수 등 많은 인원이 모여야 할 때도 메타버스를 효율적으로 이용한다. 멀리서도 참여할 수 있을 뿐 아니라 코로나19 상황에서도 안전하기 때문이다.

신한카드는 2022년 3월 전국에 있는 2000여 명의 직원을 대상으로 메타버스 플랫폼 '게더타운'에서 조직문화 연수를 진행했다. 신한금융그룹이 'RE: Boot 신한'이라는 슬로건 아래 조직문화 대전환을 추진하고 있는데, 신한카드는 직원들이 메타버스 공간에서 재미있게 미션을 수행하며 이런 변화 방향성을 자연스럽게 체득하도록 프로그램을 기획한 것이다. 넥슨은 취업 설명회를, LG화학은 신입사원 연수를 메타버스 플랫폼에서 진행하기도 했다. 이렇게 기업들이 소통을 개선하는 방법으로 활용하면서 젊은 층의 메타버스 경험도 더 폭넓어지고 있다.

젊은 층은 진짜 메타버스를 즐기고 있을까? 글래드 호텔이 2022년 6월 20~30대를 대상으로 조사한 「트렌드리포트-메타버스 편」에 따르면 메타버스를 긍정적으로 생각한다는 응답이 92%였다.[1] 그 이유는 비용 없이 전시회, 파티, 놀이 공간 등 다양한 공간을 체험할 수 있음(49%), 내가 원하는 부캐를 다양하게 만들어볼 수 있음(35%), 비대면 및 익명성(13%) 순으로 나타났다. 메타버스 플랫폼에서 주로 하는 활동은 월드 구경하기(51%), 캐릭터를 꾸밀 수 있는 숍 구경 및 구매(22%)라는 응답의 비중이 높았다. 메타버스를 체험의 공간이자 소비의 공간으로 바라본다는 점이 드러난다.

MZ세대는 왜 메타버스에 진심일까?

메타버스는 현실을 대체하는 가상현실이 아니다. '메타버스=가상현실'로 이해한다면 메타버스를 일부만 아는 것이다. 메타버스는 현실과 가상을 구분하는 이분법적인 개념이 아니다. 현실과 가상의 경계를 허물고 이를 초월하는 개념이다. 메타버스는 '가상, 초월'이라는 뜻의 '메타meta'와 '우주, 세계'라는 뜻의 '유니버스universe'의 합성어로, 현실과 가상이 상호작용하며 공존하는 세계를 지칭한다. 즉, 현실과 가상세계가 공존하는 상위의 개념이다. 현실에서 일어나는 사회·경제·문화 활동이 가상의 공간에서 새로운 방식으로 구현되고, 새로운 가치를 만들어낸다.

특히 메타버스는 관련 서비스와 플랫폼을 포괄하는 새로운 '카테고리'로 봐야 한다. 정보통신기획평가원 자료에 따르면 1990년부터 2000년까지는 '인터넷의 시대', 2000년부터 2020년까지는 '소셜 미디어의 시대'였다면, 2020년부터는 '메타버스의 시대'다. 이처럼 메타버스는 인터넷, 소셜 미디어와 같은 카테고리 차원에 놓인 상위의 개념이다.[2]

M세대가 주도했던 소셜 미디어 시대에는 누구나 콘텐츠를 생산하고 소비할 수 있는 환경이 조성됐다. 유튜브, 인스타그램 등의 플랫폼이 자리 잡으면서 1인 미디어가 출현했다. 지금 메타버스 시대에는 가상공간 안에서 경제적 가치까지 창출할 수 있는 기회가 열렸고, 이를 10~20대 위주의 Z세대가 주도하고 있다. 경제적 가치를 창출하느냐 아니냐가 소셜 미디어 시대와 메타버스 시대를 구분하는 가장 큰 특징이다.

경제적 가치를 창출한다는 것은 무슨 의미일까? 메타버스에서 경제활동을 할 수 있다는 뜻이다. 예를 들어 일부 기업은 게더타운과 같은 메타버스 플랫폼으로 출근한다. 프롭테크 기업인 직방은 2021년 2월부터 오프라인 사무실을 없애고 자체 개발한 '메타폴리

직방의 메타버스 플랫폼, 메타폴리스
(출처: 전자신문)

스'로 본사를 이전했다. 직원 350여 명이 메타버스 근무를 시작한 것이다. 그 안에서 업무를 보며 동료들과 회의도 한다. 소득을 얻기 위한 경제활동을 가상공간에서 하는 것이다. 직장인이 아니더라도, 제페토와 같은 플랫폼에서 개인이 아바타 패션 아이템을 제작하여 다른 사람에게 팔 수도 있다. 1인 미디어가 수익을 창출했듯이 가상 공간에서 돈을 벌 수 있다.

메타버스에서의 프리미엄 소비

MZ세대가 메타버스 마케팅에 반응하고 있다. 특히 패션 업계 가 마케팅 측면에서 적극적으로 활용하고 있다. 구찌, 루이비통 등 명품 브랜드가 아바타 디자인을 내놓으며 메타버스 플랫폼과 협 업하기 시작한 것이다. 구찌는 2021년 2월 창사 100주년 기념으로 메타버스 플랫폼 제페토에 구찌 본사가 자리한 이탈리아 피렌체 를 배경으로 만든 가상 매장 '구찌 가든'을 열었다. 제페토 이용자 들은 구찌 아이템을 구매해서 자신의 아바타에 입힐 수 있다. 구찌 가든 월드에서는 실제 매장에서 200~300만 원에 팔리는 가방을 5000~9000원 정도면 살 수 있었다. 물론 제페토에서만 사용할 수 있는 가상 제품이다.

루이비통도 메타버스 플랫폼을 위한 가상 아이템을 제작했다.

루이비통은 '리그 오브 레전드LoL'와 파트너십을 맺고, 2019년 LoL의 캐릭터인 키야나를 위한 스킨을 디자인하고 47종의 한정판 컬렉션을 선보였다. 2021년에는 LoL 트로피를 디자인하기도 했다. 발렌티노는 닌텐도 커뮤니티 게임 '모여봐요, 동물의 숲'에서 가상 패션쇼를 진행했다. 명품 버버리는 아예 플랫폼을 만들고 윈드서핑 레이싱 게임 '비서프B Surf'를 출시했다. 게임 캐릭터가 버버리 옷을 입고 경주한다. 그 밖에도 디올, 젠틀몬스터, 나이키 등 다양한 패션 브랜드들이 메타버스 플랫폼에 입점하여 메타버스 마케팅을 펼치고 있다. 바로 MZ세대, 그중에서도 10~20대 Z세대를 사로잡기 위해서다.

아무리 명품이라도 가상 제품이 팔릴까? 10~100만 원대 상품이 다수 팔렸을 뿐 아니라, 제페토에서 열린 '구찌 가든 아키타이프 서울' 전시회에는 오픈 일주일 만에 46만여 명이 몰렸다.[3] 제페토는 전 세계 약 3억 명의 이용자가 즐기는 대표적인 메타버스 플랫폼으로 외국인이 85%, Z세대가 90% 비중을 차지한다. 메타버스 기반 게임 플랫폼 '로블록스' 이용자의 평균 연령은 13세며, 매출의 70%가 여성 소비자에게서 발생한다.[4] 새로운 것에 호기심이 많고 디지털 세상에 익숙한 이들은 가상세계와 현실을 넘나드는 메타버스에도 빠르게 적응하고 있다. 블룸버그 통신에 따르면 메타버스 게임 플랫폼 로블록스에서 구찌 디오니소스 백이 약 4115달러(약 465만 원)에 팔렸다. 이 아이템의 최초 판매 가격은 1.2~9달러였는데, 이를

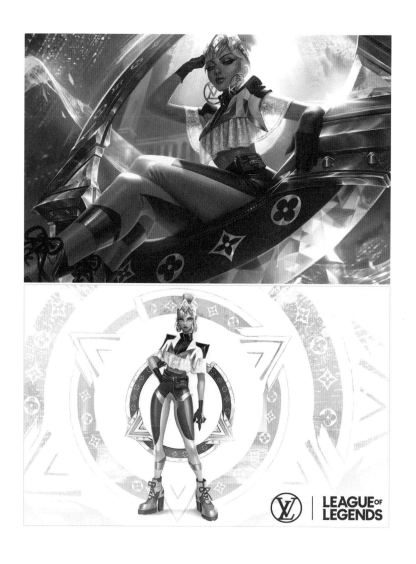

루이비통이 만든 리그 오브 레전드 스킨
(출처: 라이엇 게임즈)

산 구매자들이 로블록스 앱 스토어에서 재판매하면서 가격이 급등한 것이다.

현실에서 쓸 수 있는 것도 아니고 가상 세계에서 사용하기 위해 명품을 구매하다니, 예전 같으면 상상이나 할 수 있었을까? 오프라인에서의 프리미엄 소비 코드가 온라인을 넘어 메타버스로 넘어가고 있다. 이러한 배경 뒤에는 현실과 가상을 구분하지 않고 넘나드는 세대가 있다. 포켓서베이에 따르면 메타버스에서 명품 소비 경험이 있는 구매자는 6.5%, 구매 의향이 있는 사람은 41.8%였다. 메타버스에서 구매하고 싶은 명품 브랜드는 구찌(54.3%), 루이비통(45.8%) 순으로 나타났다. 여기서 메타버스에서 명품을 구매할 의향이 있는 사람이 절반에 육박한다는 결과에 주목해야 한다. 몇 년 뒤쯤에는 가상 세계에서 Z세대들이 다양한 브랜드를 소비하며 플렉스하고 있을 수 있다. 이제 소비자들은 메타버스에서 게임을 하고 쇼룸을 구경하는 데 그치는 것 아니라 '쇼핑'을 하게 될 것이다. 오프라인 매장의 상당 부분이 온라인 쇼핑몰로 전환됐듯이, 이제는 자신의 아바타를 꾸미기 위한 '메타버스 쇼핑' 시대가 열릴지도 모른다. 모건스탠리 보고서는 "메타버스 게임과 NFT는 럭셔리 회사들이 연간 500억 유로의 수익을 얻을 기회"라고 예측했다. 이런 새로운 기회는 명품 브랜드에만 국한되지 않을 것이다. 나 자신의 정체성을 표현하듯 나의 아바타를 예쁘게 꾸미고 싶다는 욕구를 만족시켜 줄 수 있는 브랜드라면 누구나 메타버스 세계에서 남을 수 있다.

패션 브랜드 외에도 자동차, 유통, 호텔, 금융 등 다양한 업종이 메타버스와의 접목을 시도하고 있다. BMW는 2021년 9월 '조이토피아'라는 자체 메타버스를 출시했다. 조이토피아 이용자들은 BMW의 콘셉트카를 경험하고, 세계적인 밴드 그룹 콜드플레이Coldplay의 라이브 공연을 관람했다. 메타버스로 호텔을 미리 체험할 수도 있다. 글래드 호텔은 메타버스 기반의 '메종 글래드 제주' 월드, '글래드 여의도 웨딩' 월드, '메종 글래드 제주 글램핑' 월드를 제페토에서 선보였다. 고객은 호텔 안의 다양한 장소를 실감 나게 느낄 수 있다.

메타버스에 숨겨진 인간의 욕망

첫째, 다른 사람과 교감하고 소통하고 싶어 하는 욕구다. 매슬로의 욕구 위계론에 따르자면 '애정·소속의 욕구'다.* 메타버스 공간에서는 시공간을 뛰어넘는 교감을 할 수 있다. 특히 코로나19로 대면 기회가 줄어들면서 사람들은 소통을 활발히 할 수 없었다. 재택근무를 하면서도 줌 등 비대면 채널로 활동을 이어갔지만, 기존

---

* 인간의 욕구를 원초적인 단계부터 점차 상위로 옮겨가는 5단계, 즉 생리적 욕구, 안전의욕구, 애정·소속 욕구, 존중의 욕구, 자아실현 욕구로 분류한 이론을 말한다. 미국의 심리학자 에이브러햄 H. 매슬로Abraham H. Maslow가 주창했다.

비대면 채널은 '실재감'이 부족했다. 줌으로 직원들과 회의를 하지만, 회사에서 함께 일한다는 인간적이고 실제적인 느낌은 부족했다. 콘서트를 유튜브 라이브로 시청할 때도 현장에 있으면서 다른 팬들과 소통하는 느낌은 받기 어려웠다. 평면 영상이기에 입체적인 공간감이 부족했다. 이런 실제적인 소통에 대한 니즈를 메타버스가 채워준다. 메타버스 공간에서는 현실의 콘서트장을 옮겨놓거나 사무실을 옮겨놓은 모습을 구현할 수 있다.

BMW, 아디다스 등의 메타버스 플랫폼을 구축한 독일 메타버스 기업 저니의 토마스 요한 로렌츠Thomas Johann Lorenz 공동창업자는 "인간은 본질적으로 인터랙션interaction(상호작용)을 열망하기 때문에 메타버스는 갈수록 더 수용돼 우리가 일상적으로 접하는 플랫폼이 될 것"이라며 "메타버스를 통한 인터랙션은 과거 어떤 기술이나 플랫폼보다 더 실제적이고 개인적이고 인간적일 것"이라고 강조했다.

둘째, 자유와 평등이라는 인간의 이상적인 가치를 실현하고자 하는 욕구다. 시간과 공간의 제약을 넘어서고, 현실과 가상의 선을 넘나드는 메타버스의 탈경계 속성은 자유와 평등을 가져다준다. 브라질 아마존을 배경으로 아트 전시회가 열린다면, 비행기를 타고 날아가지 않아도 메타버스로 관람할 수 있다. 내가 속해 있는 물리적 공간이 내가 누리고자 하는 자유를 속박하지 않게 된다. 메타버스를 구성하는 중요한 요소인 '아바타'는 현실에서 될 수 없는 내가 될 수 있게 해준다. 현실에서는 직업에 따라, 신분에 따라, 외모에 따라 차별을 받기도 한다. 그런데 자신의 아바타를 25세의 성공한 스타트업 창업가로 설정하고, 금발에 블랙 미니스커트를 입히면 현실에서 내가 어떤 사람이든 메타버스에서는 그런 인물로 살아볼 수 있다. 현실에서 입기 힘든 과감한 패션도 시도해 볼 수 있다. 외모도, 나이도, 성별도, 인종도 내가 선택하는 대로 아바타를 꾸밀 수 있다.

셋째, 창작을 통한 표현의 욕구다. 메타버스는 자신의 정체성을 찾고자 하는 욕망을 채워줄 수 있다. SNS 시대가 1인 미디어 시장을 열어주었다면, 메타버스 시대에는 '메타버스 크리에이터'의 등장으로 더욱 진화할 것이다. 제페토는 아바타 아이템을 창작할 수 있는 '제페토 스튜디오'를 2020년 4월 출시했고, 그 플랫폼을 통해 돈을 버는 크리에이터들이 생겨났다. 제페토 크리에이터 1세대라 불리는 1995년생 '렌지Lenge'는 아바타 아이템을 제작해서 판매하며 월 1500만 원의 수익을 내고 있다. 최근에 '렌지드Lenged'라는 메타버스 전문 기업까지 세웠다.

렌지는 메타버스의 인기에 대하여 "Z세대에게 메타버스는 꿈과 희망을 키우는 또 하나의 세계"라며, "제페토에서 새로운 친구를 만나고 현실에선 몰랐던 능력과 장점을 발견하기도 한다. 무엇보다 현실세계에서는 어렵지만 메타버스에선 내가 좋아하는 일을 마음껏 하면서 수익을 창출할 수 있는 길이 열려 있다"라고 말했다.[5] 생산자로서 크리에이터는 창작을 통해 표현의 욕구를 실현할 수 있고, 소비자는 색다른 체험과 아바타 꾸미기를 통해 자신을 표현할 수 있다. 창작에 대한 열망이 자아실현을 하고자 하는 가장 높은 단계의 욕구를 해소하며, 묻혀 있던 나의 정체성을 발견할 길을 열어주는 것이다. 메타버스 크리에이터 시장은 아직 초기 단계지만, 1인 메타버스 크리에이터의 숫자는 더욱 증가하고 시장 또한 성장할 것이다.

이제 메타버스를 이해하지 않고는 소비 트렌드를 따라갈 수 없고, 새로운 비즈니스 기회도 잡을 수 없다. 메타버스는 소비의 공간이자 체험의 공간으로 자리 잡고 있다. 10~20대는 메타버스 플랫폼에서 아바타에 구찌, 루이비통 등 명품을 입히기 시작했다. 명품뿐 아니라 남과 차별화되는 '나만의 아바타'를 만들기 위해 독특한 패션 아이템을 쇼핑하기도 한다. 아바타는 '부캐'로서의 나 자신이고, 아바타를 통해 정체성을 표현한다. 그러려면 많은 사람이 구매하는 대중적인 상품보다 나만을 위한 프리미엄 상품을 찾을 것이다. 아바타로 나를 드러내려는 소비 트렌드가 뚜렷이 감지되고 있다.

디지털 오픈런이
열린다

1만 개의 NFT 제품이 1초 만에 완판됐다. 신세계백화점이 2022년 6월 자사 캐릭터 푸빌라를 NFT로 제작해 판매한 사례다. NFT 아트 1000개도 이벤트를 오픈하자마자 마감됐다. 2021년 8월 서울옥션블루가 두나무와 공동으로 진행한 지용호 작가의 '폐타이어 업사이클링 NFT 에어드롭' 이벤트에서다.

지금 도대체 무슨 일이 일어나고 있는 걸까? 첨단 기술의 하나로 여겨지던 NFT 기술이 미술 시장에 접목되어 'NFT 아트'라는 새로운 장르가 등장하더니, MZ세대는 유통 업계나 패션 업계에서 내놓은 NFT 제품을 수집하려고 '디지털 오픈런'을 하고 있다.

NFT로 진품명품을 판별하는 시대

최근 MZ세대를 중심으로 미술품에 대한 관심이 커지면서 미술품을 투자의 수단으로 바라보는 인식이 확대되고 있다. 과거 50~60대 부유층의 전유물로 인식됐던 미술품 투자가 젊은 층 사이에서 '나도 접근할 수 있는' 하나의 재테크 수단으로 자리 잡고 있다. 아트와 재테크를 합친 '아트테크'라는 용어도 생겨났다. 아트테크는 미술품에 투자하여 가치 상승에 따른 이익을 창출하는 새로운 재테크 방식이다.

예술경영지원센터의 「2021년 한국 미술 시장 결산」에 따르면

2021년 국내 미술 시장 규모는 약 9223억 원이다. 2019년 3812억 원, 2020년 3291억 원에 비해 3배가량 성장했다. 코로나19 첫해인 2020년은 2019년 대비 저조했는데, 이를 고려하더라도 국내 미술 시장 규모는 급격히 커졌다. 미술 시장의 뜨거운 열기를 확인할 수 있다. 국내 미술품 거래 시장은 크게 갤러리, 경매, 아트페어 등 세 가지로 분류한다. 2021년 기준 화랑(갤러리) 4400억 원, 경매 3280억 원, 아트페어 1543억 원이다. 이 중 갤러리 거래 규모가 48%에 달한다.

갤러리는 갤러리 자체적으로 소유한 미술품을 판매하기도 하고, 작가들에게 위탁받아 판매를 중개하기도 한다. 갤러리는 미술품의 홍보와 판매가 목적인 영리기관이다. 반면, 미술관은 판매보다 미술품 보존을 목적으로 운영되는 비영리기관이 대부분이다. 오프라인에서 미술품을 거래할 수 있는 가장 보편적인 채널이 갤러리다. 최근 들어서는 아트 페어에도 젊은 층이 오픈런을 할 정도로 많이 방문하고 있지만, 'NFT 아트'라는 새로운 장르가 생겨나면서 온라인에서 NFT 미술품을 감상하고 거래할 수 있는 플랫폼이 많이 생겨났다.

NFT 아트 작가들은 NFT 거래 플랫폼에 본인의 작품을 올려 판매하고, 회원들은 마음에 드는 작품을 구매할 수 있다. 오픈씨OpenSea, 매직에덴Magic Eden 등의 해외 사이트가 대표적이다. 국내에서도 카카오의 블록체인 자회사 그라운드X가 2021년 12월에

NFT 유통 플랫폼 '클립 드롭스Klip Drops' 서비스를 시작했다. 가상화폐 거래소로 유명한 업비트Upbit에서도 서울옥션블루의 관계사 XXBLUE와 협력해 '업비트 NFT' 서비스를 시작했다.

NFT는 '대체할 수 없는 토큰Non-Fungible Token'이라는 뜻으로 블록체인 기술을 이용해서 디지털 자산의 소유주를 증명하는 가상의 토큰이다. 고유한 인식값이 있어서 '디지털 원본 저작권'이라고도 불리며, 원본성 및 소유권을 증명하는 데 사용된다. 명품 가방이나 전자제품을 살 때 부여된 고유의 번호로 소비자가 산 제품임을 증명하고 추후 애프터 서비스를 받듯이 '진품 증명서'와 같은 역할을 한다.

신한카드는 번개장터와 제휴하여 블록체인 기술 기반 '디지털 워런티Digital Warranty' 시범 서비스를 2022년 9월에 시작했다. 이 서비스는 상품의 정품 여부와 소유권을 블록체인 기술로 인증해주며, '신한pLay' 앱에서 언제든 볼 수 있다. 이렇듯 정품을 안심하고 구매하고 보증서까지 안전하게 보관할 수 있게 만드는 새로운 시도들은 프리미엄 소비가 확대될 수 있는 요인으로 작용한다.

NFT 기술을 선도적으로 도입하고 가장 활발하게 활용하고 있는 곳은 미술 업계다. NFT의 장점이 기존의 문제점을 해결해 줄 수 있었기 때문이다. 미술 거래 시장에서는 작품의 진위가 늘 문제가 됐다. 유명한 화가의 유화 작품을 똑같이 그린 복제품을 신품으로 둔갑시킬 수도 있기 때문이다. 그러나 디지털 아트를 NFT 작품으로 제작하면 블록체인에 암호화돼 기록된 장부가 존재한다. A라는 꼬리표가 붙어 있다면, 판매자인 디지털 아트 작가가 작품을 거래 사이트에 올릴 때부터 계속 따라다닌다. 이 꼬리표는 최초 구매자뿐 아니라 다음 구매자에게도 지속해서 기록된다. TV 프로그램 「진품명품」에서는 감정사가 아날로그식으로 판별하지만, NFT 아트는 이런 판별 과정을 거칠 필요가 없다.

또 다른 장점은 작품의 분실이나 도난, 훼손의 우려가 없다는 것이다. 유명 화가의 실물 작품은 액자에 담겨 있다고 해도 습도, 온도 등을 신경 써서 보관해야 한다. 전시회를 위해 옮기기라도 해야 할 때면 분실, 도난을 대비해 보험을 들기도 한다. 디지털 파일 형태로 저장된 NFT 아트는 이런 위험이 전혀 없다. 또한 거래의 편리성도 있다. NFT 아트 거래 사이트를 이용하면 한국에 있어도 미국이든 유럽이든 세계 모든 나라의 작품을 거래할 수 있다.

NFT 아트로 고급 취향을 산다

글로벌 시장조사 기관 스태티스타와 미국 제퍼리 투자은행에 따르면, 글로벌 NFT 시장은 2019년 240만 달러(30억 원)에서 3년 만에 1만 5000배가량 증가하여 2022년 350억 달러(44조 원), 2025년에는 800억 달러(101조 원)까지 성장할 것으로 전망된다. 업계에서는 NFT 전체 시장의 약 5%를 NFT 아트가 차지한다고 추정한다. 아트 이코노믹스Arts Economics에 따르면, 2021년 NFT 미술품을 포함한 디지털 아트를 구매한 고액 자산가들의 평균 지출액은 M세대 410달러, Z세대 327달러, X세대 229달러, 베이비부머 111달러 순으로 나타났다. MZ세대로 불리는 젊은 층이 기성세대보다 NFT 아트에 대한 관심이 높음을 알 수 있다.

미술은 고급 취향으로 여겨진다. 프랑스 사회학자 피에르 부르디외Pierre Bourdieu는 미술 작품을 해독할 수 있는 지적 코드의 소유는 사회문화적 수준으로 결정되며, 결국 문화 활동은 상류층을 사회적으로 구별 짓는 수단이라고 분석했다.[1] 문화적 소양과 예술적 취향을 기르는 데는 오랜 시간이 걸린다. 개인적으로 관심을 두지 않거나, 산업의 구조적 특징으로 접근이 제한되면 더 멀어질 수밖에 없다. 의식주처럼 삶을 살아가는 데 필수적인 것도 아니다.

그러나 최근 프리미엄 소비가 대중화되면서 젊은 층을 중심으로 취향이 고급화되고 있다. 미술, 공연 등 문화를 즐기는 안목도 높아지고 있다. 이런 시기에 NFT 기술이 접목된 NFT 아트가 등장했고, 아트테크 붐까지 일어났다. MZ세대가 아트테크를 주도하고 있다는 점에서 알 수 있듯이, 미술품 구매에 접근할 수 있는 계층이 더는 중장년층 고액 자산가로만 국한되지 않는다. 기존에 미술품 구매는 부유층의 상징이었다. 자산을 증식하기 위한 수단이었고, 일반인들이 접근하기 힘들었다. 어디서 구매해야 할지, 어떤 작품이 투자가치가 높은지 등을 판단하기 힘들었으며 정보도 제한되어 있었다.

NFT 아트라는 새로운 장르가 등장하면서 젊은 층도 온라인 쇼핑을 하듯이 미술품 쇼핑을 할 수 있게 됐다. 실제로 오픈씨나 클립 드랍스, 업비트 NFT에서 NFT 아트 작품을 구경하다 보면 온라인 갤러리를 방문한 듯한 기분이 든다. 작품을 관람할 수 있을 뿐 아니라 가격도 공개되어 있다. 이전에 누가 샀는지, 작가는 어떤 사람인지도 모두 알 수 있다. 바로 투명성이다. NFT 기술 덕에 미술품 시장의 기존 거래 모델이 변화하고 있다.

그래서 작품 판로가 막혔거나 대중에게 홍보하기가 힘들었던 신진 작가들도 NFT 아트로 뛰어들었다. 종로구 평창동에 새로 문을 연 NFT 오프라인 갤러리 '픽스굿' 관계자는 "기존 미술 시장은 소유와 감상이 소유자 개인에게 국한되지만, NFT 미술 시장은 소유와 감상이 분리돼 개인이 소유한 그림을 누구나 감상할 수 있고 다운받을 수 있으며, 이에 따라 평가도 하게 될 것"이라고 언급했다. NFT 아트 시장이 열리면서 대중의 접근성도 향상됐음을 여실히 보여준다.

디지털 오픈런은 이미 시작되었다

기업들이 NFT 기술을 마케팅 측면에서 다방면으로 활용하면서 20~30대 사이에서 NFT 제품 수집 열기가 유행처럼 번지고 있다. MZ세대가 NFT에 열광하는 이유는 희소성과 배타성이 있어 소장가치뿐 아니라 투자가치가 있기 때문이다. 주식, 가상화폐 등 위험자산에 투자한 경험이 있고 재테크에 관심이 많은 젊은 층은 새로운 투자 방식에도 열려 있다. 투자 관점에서 NFT가 접목된 제품들을 바라보고, 이를 사고팔며 거래하기 시작했다. 이들의 관심에 힘입어 NFT 시장이 성장하고 있으며, 다양한 산업에서도 NFT 기술을 활용하고 있다. 미술을 비롯해 스포츠, 유통, 패션, 영화 등 다양한 업계로 빠르게 확산되고 있다.

프라다는 2022년 6월 온라인 전용 구매 상품인 타임캡슐 Timecapsule NFT 컬렉션 100개를 제작해 판매했다. 또한 아디다스와 '아디다스 포 프라다: 리소스adidas for Prada: Re-Source'라는 NFT 협업 프로젝트를 진행하기도 했다. 발렌티노는 웹사이트에 가상현실 공간 '발렌티노 인사이츠'를 만들어 미술품도 전시하고 발렌티노의 컬렉션도 소개한다. 미국 출신 작가 사라 루디Sara Ludy의 NFT 아트를 2021년 9월에 전시했는데, 사라 루디가 발렌티노를 위해 작업한 NFT 작품 「아스트랄 가든Astral Garden」은 파운데이션Foundation 플랫폼에서 5.4이더(약 1만 8000달러)에 판매되기도 했다. 구찌는 2022년 2

월 미국의 NFT 스타트업 슈퍼플라스틱Superplastic과 제휴해 NFT 컬렉션인 「슈퍼구찌SuperGucci」를 출시했다. 구찌 브랜드 최초의 NFT 컬렉션이며, 250개 한정으로 제작했다. 돌체앤가바나도 NFT 컬렉션 「콜레치오네 제네시Collezione Genesi」를 출시했다. 한정판 스니커즈를 사듯이, 한정판 NFT 컬렉션을 사는 것이다.

최근 백화점의 큰손으로 떠오른 MZ세대를 잡기 위해 국내 백화점들은 자사 캐릭터를 활용한 NFT 제품을 만들어 마케팅하고 있다. 앞서 언급한 신세계백화점의 「푸빌라」 완판 사례가 대표적이다. 「푸빌라」 NFT 중 하나는 최초 발행 금액이 250클레이KLAY(약 11만 원)였는데, 최근 NFT 플랫폼 오픈씨에서 9만 9999클레이(약 3000만 원)에 거래됐다.[2] 최초 금액 대비 300배에 육박한다. 「푸빌라」 NFT는 실제 백화점에서 혜택을 누릴 수 있는 '멤버십'과 같은 기능을 한다는 점에서 기존 NFT와 다르다. 등급에 따라 백화점 라운지나 쇼핑 할인, 발레파킹 서비스 등을 받을 수 있다. 소장 욕구를 채워줄 뿐 아니라, 오프라인에서 배타적인 혜택을 받을 수 있다는 점이 소비자들을 끌어들였다.

MZ세대는 미술 시장에서 관람객으로서만이 아니라 소비자로서의 파워도 커졌다. NFT 아트가 20~30대도 쉽게 접근할 기회를 만들어준 결과다. 기성세대와 기존 미술 시장의 거래 구조 때문에 닫혀 있었던 문을 연 것이다. 진입장벽이 낮아지자 MZ세대는 내 취향에 맞는 캐주얼한 작품을 투자 관점으로도 사고, 단순히 '내 마음에 들어서, 내 스타일의 그림이라' 사기도 했다. NFT 아트는 젊은 층을 미술 시장의 새로운 소비자로 끌어들여 전체 시장 규모를 키웠다. NFT 아트뿐 아니라 백화점, 패션 기업에서도 다양한 접목을 시도하고 있다.

NFT로 나를 표현하기까지

NFT의 활용 범위가 최근 들어 더욱 확대되고 있다. 일례로 PFP(Profile Pictures)가 있다. PFP는 프로필 사진으로 사용할 수 있는 디지털 그림을 NFT로 발행한 것이다. 트위터, 카카오톡 등 SNS 계정뿐 아니라 메타버스 플랫폼에서 본인 프로필로 설정할 수 있다.

세계적인 팝스타 저스틴 비버는 여러 NFT를 구매해 그중 일부를 개인 트위터 계정 프로필로 사용하고 있다. PFP는 프로필에도 쓰이지만 특정 커뮤니티 회원이라는 사실을 증명하는 역할도 한다. 일종의 '멤버십 카드'이다. 가상자산 전문 컨설팅사인 알제이크립토의 서범석 대표는 "NFT의 프로필 활용은 크립토 OG(Original Gangster, 극초기 시장 진입자)들의 놀이 문화에서 시작되었다. 여기에 해외 셀럽들이 하나둘 가세하면서 PFP가 유행하기 시작했고, NFT 시장의 주류 장르로 자리 잡았다. NFT PFP를 사는 이유는 일부 투자의 목적도 있지만, 이걸 가지고 있으면 해당 프로젝트가 주최하는 이벤트에 독점적으로 참여할 수 있는 권리, 멤버십을 부여받기 때문이다. 소유자들끼리 커뮤니티에 대한 소속감도 생긴다. NFT의 사용처가 가상에만 머무르는 게 아니라, 오프라인에서도 활용할 수 있게 다양한 시도가 이루어지고 있어 앞으로 소유자들에게 더 다양한 혜택을 제공할 수 있다"고 말했다.

나를 일상에서 표현하는 수단, 프로필이 프리미엄 소비의 대상이 되고 있다. 기존에는 본인이 찍은 사진이나 무료로 구할 수 있는 사진을 프로필로 썼다. 그러나 이제 자신의 취향에 맞는다면 NFT 아티스트들이 만든 비싼 PFP도 기꺼이 구매하기 시작했다. 자신의 취향이 담긴 디지털 그림을 올려 정체성을 표현하는 것이다.

NFT 기술이 촉매제가 된 프리미엄 시장의 가능성은 어디까지 확장될까? NFT는 젊은 층이 좋아할 만한 요소를 두루 가지고 있다. 앞서 언급한 희소성과 배타성에 독창성, 디지털 요소에 투자가치까지. 이와 함께 기존에 경험하지 못했던 새로운 소비문화가 형성되고 있다. 디지털 세계에 친숙한 2030세대는 NFT 소비 시장에서 그들만의 놀이를 시작했다. 이는 자연스럽게 기성세대와 차별화하는 '우리만의 리그'를 형성한다. 일종의 새로운 '디지털 구별 짓기'이다. 기성세대와 구별 짓고, 또래 사이에서도 자신을 얼리어답터로 규정하며 타인과 차별화하려는 심리가 작용하는 것이다. 한편 NFT 제품 수집은 브랜드 팬덤으로도 확산된다. 특정 캐릭터 또는

Justin Bieber ✔
3.1만 트윗

Justice the album out now
📍 The 6   🔗 JustinBieber.lnk.to/JusticeTCD   📅 가입일: 2009년 3월
28.1만 팔로우 중   **1.1억** 팔로워

저스틴 비버의 트위터 계정
(출처: 트위터)

운동선수, 패션 브랜드가 '좋아서' 한정판 NFT 컬렉션을 소장하는 경향 덕분이다. 앞으로도 다양한 콘텐츠에 NFT를 접목하려는 시도가 계속됨에 따라 NFT를 기반으로 한 젊은 층들의 팬덤 소비는 더욱 확산될 것이다.

디지털 네이티브는 온오프라인의 경계 없는 경험을 원한다

가상 세계에서만 쓰일 줄 알았던 NFT가 오프라인 백화점에서 VIP고객 라운지 입장권으로도 활용되기 시작했다. 이처럼 가상과 실재는 각자 독립적으로 존재라는 것이 아니라, 경계를 허물며 융합하고 있다.

소비자는 코로나19가 가속화시킨 디지털 전환 시대에 온라인 경험으로 다양한 욕구를 충족했다. 그러나 리오프닝을 기점으로 오프라인 공간이 살아나고 있다. 온라인에서 못다 채운 욕구를 물리적 공간인 매장에서 경험으로 채우려고 한다. 실재 공간이 가상만큼 중요해졌다. 특히 디지털 네이티브인 MZ세대는 온오프라인을 가리지 않고 '유목민'처럼 자유롭게 오간다. 그럼 이들을 어떻게 사로잡을 수 있을까? 크게 세 가지 방식이 있다.

첫째, 온라인에서 줄 수 없는 차별화된 경험을 무기로 사람들이 열광하는 오프라인 공간을 만들 필요가 있다. 서울 여의도에 자리한 '더현대 서울'에 들어서면 답답한 도심에서 벗어난 듯한 경험을 준다. 도심이지만 도심 같지 않은, 쇼핑몰이지만 쇼핑몰 같지 않은 이 독특한 경험은 사람들을 사로잡았다. 서울 워커힐 호텔에서 볼 수 있는 '빛의 시어터'는 미디어 아트가 결합된 몰입형 예술 전시이다. 화가 구스타프 클림트의 작품을 조명, 음악 등을 동원하여 구현해냈다. 온라인 공간은 평면적이지만, 오프라인 공간의 특성을 살려 입체적인 경험을 할 수 있게 했다.

둘째, 오프라인 매장을 중심으로 운영하는 업체라도 가상기술, 메타버스 등을 활용하여 온라인 경험을 연계해야 한다. 젠틀몬스터는 오프라인 매장인 '하우스 도산'을 홈페이지에서도 볼 수 있게 구현했다. 매장의 일부 모습만 촬영한 게 아니라, 모든 각도에서 볼 수 있게 360도 투어를 할 수 있다. 구찌, 루이비통도 몇 년 전부터 VR, AR을 적극적으로 활용하고 있다. 디올은 자체 헤드셋 VR 디올아이즈를 개발하여 고객이 마치 디올 패션쇼 현장에 있는 듯한 느낌을 주기도 했다.

NFT와 메타버스를 사업으로 연계한 오프라인 복합문화공간도 최근 생겼다. 서울 홍대 근처에 위치한 '코코넛 박스'는 NFT 전용 갤러리, VR 체험관, 방갈로 등 다양한 문화시설을 결합한 하이브리드 공간이다. 도심 속 이국적인 휴양지를 콘셉트로 NFT 아트를 상설 전시하고 있을 뿐 아니라, 작가들의 작품은 NFTopia.gallery라는 사이트에서도 관람하고 구매할 수 있다.

오프라인 경험은 어쩔 수 없이 물리적 거리 때문에 제한이 생긴다. 그 제한을 극복할 수 있는 방법은 오프라인 경험을 메타버스 플랫폼과 연결하는 것이다. 오프라인 매장뿐만 아니라 오프라인 전시회에도 적용해 볼 수 있다. 싱가포르 마리나베이샌즈 컨벤션에서 열린 글로벌 아트페어는 메타버스 플랫폼에서도 볼 수 있게 기획했다. 온오프라인에서 똑같은 경험을 할 수 있는 '디지털 트윈' 공간 전략을 통해 고객 경험을 연결할 필요가 있다.

셋째, 온라인 업체라면 팝업스토어 등을 통해 오프라인 경험을 제공할 수 있다. 디지털 채널에서는 고객에게 아무리 개인화 타기팅을 해도 고객이 보지 않으면 그만이다. 의도와 달리 도달이 안 될 때가 있다. 그러나 일단 오프라인 매장에 들어오면 자연스럽게 다양한 제품에 주목하게 된다. 일종의 견물생심 전략인데 이를 통해 브랜드의 특징을 명확하게 알릴 수 있다. 우리가 대형마트에 갔을 때 사야겠다고 생각하지도 않았던 제품들을 장바구니에 담는 것과 비슷한 이치이다. 온라인 플랫폼으로 출발한 무신사, 29CM, 와디즈는 이러한 이유에서 오프라인 매장을 운영하고 있다. 오프라인 매장에서의 매출 증대를 목적으로 하기보다 온라인, 메타버스와 같은 가상공간과 어떻게 연계하여 제품을 보여주는 쇼룸의 역할을 부여할지, 그리하여 어떻게 고객에게 재미있는 경험을 제공할지 고민해 봐야 한다.

이렇듯 가상과 실재를 가리지 않고 자신만의 취향과 가치관, 독특한 경험을 추구하는 소비자들을 사로잡으려면, 온라인과 오프라인을 나누는 투트랙Two-Track 방식보다 유기적으로 결합하여 고객 경험을 극대화하는 전략이 필요하다.

캔버스에서 NFT로,
경계를 허무는 곳에 대체불가 브랜드가 탄생한다

기성 서양화 화가 중 최초로 NFT 아티스트로 영역을 확장한 윤송아 작가는 미술계의 트렌드를 선도하고 있다. 'NFT 부산 2021' 옥션 경매에서 그녀의 NFT 아트 작품 「낙타와 달」이 1억 원에 낙찰된 것은 신호탄에 불과했다. 그녀의 성공을 본 많은 기성 화가가 NFT 아트 세계로 진입했고, 그녀는 평면 이미지를 NFT로 발행하는 것 이상으로 영상, PFP Profile Picture* 등을 활용한 새로운 가상 아트 세계에 도전하고 있다.

보수적인 프리미엄 소비 시장인 미술계에 NFT 기술이 접목되자, 아트테크 열풍과 함께 젊은 층이 미술 시장의 소비자로 대거 등장했다. 예술품을 즐기고 소유하는 고급 취향을 더 적극적으로 드러내기 시작했다. 아티스트들에게도 새로운 기회가 열렸다. NFT 아트를 중심으로 어떻게 가상세계가 성장하는지, 전망은 어떤지 등에 대해 역삼동 복합 문화 공간 '카미 더 가든'에서

---

*   NFT 사용자들이 소셜 플랫폼에서 프로필 사진으로 사용할 수 있는 NFT의 한 유형.

개인전을 하고 있는 윤송아 작가를 만나 이야기를 나눠 봤다.

Q **기성 화가로서 많은 주목을 받았지만, 최근 NFT 아트 작가로서도 광폭 행보를 이어 가고 있다. 「낙타와 달」 NFT 아트 작품이 1억 원에 판매되며 국내 연예인 아티스트 중 최고가를 기록했다. 인기 요인이 무엇이라고 생각하나?**

A 「낙타와 달」, 「낙타와 해」 두 원화 작품의 디지털 이미지 버전을 딱 1점씩 NFT로 발행해서 팔았다. NFT 전용 그림이 아닌데도 높은 가격을 받은 이유는 원화 그림 자체가 2014년 드라마 「괜찮아 사랑이야」에 나왔을 때부터 이슈가 된 측면이 있어서다. 드라마에서 배우 조인성이 집 욕실에 그림을 걸어 놓고 끈에 묶인 낙타를 과거의 트라우마로 설명하는 대사가 있었는데, 작품의 의미와 드라마 스토리가 어우러져 명장면으로 남았다. 나는 원래 현대인의 고통에 관한 깊은 고민을 내 작품 세계에 반영했는데, 이때를 계기로 작품이 더욱 주목받게 되었다. 이 두 점의 그림이 나를 대표하는 작품이다 보니, 원본 그림은 팔지 않고 더 많은 사람이 볼 수 있게 전시만 해 왔다. 그러다 보니 실물 원작 자체의 희소성이 커지지 않았을까. NFT로 만든 디지털 작품이라도 가지고자 하는 욕구가 커졌던 것 같다. 나는 최근 등장한 NFT 아트 활동만 하는 작가가 아니라, 기존에 꾸준히 서양화를 그리며 작품 활동을 해 온

윤송아는 홍익대학교 미술대학 회화과(서양화과)를 졸업했다. 「낙타와 달」「낙타와 해」라는 작품을 통해 '2013년 루브르 아트 쇼핑'에서 프랑스 최고 권위의 국제 앙드레 말로 협회가 수여하는 젊은 작가상을 받았다. 또한 '낙타와 달' NFT 작품이 1억 원에 낙찰되면서 해당 경매에서 역대 최고가를 기록한 작가이기도 하다.

「낙타와 달」「낙타와 해」에서 낙타는 현대인, 낙타의 혹은 현대인이 지고 있는 책임감인 동시에 생명수를 상징한다. 그림에는 인생의 목표를 향해 꾸준히 가다 보면 반드시 이룰 수 있다는 '희망'의 메시지가 들어 있다.

(좌) 낙타와 해 © 윤송아, 2013
(우) 낙타와 달 © 윤송아, 2013
(제공: 윤송아)

작가다. 그런 점에서 차별화가 되지 않았을까 생각한다.

Q **예전에는 미술품 구매는 부유층만 즐기는 프리미엄 소비의 일 종이었다. 이제는 젊은 층이 미술 소비 시장에 들어오면서 대 중화되는 추세다. 실제 젊은 층의 관심이 많아졌음을 느끼는 지, 그리고 실제 구매로도 이어지는지?**

A 그렇다. 연령대가 예전보다 많이 낮아졌다. 'NFT 부산 2021' 옥션 경매에서 NFT 작품을 구매한 사람도 젊은 사업가였다. NFT 작품이 아닌 실물 작품에 대해서도 젊은 층이 문의도 많이 하고 구매도 많이 한다. 상당히 특이한 현상이다. 예전에 는 전시회에 관심을 보이지 않는 사람들이 많았는데, 3년 전 부터 분위기가 완전히 바뀌었다. 10년 전만 해도 부유층이나 나이 많은 분들, 부유층 자제가 아니고는 구매할 생각을 안 했다. 그런데 요즘에는 사업가나 영앤리치만이 아니라 평범한 직장인도 구매를 하려고 한다.

Q **왜 이런 트렌드가 나타났다고 생각하나?**

A NFT 기술의 역할이 크다. NFT 아트가 등장하고, 이로 인해 미술 시장이 프리미엄 소비 트렌드 속에서 성장할 수 있었다. NFT 아트가 소비자들의 문턱을 낮춘 덕이다. 유명한 작가의 작품이라도 10만 원, 20만 원 등 비교적 저렴한 가격에 살 수

있다. 구매자 입장에서는 NFT 작품을 한번 사 보니까 미술과 친숙해지고, 생각보다 어렵지 않게 할 수 있겠다는 자신감도 붙었으리라고 본다. 이번에는 디지털 작품을 샀지만 나중에 그 작가의 오프라인 전시회가 열리면 또 가 보고, 그러면서 조금씩 경험의 폭을 넓혀 가는 것이다. 젊은 층 중심으로 달라진 가치관과 문화도 한몫했다. 신인 작가의 작품을 구매하는 것은 그 작가가 성장하기를 바라고 후원하는 것이기도 하다. 이런 트렌드는 예전과 확실히 달라진 점이다. 프리미엄 소비로 인식되던 미술 시장이 일반 대중에게 열리고 확대되는데 NFT가 한몫을 했다고 생각한다.

Q **NFT 아트가 등장하면서 미술 시장이 어떻게 달라졌나?**
NFT 아트 등 NFT 시장이 성장하는 이유는 무엇일까?

A 우선 미술 시장에서는 기존에 실물 작품 위주로 활동하던 작가와 디지털로 작업하는 NFT 작가 사이의 경계가 허물어지고 있다. 예전 같으면 영화배우는 드라마에 출연하지 않는 경향이 있었는데, 이제는 영화도 하고 드라마도 하지 않는가. 미술계에서도 비슷한 일이 일어나고 있다. 항상 디지털로 작업하는 분들은 픽셀 아트나 미디어 아트 등 컴퓨터로 작업했고, 아티스트가 NFT를 하는 경우는 NFT 아티스트라고 그랬다. 근데 요즘은 그 경계가 허물어져 아티스트와 NFT 아티스트

가 합쳐졌다.

내가 NFT를 할 때만 해도 일반 오프라인 갤러리에서 멋있게 전시를 해야만 우아하고 고급스럽고 전통으로 가는 것이었고, NFT는 '정식 화가가 하기에는 조금 그렇다'라는 인식이 있었다. 그러나 지금은 그렇게 생각하는 사람을 보기 어렵다. 내가 이 분야로 뛰어들면서 일반 서양화 작가들도 경계를 좀 허물게 된 것 같다. 지금은 오히려 오프라인에서 유명한 화가일수록 NFT 하자고 제안을 받는 추세다. 미술품에 투자하는 사람들도 실제로 활동하는 작가들을 더 좋아하는 것 같다.

Q **다른 화가들보다 먼저 NFT 아트를 경험해 본 업계 선도자로서 향후 미술 시장과 NFT 시장을 어떻게 전망하는지?**

A 기성 화가들도 NFT 아트 시장에 많이 진입하고 생각도 바뀌어 가고 있어서 NFT 바닥이 단단해지고 있다. 꾸준히 예술 활동을 할 아티스트들이 진입했다는 것은 상당히 깊은 의미가 있다. 소비자 입장에서도 오프라인의 그림뿐 아니라 NFT 아트도 소유할 수 있게 되면서 시장이 온·오프라인으로 연결되며 더 안정적이고 탄탄해진다. 최근 LG디스플레이와의 컬래버 작품을 미국 라스베가스에서 열린 세계 최대 전자쇼에서 선보였다. 미디어 아트를 NFT 아트 캔버스에 구현했다. 제 작품은 현대인의 고통과 희망이라는 대비적 메시지를 표현하기 위해 원

색과 보색 강렬한 색채를 많이 쓰는데, 그것을 올레드로 잘 표현해내는 것을 보고 놀랐다. 어느 각도에서나 그림이 또렷하게 보여 실제 전시장에 와 있는 듯한 착각이 들 정도였다. 방문객들이 기술뿐 아니라 제 작품에도 많은 관심을 보여주었다. 이렇게 기술이 진화하면 예술가에게도 다양한 기회가 열린다. 이제 예술이 삶에 자연스럽게 녹아드는 내추럴 리얼리티Natural Reality 시대가 왔다고 생각한다. 모니터를 집 거실에 걸어놓고 본인이 좋아하는 디지털 작품을 언제든 즐길 수 있는 것이다. NFT 아트 작품을 사 모으는 사람들은 메타버스에서 전시회도 열 것이다. 처음에는 디지털 이미지 자체였다면, 요즘에는 멤버십 느낌의 NFT도 있다. 그걸 보면서 흩어져 있는 그림 팬들을 결집할 수 있겠구나 하는 생각이 들었다. NFT 홀더들을 위한 파티도 열고 하니까, 그게 팬미팅 개념이 될 수도 있고 또 나를 응원해 주는 사람들과 함께하는 모임이 생길 수 있지 않을까. 나도 공부를 하면서 NFT를 연계해 작품 활동을 확장해 나가려고 한다.

Q **요즘 2030세대는 미술관이나 갤러리에서도 데이트를 많이 할 뿐 아니라, NFT 아트 전시, 몰입형 전시 등 예술을 통해 새로운 경험을 추구하려는 니즈를 갖고 있다. 윤송아 작가의 작품에는 팝아트적인 경쾌함, 낙타라는 오브제를 통한 친근**

감 등 MZ세대들이 좋아할 만한 요소가 두루 있어 예술적으로도, 대중적으로도 사랑받고 있는 것 같다. 앞으로 활동 계획은?

A 낙타 시리즈를 사랑해주셔서 감사하다. 낙타가 캐릭터화되어 가다 보니, 최근에는 작품을 모티브로 한 핸드폰 케이스, 향수 등 팬들과 더 쉽게 접할 수 있는 상품도 기획했다. MZ세대의 취향을 만족시키려 노력하는 대기업에서도 컬래버 요청이 꾸준히 들어와서 더 다양한 방식으로 작품을 표현할 기회가 있으리라 기대한다. 매체의 다양한 영역을 넘나들며 계속 도전하는 예술가가 되고자 한다.

PART 6

취향과 경험을
사게 하는
상위 1% 브랜드의 비밀

Young and Fancy people
buy taste

발견: 새로운 고객,
니즈보다 깊은 욕망을 찾아라

새로운 시장의 기회는 어떻게 만들 수 있을까? 고객을 새로이 찾아내거나, 신상품을 출시해 기존 고객에게 파는 방법이 있다. 초개인화 사회에 취향마저 세분화된 시대, 입맛을 맞추기 힘든 것이 아니라 오히려 기회다. 대기업들은 상품의 타깃군을 더 잘게 쪼개고, 신생 기업들은 대기업이 아직 공략하지 못한 빈틈을 찾아낼 수 있다. 창업 기회를 탐색하는 사람도 반드시 기회를 발견할 수 있다. 어떻게 해야 할까? 기회는 관찰에서 온다. 사람에 대한 관심에서 출발해야 한다. 사람들이 불편해하거나 관성처럼 굳어 있는 행동 또는 습관이 있는지, 더듬이를 세우고 주위를 살펴보자.

사람들이 불편해하는 그 무엇을 찾아라

한 남자가 수영장 파티에 갔다가 남자들이 입고 있는 수영복 패션이 여성들에 비해 볼품없다는 점을 알아차렸다. 남자들은 너무나 당연하다는 듯이 트렁크 수영바지를 입고 있었다. 움직이다가 허리끈이 느슨해져 풀리면 불편했지만, 다시 묶었다. 디자인이 꼭 마음에 들지는 않았지만 대안이 없어 산 옷들이었다. 수영장이나 바닷가에서도 멋을 챙기고 싶었을 테지만 입을 만한 옷이 없어 대충 입었을 이들을 보고, 그는 사업 기회를 발견했다. 2007년 영국에서 론칭한 럭셔리 스윔웨어 '올레바 브라운'의 창업자 애덤 브라운Adam

Brown의 이야기다. 신생 기업이지만 올레바 브라운은 기존 남성 수영복 시장의 새 지평을 열었다는 평가를 받는다. 트렁크 바지 같은 아재 수영복이 아니라 테일러드 팬츠처럼 만든 스윔 쇼츠를 선보였기 때문이다. 알레르기 테스트를 거친 잠금 고리와 지퍼, 옷에 들어가는 작은 부품 하나하나를 모두 엄선했다.

스윔쇼츠 한 벌의 값은 20~30만 원이다. 기존 애슬레저 브랜드와 경쟁하기 위해 확실한 고급화로 차별화 전략을 추구한 것이다. 과연 이 가격에 사람들이 살까? 2020년 기준 매출액이 1600만 유로(약 222억 원)다. 현재 전 세계 105개국에서 판매되고 있을 정도로 급성장했다. 트렌드에 빠른 MZ세대가 사고 싶어 눈독 들이는 브랜드다. 올레바 브라운의 성장세를 눈여겨본 샤넬 그룹이 2018년에 이 브랜드를 인수했다. 한 개인의 브랜드가 창업한 지 10년 만에 세계적인 패션 명품 그룹의 품에 안긴 것이다. 소유자만 바뀌었을 뿐 올레바 브라운의 브랜드는 유지하며, 창업자 애덤 브라운도 크리에이티브 디렉터로 남아 있다.

고급화는 명품 브랜드만 추구할 수 있는 전략일까? 그렇지 않다. 매출 규모가 작은 기업이나 신생 브랜드도 충분히 적용할 수 있다.

내가 좋아하는 것에 집착을, 사람들이 싫어하는 것에 유머를 심어라

양말 전문 브랜드가 있다. 대기업에서 일하던 20대 디자이너가 2011년에 론칭한 '아이헤이트먼데이'는 삼성전자, 마르디 메크르디 등 300여 곳의 기업과 컬래버를 진행할 정도의 브랜드로 성장했다. 한 인터뷰에서 그녀는 업무 강도가 센 패션회사에 다녔기 때문에 월요일에 정말 출근하기 싫었다고 밝혔다. 월요병을 극복하는 방법은 자신이 좋아하는 예쁜 양말을 신는 것. 이런 경험을 기반으로 그녀의 양말 전문 브랜드가 탄생했다. 창업은 힘든 길이다. 그러나 자신이 좋아하는 제품이라면 감내할 수 있는 한계선이 높아진다. 그녀도 스스로 양말 덕후였기에 그 과정을 이끌고 갈 수 있었다.

내가 좋아하는 것에서 사업 아이템을 발견하고, 사람들이 싫어하는 것에 유머 코드를 심어 작은 브랜드의 성공 스토리를 만들어라. 싫은 상황에 처했을 때 누군가는 외면하거나 무기력해진다. 하지만 그녀는 사람들이 싫어하는 요소를 오히려 적극적으로 활용해 유머 코드로 살짝 비틀었다. '아이헤이트먼데이'란 직장인이라면 누구나 싫어하는 월요일에 양말로 위로를 건넨다는 뜻이다. 네이밍 자체에서 오는 강한 브랜드 아이덴티티를 느낄 수 있다. 매장에는 복사기, 캐비닛을 인테리어 요소로 꾸미기도 했다. 직장인들의 애환을 브랜드에 위트 있게 녹인 것이다. 양말의 내구성과 착용감 등 품질 측면에서도 호평받고 있지만, 구매자들은 왠지 모를 심리적 위로도 받는다.

삼성전자 Z플립 4와 컬래버한 아이헤이트먼데이 양말
(출처: 아이헤이트먼데이)

고객 발견이 작은 브랜드에 주는 큰 기회

양말이 기존에는 이 정도의 고급화된 상품으로 존재하지 않았다. 발을 잘 보호해 주기만 하면 됐다. 양말이 비싸면 과연 팔릴까 하는 의문도 있었다. 지금은 스니커즈 모으기에 열광하는 MZ들이 있는가 하면, 양말 한 켤레도 내 마음에 쏙 드는 상품을 찾아 나서는 MZ들도 있다. 일명 '모내기룩'으로 바지 위로 양말을 올려 신거나, 원피스에도 발목 양말을 매치해 양말을 패션 아이템으로 활용하는 젊은 층이 많다.[1] 신명품이라 불리는 메종 마르지엘라, 아미 패션 브랜드에서는 양말 한 켤레를 10만 원에 내놓기도 한다. 시장이 커지고 있다는 증거다.

요일별로 디자인을 달리해 신는 '양말 덕후'들도 생겨났다. 양말의 소재, 착용감, 디자인 등을 따지기 때문에 더 비싸더라도 마음에 드는 제품을 구매한다. 양말처럼 기존에 켤레당 몇천 원 하던 상품도 고급화 전략을 활용하면 만 원대로 팔 수 있다. 작은 브랜드들도 큰 기회로 활용할 수 있다. 국내 프리미엄 양말 브랜드 '옐로우삭스Yellow Socks'는 2022년 8월 더현대 서울 팝업 매장에서 2주 만에 4700만 원의 매출을 올리기도 했다.[2]

아직 브랜딩하지 않은 상품군을 찾아 '욕망'을 끌어내라

양말뿐만이 아니다. 아직까지 브랜딩되지 않은 상품군이 있다. 축산업이 그렇다. 고기는 주로 횡성 한우, 제주 흑돼지처럼 지역의 보증 전략을 활용했다. 그 지역에서 키웠다는 것 자체가 소비자에게 신뢰를 주기 때문이다. 그런데 이런 축산업 시장에 도전장을 내민 스타트업이 있다. 바로 '비바리즈'인데, 고기를 브랜딩하겠다고 나섰다. 그렇다고 브랜드 전략만 컨설팅하는 회사는 아니다. 여러 품종의 돼지를 교배해 새로운 돼지고기 시장을 개척했다. LYB돈은 다른 돼지고기보다 1.5배 정도 높은 가격에도 불구하고, '명품 돼지고기'라는 인식을 형성시켰다. 신세계 정용진 부회장도 맛집으로 인정한 제주 핫플 '숙성도'에 고기를 공급하고 있다. 제주 흑돼지라도 똑같은 고기가 아니라 이왕이면 더 맛있는 고급 돼지고기를 찾게 한 것이다.

또 어떤 것이 있을까? 판촉물이나 답례품으로 자주 받는 제품들을 떠올려 보자. 타월, 손 소독제, 마스크 줄, 핸드폰 충전기, 행주, 수세미 등 주로 단가가 저렴하면서 일상에서 많이 쓰이는 것들이다. 이 중에서 아직 브랜딩하지 않았고, 고급화하지도 않은 것들이 눈에 보이는가? 예를 들어 소모품인 타월, 행주, 수세미를 브랜딩한다면 사람들이 살까?

'TWB(타월봄)'는 프리미엄 전문 타월 브랜드다. 타월을 공짜 답례품으로 받았던 습관 때문에 타월 구매에 소극적이었던 사람들이 한 장에 9000원 정도 하는 TWB 타월을 산다. 2017년에 시작한 브랜드로 2021년 기준 연간 16억 원의 매출을 내고 있다. 로이드Lloyd, 베네통, 대한항공 등 다양한 기업과 컬래버도 진행했다. 면을 염색하지 않은 목화 본연의 색상을 바탕으로 'SEOUL', 'HAWAII' 등 도시명을 새겨 넣은 시티 시리즈, 스트라이프 시리즈 등이 있다.

핀란드에서 제품을 생산하는 '밀레마Milema' 행주는 1개에 5000원이다. 일반 행주가 1개에 1000원 정도니 5배나 비싸다. '갖고 싶은 일상'을 슬로건으로 내세운 라이프스타일 쇼핑몰 '서피니아Surfinia'에서의 구매 후기를 보면 처음에는 가격을 보고 망설이던 사람들도 써본 후에는 재구매를 한다는 평이 많다. 밀레마 행주는 자작나무 원료를 사용한 생분해성 제품인 데다 디자인과 흡수력이 좋아 젊은 층에서 인기가 많다. 밀레마 프리미엄 수세미도 세정력 좋고 흠집 걱정 없다는 입소문을 타고 살림 좀 한다는 주부들의 필수템이 됐다. 주방에서 고가의 가전제품을 쓰는 것만이 팬시한 소비는 아니다. 사소하다고 생각했던 소모품으로도 얼마든지 팬시의 욕망을 충족할 수 있다.

고급화는 제품의 가격만 높이면 되는 걸까? 그러면 아무도 사지 않을 것이다. 높은 가격을 낼 의향이 생기도록 소비자에게 '기능적 편익'과 '심리적 가치'를 줄 수 있어야 한다. 그래야 작은 제품도 고급화가 가능하다. 기능적 편익이 '니즈'라면 심리적 가치는 '욕망'이라고 할 수 있다. 프리미엄 양말, 타월, 행주 등은 일상에서 나의 분신처럼 함께 있지만 소중함을 느끼지 못했던 제품들이다. 싼값에 사서 쓰고 버리면 되니 굳이 돈을 더 주고 살 필요가 없다고 생각했는데, 어느 순간 이런 제품들이 지갑을 열게 한다. 수준 높은 일상을 살고 싶다는 인간의 '욕망'을 건드렸기 때문이다. 그 전에는 단순히 필요해서 구매했던, '니즈'에 충실하면 되는 생필품이었을 뿐이다. 이런 제품을 안 후에는 '아, 왜 진작 몰랐을까. 생활의 질이 달라지네'라고 느낀다.

프리미엄 소비는 남에게 보여주기 위해서만 하는 것이 아니다. 소비자들은 매일 쓰는 일상용품에서도 자신의 만족을 중시한다. 집 안에 있던 작은 물건 하나만 바꿔도 라이프스타일의 수준을 높일 수 있는 것, 그런 부분을 찾아 공략해야 한다. 거기에 상품화의 기회, 브랜드화의 기회가 있다. 고객을 발견하여 욕망을 건드리면 없던 시장을 만들어낼 수 있다. 보이지 않던 시장이 보일 것이다. 기회(chance)를 발견하면 변화(change)를 가져올 수 있다.

프리미엄 행주와 수세미 '밀레마'
(출처: 서피니아 쇼핑몰)

연결: 브랜드 아이덴티티로
강한 연상을 만들어라

'고급스러운' 브랜드를 만들기 위해 두 가지 이상의 가치를 연결해 보라. 고정관념과 상식을 깨는 새로운 관점의 프리미엄 제품이 나올 수 있다. 서민적이라고 생각했던 제품도 고급화할 수 있고, 시골스러운 공간을 현대적으로 꾸며 팬시한 공간으로 탈바꿈시킬 수 있다. 절대 프리미엄이 될 수 없을 것 같던 쓰레기 소재에도 기술력과 디자인으로 생명력을 불어넣을 수 있다. 그렇다면 어떤 가치를 연결할 것인가?

고정관념을 깨뜨리면 길이 보인다

'원소주'는 2022년 2월 출시 즉시 큰 반향을 일으키며 소주 시장의 게임 체인저가 됐다. 저렴한 소주 일색이던 주류 업계에서 '프리미엄 소주'로 새로운 시장을 만들어가고 있다. 짜장면과 함께 서민 대표 음식인 소주는 물가가 오르고 내릴 때 가격이 얼마나 변동하는지 비교해 볼 수 있는 모니터링 대상 중 하나다. 저렴함의 대명사다. 삼겹살집이나 감자탕집에서 마시던 소주를 위스키 바 같은 곳에서 마신다면 어울릴까? 기존 초록색 병에 담긴 일반 소주로는 그럴 수 없을 것이다. 전 세계의 고급 바 같은 곳에서 마실 수 있는 프리미엄 소주를 만들겠다는 것이 원소주를 론칭한 뮤지션 박재범의 포부였다.

원소주가 성공한 것은 스타 박재범이 만들었기 때문만은 아니다. 분명 후광효과가 있기는 하겠지만, 스타 마케팅의 효과는 생명이 짧을 수밖에 없다. 원소주의 핵심 성공 요인은 두 가지 가치를 연결해 파워풀한 가치를 창출했기 때문이다. '1+1=2'가 아니다. 그 이상이 될 수 있다. 우선 원소주는 '전통'에서 첫 번째 가치를 찾아냈고, 여기에 현대적 요소를 결합했다. 박재범은 원소주를 만들 때 중요시한 부분에 대하여 "소주를 만드는 방식이나 술 자체는 전통적인데 마케팅이나 비주얼에 한국적인 요소를 담아 세련되게 설명"하는 것이라고 밝혔다.

기존 2000원짜리 소주는 주정에 감미료를 넣어 물을 희석해 만드는 '희석식 소주'다. 제조 방식이 간편해 대량 생산을 할 수 있다. 그러나 원소주는 국내산 쌀을 주재료로 옹기 숙성을 거치는 '증류식 소주'다. 옹기 숙성 시간 때문에 대량으로 생산할 수가 없다. 희석식 소주 제조 방식은 일제강점기 때 국내에 들어왔고, 현재까지도 이 방식이 우리나라 전통주처럼 인식되고 있다. 그러나 국내 소주의 원조는 증류식이다. 박재범 대표는 이렇게 소주에 대한 역사를 파악하고 증류식 소주라는 어려운 길을 갔다. 제조할 수 있는 강원도 양조장을 어렵사리 찾아내고 제품의 연구·개발을 마치기까지 4년이 걸렸다.

출발은 전통이었지만, 맺음은 트렌디하게 했다. 기존에 초록색이던 병 색깔을 투명한 것으로 바꾸고, 라벨링은 패브릭 천에 세련

원소주 제품 이미지
(출처: 원소주)

된 로고를 넣었다. 왜 한국적인 전통주를 만들면서 전통을 내세우지 않았을까? 프리미엄 전략을 추구하기 위해서였다. 비주얼 측면에서도 두 가지 가치의 연결은 그야말로 절묘하다. 원소주 병을 보면 전체적인 느낌은 고급스러운 블랙톤에 로고가 건곤감리를 연상시켜 한국적이다. 보드카 병처럼 이국적이면서도 '소주 특유'의 알루미늄 뚜껑이 있어 친근하다.

원소주는 2022년 2월부터 7개월간 172만여 병을 팔았다. 하루 평균 약 8200병이 팔린 셈이다. 더현대 서울 팝업 스토어에서는 5일간 2만 병을 팔았고, 온라인 홈페이지에서는 1분 만에 품절됐다. 일반 소주의 6배 정도 가격인 1만 4900원인데도 20~30대를 주축으로 구매 행렬이 이어졌다. 원소주가 전통이라는 하나의 가치만 보여 줬다면 이렇게 성공할 수 있었을까? 아니다. 두 가지 가치를 절묘하게 연결했기에 확실한 고급 이미지를 구축할 수 있었다. '전통'의 가치에 기반해 제품력과 진정성을 보여주고, 이를 '세련되게' 브랜딩한 결과다.

값이 싸서 서민적 이미지가 강했던 소주 시장에 원소주가 던진 파장은 강력했다. 원소주는 프리미엄 소주 하면 가장 먼저 생각나는 브랜드가 됐다. 이런 선점 효과는 강력한 자산이 된다. 진입장벽을 두껍게 만들기 때문이다. '원소주=프리미엄 소주'라는 강한 연상고리를 만들 수 있었던 비결은? 시장의 고정관념을 깨뜨린 것이다.

이미 가진 자산, 헤리티지에서 시작하라

또 다른 사례는 복합 문화 공간 'mrnw'다. mrnw는 미래농원의 약자로 이름에서 짐작할 수 있듯이 조경수를 키우던 농원이었다. 대구 외곽의 허허벌판에 이 공간만 오롯이 모던하게 들어서있다. 주변은 매우 시골스럽다. mrnw도 과거에는 그랬을 것이다. mrnw는 과거의 가치에 미래 가치를 더했고, 정원이라는 '생태' 공간에 카페·갤러리·스튜디오 등 '문화' 공간들을 연결했다. 정원에 있는 것 같은데, 커피도 마실 수 있고 요가 수업도 들을 수 있고 전시회도 볼 수 있다. 건축미도 뛰어나다. 정원과 건축이 어우러진 공간이다. 아버지가 20년간 가꿔온 농원을 아들이 2022년 7월 팬시한 복합 문화 공간으로 재탄생시켰다.

과거는 모두 버리고 잊어야 하는 산물일까? 과거에도 브랜드화할 수 있는 가치가 있다. 과거는 시간의 축적으로만 이룰 수 있는 헤리티지heritage다. 당신의 과거에서 가져올 수 있는 헤리티지는 무엇인가? 기업이 그동안 축적해 온 자산은 무엇인가? 그것을 무엇과 연결하고 소비자들에게는 어떤 가치를 줄 수 있는지 찾아야 한다.

기업들에선 간혹 리더가 바뀌거나 실무자가 다른 부서로 갔을때, 이전의 성과를 평가절하하는 경향이 있다. 부정적 시각에서 단점을 들추려고 한다. 하지만 무엇을 버리고 무엇을 취할지 객관적으로 판단해야 한다. 어떤 가치관을 가지고 미래와 연결하느냐에 따라 새롭게 조명받을 유산을 발견할 수도 있다. 우리가 사람을 볼 때 나쁘게 보면 한없이 단점만 보이고 좋게 보면 장점을 많이 찾을 수 있듯이, 브랜드도 똑같다. 이미 가진 자산, 헤리티지에서 시작하라.

mrnw의 헤리티지는 정원이었다. 이를 테마로 사람들에게 자연의 아름다움과 치유의 가치를 주고자 한 것이다. mrnw 측은 공식 인스타그램에서 공간 기획 의도에 대하여 "어디에도 존재하지 않는 공간을 현실로 만들고자 했습니다. 누구든 쉴 수 있는 정원 같은 공간을 상상하며, 건축물 안과 밖의 경계를 모호하게 하여 닫힘에서도 개방감을 느낄 수 있게 하고, 건축물 어디에 있어도 정원 속에 있는 듯한 연결감을 느끼게 하고 싶었습니다. 건물을 구성하는 모든 요소가 서로 연결되어 상호작용하는 유기체처럼 보이도록 계획했습니다"라고 설명했다.

나무를 키우던 시골스러운 공간이 어떻게 사람들이 줄 서서 기다리는 핫플 공간으로 탈바꿈할 수 있었을까? 기존 건축물과 나무의 위치에 최소한의 변화만 주며 새로운 건축물을 설계하는 데서 출발했다. 20년간 키운 소나무가 있는 농원이라는 공간을 사람들이 즐기는 정원으로 꾸미고, 그 정원을 연결한 건축물을 짓고, 그 공간을 다시 갤러리 등 문화 콘텐츠와 연결했다. 아메리카노 한 잔에 6500원이라는 비싼 가격에도 방문객들은 기꺼이 그 돈을 내고 입장한다. '연결'이 만들어낸 가치로 사람들이 누릴 수 있는 경험은 그 이상이기 때문이다.

친환경은 지금 가장 트렌디한 혁신이다

프라이탁은 쓰레기로 버려지는 트럭 방수천을 소재로 가방을 만든다. 30만 원대의 이 가방은 대학생과 사회 초년생 사이에서 갖고 싶은 명품으로 통한다. '세상에 하나뿐인 값진 쓰레기'라는 별명도 얻었다. 쓰레기가 이렇게 비싸도 되는 걸까? 프라이탁은 1993년 스위스에서 프라이탁 형제가 설립한 업사이클링 패션 브랜드다. 지금이야 친환경이 하나의 패션 트렌드고 소비자들의 인식도 많이 개선됐지만, 프라이탁 초창기인 1990년에는 그렇지 못했다. 쓰레기천으로 만든 가방이 명품 대접을 받을 수 있다고 생각이나 했을까?

프라이탁은 창조적인 혁신성으로 기존의 생산 방식을 바꿨다. 가방에 업사이클링 생산 방식을 연결한 최초의 브랜드다. 프라이탁은 버려지는 트럭 방수천을 수거한다. 사업 초창기에는 트럭 방수천을 모으기 위해 도로를 다니다가 트럭만 보이면 따라갔다고 한다. 일반적으로 가방을 만들 때는 디자이너가 원하는 원단이 있으면 골라서 주문하면 된다. 원하는 색깔로 염색을 할 수도 있다. 소재가 되는 원단의 구입 절차는 비교적 간편한 편이다. 그러나 프라이탁에는 이 과정이 없다. 쓰레기가 아닌 새 원단은 활용하지 않기 때문이다. 수거한 트럭 방수천만 이용한다.

색깔, 무늬, 원단 모두 날것 그대로다. 더럽고 냄새나는 방수천을 씻고 말리고 손으로 재단한다. 그러나 이런 한계점이 오히려 장점이 됐다. 세상에 하나뿐인 가방이 탄생하기 때문이다. 친환경 가치에 '디자인 희소성'이 연결되어 명품 이미지를 얻었다. 아무리 깨끗이 빨았다고 해도 완성된 제품에서 특유의 냄새가 나기도 한다. 그런데도 소비자들이 구매를 한다. 현재 프라이탁은 전 세계 312개 매장에서 500억 원의 매출을 내는 글로벌 기업이다.

프라이탁은 쓰레기에서 찾은 친환경이라는 가치에 '창의성'을 연결해 명품으로 승화했다. 이런 연결은 프라이탁 고유의 브랜드 정체성을 형성하는 데 기여했다. 업사이클링 패션 브랜드 중에서 프라이탁만큼 프리미엄 이미지를 잘 구축한 브랜드도 없다. 프라이탁 성공 이후 다양한 업사이클링 패션 브랜드가 출현했지만 프라이탁만큼 인기를 얻은 곳은 없다. 프라이탁은 이제 친환경 문화의 아이콘이다. 친환경 의식에 동조하는 전 세계 젊은 층이 프라이탁 가방 구매자가 되어 서로 연결된 듯 '소속감'을 느낀다.

브랜드 아이덴티티로 모두 연결하라!

원소주, 프라이탁은 두 가지 이상의 가치를 연결해 신시장을 개척함으로써 그 분야의 대명사가 됐다. 원소주는 프리미엄 소주에서, 프라이탁은 업사이클링 패션 분야에서. 오픈한 지 얼마 되지 않은 mrnw도 대구의 명소로 떠올랐다. 이들의 공통점은 경쟁자가

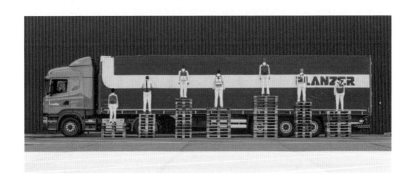

(상) 프라이탁 가방
(하) 화물차 덮개를 재활용하여 만들어지는 프라이탁 가방의 특성을 잘 표현하는 홍보 이미지
(출처: 프라이탁)

따라오기 힘든 강력한 브랜드 아이덴티티를 구축했다는 점이다. '무엇을 연결할 것인가'라는 질문의 답은 기업 내부에 있다.

브랜드 아이덴티티를 정립하려면 기업의 미션, 비전, 특유의 조직문화, 경영자의 신념에서 출발해 고객, 직원, 사회가 원하는 가치와의 교집합 부분을 도출해야 한다. 브랜드 아이덴티티는 브랜드 이미지와는 다른 개념이다. 브랜드 이미지는 사람들이 주관적으로 인식하는 것인 데 비해 브랜드 아이덴티티는 기업이 지향하는 목표다. 브랜드 아이덴티티와 브랜드 이미지가 일치한다면 기업이 브랜딩 활동을 성공적으로 하고 있는 것이다. 브랜드 아이덴티티를 우선 설정하고, 기업이 원하는 방향으로 소비자의 머릿속에 브랜드 이미지를 그려주기 위해 장기적으로 일관성 있게 브랜딩 활동을 해야 한다.

프라이탁의 키워드는 '순환'이다. 자원의 순환, 업사이클링이라는 핵심 가치를 바탕으로 희소성, 진정성이라는 또 다른 가치를 전달한다. '혁신적이고 창의적인 업사이클링을 통해 자원의 순환을 이루는 것'이 경영 철학이자 브랜드 아이덴티티다. 소비자들도 프라이탁을 그런 이미지로 기억한다. 업사이클링은 자원을 재활용하는 차원을 넘어, 재활용품의 디자인을 향상시키고 활용도를 높여 제품을 재탄생시키는 일이다. 프라이탁은 창립 이래 30년간 이를 구현하기 위해 제품뿐 아니라 매장, 비즈니스, 조직문화에 일관된 브랜드 정체성을 반영해 왔다.

우선 매장 진열대 자체도 친환경적이다. 플라스틱이 아닌 종이 박스에 제품을 보관하여 진열대로 삼는다. 브랜드를 공간적으로 경험할 수 있게 하는 또 다른 시도는 프라이탁의 본고장 스위스 취리히에 있는 플래그십 스토어 '프라이탁 타워'다. 녹슬어 버려진 화물 컨테이너 20여 개를 쌓아 건물을 만들었다. 프라이탁이 추구하는 가치를 강력하게 시각화한 것이다.

공간에서뿐 아니라 사업을 확장할 때도 '순환'을 연계한다. 예를 들어 친환경 의류 라인 'F-ABRIC'은 셔츠 단추, 라벨, 실 모두 완전히 생분해될 수 있는 방식으로 개발하느라 5년을 투자했다. 모든 제품의 마지막 순간에 아무것도 남기지 않는 것이 목적이다. 자원을 순환시킬 수 있는 자체 플랫폼 'S.W.A.P_{Shopping Without Any Payment}'도 2019년에 출시했다. 여기서는 프라이탁 고객끼리 서로 가방을 맞바꿔서 써볼 수 있다.

조직문화 측면에서도 일관성을 볼 수 있다. 프라이탁은 친환경 등 ESG 요구에 대응하기 위해 외부 정책이나 원칙에 의존하지 않는다. 모든 직원은 입사 첫날 프라이탁의 사회적 책임 규칙을 담은 책자를 받고, 스스로 환경적·사회적 책임 원칙을 정의한다. 프라이탁 형제는 브랜드 철학을 대변하는 '사이클리스트 매니페스토_{Cyclist Manifesto}'를 선언하기도 했다. 2021년 프라이탁은 총 8명의 아티스트와 함께 순환을 주제로 다양한 작업물을 선보이는 프로젝트를 했는데, 이를 계기로 아티스트의 견해를 담아 정리한 것이 그 선언문이다.

　브랜드 아이덴티티는 연결고리의 출발점이다. 일시적으로 소비자의 눈길을 끌기 위해 첨단 기술, 화려한 이벤트를 활용한다고 하더라도 브랜드 아이덴티티와 설득력 있는 연결고리가 없다면 무용지물이다. 두 가지 이상의 가치를 연결하여 기업이 전하고자 하는 핵심 가치를 도출했다면, 브랜드 아이덴티티를 중심으로 기업 활동의 모든 것을 연결해야 한다. 특히 고급화 전략을 위해서는 단순히 타 브랜드와 차별화하는 수준을 넘어서야 한다. 소비자에게 소유하고 싶다는 욕구를 불러일으키기 위해서는 남과 '다르다'는 차원이 아니라, 남과 비교하기 힘든 '독특하고 고유한 정체성'이 있어야 한다. 그 첫 단추가 브랜드 아이덴티티의 정립이다.

자극: 알면 알수록
빠져드는 세계로 끌어들여라

프리미엄 브랜드는 비싼 가격만큼, 아니 그 이상의 가치가 있어야 한다. 속된 말로 '있어 보여야' 한다. 물론 있어 보이기만 해서는 안 되고 실제로 무언가가 있어야 한다. 사람들의 기대치를 채워줘야 지속적인 구매가 일어나기 때문이다. 호기심을 자극할 만한 신비주의 전략이 중요한 이유다.

알고 싶다는 호기심을 불러일으켜라

여성이든 남성이든 이성의 관심을 끌기 위해서는 처음에 신비주의가 필요하다. 접근하기 어려운 분위기지만 말을 붙일 여지는 있어야 한다. 서로 간에 정보의 비대칭성이 존재하는 긴장된 상황이 필요하다. 한마디로 나는 나 자신에 대해서 많이 아는데, 상대방은 나에 대해서 아는 정보가 거의 없는 상황 말이다. 상대방을 알아가고 싶어 하는 둘 사이의 호감이 형성되면, 반은 성공이다.

이를 브랜드와 소비자 간의 관계로 바꿔서 생각해 보자. 소비자는 브랜드에 대해 알아가고 싶다는 호기심이 생겨야 살까 말까 고민을 시작할 수 있다. 고민한 결과 구매로 이어질 수도 있다. 마케팅 용어로 설명하자면, '구매 고려군'에 있던 브랜드가 실제 구매로 '전환'하는 순간이 일어나는 것이다. 그런데 그 브랜드의 제품을 하나 사거나, 서비스를 한 번 이용했을 뿐인데 그 브랜드에 대한 호기심이 다 채워진다면? 브랜드의 신비주의는 단숨에 사라진다. 재구매로 이어지기 힘들다. 브랜드에 대한 매력도가 상승하기도 전에, 관계가 끝나버린다. 적당히 숨겨야 알아가는 재미가 있다. 즉, 브랜드를 위한 '신비주의 전략'이 필요하다.

창업을 꿈꾸는 사람이 많아졌다. 특히 카페는 진입장벽이 낮아 퇴직을 해서 제2의 인생을 시작하는 사람도, 젊은 개인 사업가들도 많이 진출한다. 이런 카페 사업에 '티 하우스Tea House' 장르를 개척하며 성공한 브랜드가 있다. 국내 최초의 말차 전문 카페 '맛차차 서울'이다. 지금은 티 오마카세 등 차를 전문으로 하는 카페가 많아졌지만, 맛차차가 오픈한 2016년에는 차 전문 카페가 거의 없었다. '말차' 또는 '맛차'로 불리는 차 또한 낯설었다. 맛차차 서울 이예린 대표는 차를 중심으로 한 휴식의 경험을 사람들과 공유하고 싶어서 창업했다고 밝혔다.

낯선 것을 콘텐츠로 승화해라

낯선 것은 새로운 것이다. 새로운 것은 자극이 된다. 낯선 것을 소비하기 위한 '자극'으로 만들기 위해서는 콘텐츠로 승화해야 한다. 출근길에 들르는 직장 바로 앞 카페, 많은 사람이 아이스 아메리카노를 테이크아웃한다. 이곳에는 콘텐츠가 있을까? 출근하는 길목이거나 집 바로 앞에 있다는 지리적인 이점 때문에, 아니면 다른 곳보다 저렴하다는 경제적 이점 때문에 가는 사람이 많을 것이다. 이는 콘텐츠라고 보기 힘들다. 독자적인 콘텐츠가 없으면 차별화가 힘들다. 경쟁자가 진입하면 쉽게 밀려나고 만다.

맛차를 즐기는 경험을 고급화한 맛차차 서울은 '낯섦'을 콘텐츠로 만들어 방문객들의 호기심을 불러일으켰다. 예약제로 운영하는 프라이빗 티 클래스, 티 코스가 그 사례다. 둘 다 90분간 진행되는데 티 클래스는 1인당 5만 원이고, 티 코스는 3만 원이다. 90분은 영화 한 편의 상영 시간과 비슷한데, 가격은 더 비싸다. 영화 한 편보다 차를 마시는 데 더 비싼 돈을 지불할 가치가 있을까?

티 클래스에서는 직원이 차를 맛있게 우리는 방법과 다구 사용법 등을 알려주며, 티와 다식을 코스 형태로 내준다. 방문객들은 호기심을 채울 수 있다. 그러는 한편 차의 향과 맛, 직원의 서비스, 카페 배경음악, 서울숲이 보이는 뷰 등 시각, 청각, 후각 모든 감각이 만족한다. 단순히 차를 마시고 스쳐 지나가는 공간이 아닌 것이다. 공간에 콘텐츠를 채울 때는 다중 감각을 자극할 수 있도록 디테일하게 설계해야 한다. 꼭 클래스나 오마카세 형태일 필요는 없다. 제품을 어떤 재료로 만들었고, 그 재료는 어디서 힘들게 구해 오는지도 콘텐츠가 될 수 있다. 평범한 동네 식당 벽에 붙어 있는 포스터가 눈길을 끌 때가 있다. 주인장이 손으로 투박하게 쓴, 그러나 음식에 대한 자부심이 느껴지는 포스터 한 장도 콘텐츠가 될 수 있다.

맛차차의 티 바(Tea Bar) 전경
(출처: 맛차차)

콘텐츠를 통해 소비자가 브랜드와 접선했다면, 어떻게 관계를 유지할 수 있을까? 브랜드의 베일을 조금씩 벗기듯, 소비자가 양파 껍질을 자꾸 까게 만들어보자. 그러려면 우선 브랜드가 줄 수 있는 경험의 깊이와 폭을 다양하게 설정해야 한다. 맛차차는 요가 후에 차를 마실 수 있도록 요가 클래스를 열기도 한다. 티 코스 메뉴는 시즌별로 다르다. 봄에 왔던 방문객이 가을에 다시 온다면 새로운 메뉴를 맛보게 된다. 코스 메뉴가 아니라 단품 메뉴를 경험한 방문객은 다음에 티 코스를 예약해서 온다. 티 코스를 경험한 방문객은 차 문화를 더 깊이 이해할 수 있는 프라이빗 티 클래스를 예약해 다시 찾아온다. 소비자를 중심으로 '확장성'과 '다양성'을 갖춘 설계다.

익숙한 것도 낯설게 만드는 '블랙홀' 전략

제품의 탄생 배경이나 기업의 창업 스토리도 소비자가 공감할 수 있는 지점으로 끌어온다면 콘텐츠화할 수 있다. 47만 명의 구독자를 보유한 유튜브 채널 '소비더머니'가 그 사례다. 소비더머니는 기업의 창업 배경과 위기, 성장 과정을 13분 정도의 미니 드라마처럼 풀어낸다. 익숙한 것을 낯설게 만들어, 새로운 관점에서 기업의 이야기를 재구성한다. 신라호텔, 에르메네질도 제냐, 금호아시아나 등 익숙한 기업인데 소비자들은 기업에서 나오는 제품을 소비했을 뿐이지 창업 배경은 생소하다. 영상을 본 구독자들은 기업의 '뒷이야기'라도 알게 된 듯이 흥미롭다고 평한다. "다음에는 ○○기업 사례를 다뤄주세요"라고 댓글을 다는 구독자도 있다. 소비더머니라는 브랜드의 콘텐츠에 빠져든 것이다. 이것이 콘텐츠의 힘이다.

소비더머니에서 업로드한 신한금융그룹의 창업 스토리도 익숙한 것을 낯설게 만든 사례다. 신한금융그룹에는 신한카드, 신한투자증권, 신한라이프 등 총 15개 그룹사가 있으며 그중에서 신한은행이 모태다. 신한은행은 최근 초고액 자산가를 대상으로 한 '신한 PWM 패밀리오피스' 개인금융자문 서비스를 확대하고 있는데 태생이 어떤 기업일까? 신한은행 지점을 방문하고 신한카드를 자주 사용하는 사람들도 신한이 어떻게 태어났는지는 잘 모른다.

신한의 창업은 1970~1980년대 대한민국이 힘들었던 시절, 이희건 명예회장과 재일교포들이 일본에서 번 돈을 모국의 경제 발전을 위해 의미 있게 쓰고 싶다는 애국심에서 비롯됐다. 그렇게 세운 국내 최초의 민간자본 은행이 신한은행이다. 각 그룹사 제품 하나하나의 브랜딩도 중요하지만, 이렇게 모 브랜드의 탄생 스토리는 여러 그룹사 브랜드에 후광효과를 줄 수 있다. 최근 금융권에서는 일반 지점은 줄이고 고액 자산가를 위한 고급 지점에 집중하는 추세가 두드러진다. 이 같은 고급화 전략에도 브랜드의 신뢰성, 전문성은 기본으로 뒷받침되어야 한다. 이와 더불어 브랜드를 이용하는 소비자가 자부심을 느낄 수 있는 포인트를 찾아 콘텐츠로 만들어야 한다. MZ세대가 친환경 제품을 쓰면서 플렉스를 하고 자부심을 느끼듯이, 기업의 진심이 담긴 철학이 있다면 꺼내 들어야 한다. 신한은 행이 탄생 비화를 콘텐츠로 풀어낸 것처럼.

인지도가 높은 친숙한 브랜드라도 사람들에게 잘 알려지지 않은 이야기가 있다면, 그것이 브랜드에 긍정적인 영향을 줄 수 있다면 지금이라도 알려라. 브랜드의 한쪽 면만 보던 소비자가 브랜드를 입체적으로 바라볼 수 있게 해주기 때문이다. '숨은 사연'을 알게 된 소비자들은 그 브랜드를 달리 보게 된다. 오래된 브랜드라도 기업의 역사를 새로운 시각에서 조명해 주어야 한다.

당신의 브랜드는 어떤 콘텐츠로 소비자의 욕구를 자극하고 소비자의 경험을 채워줄 것인가? 그것을 공유하는 채널이 오프라인일 수도 있고, 온라인일 수도 있다. 중요한 것은 나만의 콘텐츠를 브랜드 스토리로 끌어내는 것이다. 소비자가 다양한 콘텐츠로 그 브랜드를 알아가는 재미를 느끼게 하라. 알면 알수록 빠져드는 브랜드의 세계로 소비자들을 초대하라.

탐험: 경계 없이
잘 노는 방법을 제시하라

인간은 놀이를 통해 여러 가지를 경험하고, 유대관계도 형성한다. 소비자도 브랜드와 잘 놀게 하라. 경계 없이 브랜드 울타리에서 놀다가도 '브랜드의 핵심'으로 들어올 수 있게 장치를 마련해야 한다. 어떻게 잘 놀게 할까?

오감으로 기억할 브랜드 놀이공원을 만들어라

구찌를 먹고, 디올을 마신다. 최근 명품 브랜드들이 국내 콘셉트 스토어에 레스토랑이나 카페를 열고 F&B로 사업을 확장하는 듯 보인다. 구찌 오스테리아, 루이비통 팝업 레스토랑, 디올 카페, 에르메스 카페, 브라이틀링 키친 등. 이들이 F&B로 새로운 수익을 창출하려는 걸까? 파인 다이닝 레스토랑 구찌 오스테리아는 이태원 구찌 가옥 6층에 자리 잡았고, 루이비통 팝업 레스토랑은 청담동 루이비통 메종 서울 4층을 다이닝 공간으로 꾸몄다. 카페 디올은 성수동 디올 콘셉트 스토어에, 브라이틀링 키친은 한남동 매장에 둥지를 틀었다. 제품을 파는 오프라인 매장 한쪽에 외식 공간을 만든 것이다. 새로운 수익원이라기보다는 '브랜드 경험'을 제공하기 위해 설계된 곳들이다.

이런 명품 브랜드의 외식 공간은 쇼핑을 하다가 지치면 한숨 돌리는 쉼터 같은 곳이 아니다. 브랜드의 정체성을 보여주는 '놀이공

원'이다. 이때 소비자가 오감으로 브랜드를 경험할 수 있도록 기획해야 한다. 디올 로고가 새겨진 2만 원짜리 라테 아트를 맛보기 위해 대기하고, 미슐랭 셰프가 요리하고 구찌 접시에 담겨 나오는 스테이크를 먹으러 매장에 간다. 제품을 전시하는 공간은 시각, 촉각, 청각 위주다. 즉 제품을 눈으로 보고, 손으로 만지고, 매장 직원의 설명을 귀로 듣는다. 거기에 더해 다이닝 공간에서는 음식의 향기와 맛으로 브랜드를 경험한다. 후각, 미각까지 오감을 두루 경험하는 것이다. 이때 브랜드가 보여주고자 하는 정체성이 인테리어, 식기, 음식, 서빙 등 모든 다이닝 경험에 반영되어야 한다. 구찌는 레스토랑 인테리어를 구찌 브랜드 컬러인 초록색과 갈색으로 꾸몄다. 카페 디올에서는 크리스티앙 디오르Christian Dior가 어린 시절을 보낸 프랑스 저택의 정원을 미디어 아트로 표현했다. 공간에 브랜드를 배치하는 수준을 넘어 공간과 브랜드가 서로 스며들도록 해야 한다. '브랜디드branded 공간'이 필요하다.

셀링selling보다 필링feeling이다

오감은 다섯 가지 감각이다. 브랜디드 공간을 기획할 때 제품을 어떻게 판매할 것이냐라는 '셀링 포인트'보다 소비자가 브랜드를 어떻게 느끼게 할 것이냐에 관한 포인트를 찾아야 한다. 나는 이를 '필링 포인트'라고 명명하고자 한다. 필링 포인트는 소비자의 오감을 건드려 자연스럽게 브랜드를 탐험할 수 있는 포인트로, 차별화된 고객 경험이 이뤄지는 지점이다. 셀링 포인트는 사람의 이성에 소구할 때가 많지만, 필링 포인트는 감성과 무의식을 건드린다.

30만 원짜리 에르메스 접시를 매장에 전시해서 접시의 내구성과 디자인을 보여주고 점원이 설명할 때는 셀링 포인트가 필요하다. 그러나 에르메스 카페에서 에르메스 접시에 디저트를 담아낼 때는 필링 포인트로 고객을 사로잡아야 한다. 일반 파인 다이닝 레스토랑 디너 코스가 10~20만 원일 때, 루이비통 레스토랑에서 20~30만 원짜리 식사를 하는 이유는 무엇일까? 스타벅스 카페라테도 5000원인데, 디올 로고를 라테 아트로 그린 커피를 2만 원에 마시는 이유는 무엇일까? 카페 디올에서만 느낄 수 있는 '디올스러움', 모든 인테리어와 분위기가 어우러진 '팬시함', 유럽에 온 것 같은 '이색적인 풍경', 인증 욕구를 불러일으키는 '감성적인 비주얼' 때문이다. 이런 것들이 필링 포인트다. 공간 안에 모든 것이 어우러져 음식의 맛과 향을 무의식적으로, 감성적으로 더욱 풍성하게 해준다.

이 모든 것에 '브랜드스러움'이 녹아 있어야 한다. 단순히 소비자로 하여금 음식을 먹는다고 생각하는 데 그치게 할 것이 아니라, 필링 포인트가 브랜드를 오감으로 경험하는 순간으로 만드는 역할을 할 필요가 있다. 소비자들은 이런 필링 포인트가 자신의 무의식에 스며들었다는 사실을 모른 채 지갑을 연다. '왠지 모르게' 지갑을 여는 것은 소비자의 무의식이 작동하게 한 필링 포인트가 있기 때문이다. 필링 포인트는 브랜드를 탐험하도록 소비자들을 이곳저곳으로 이끈다. 명품 패션 브랜드들이 단독 플래그십 매장을 열고, 이곳에서 다이닝 공간을 운영하는 이유가 이것이다. 백화점 매장에 입점하는 것만으로는 브랜드의 색깔을 보여주기에 충분치 않지만, 플래그십 매장에서는 브랜드 정체성을 마음껏 표현할 수 있기 때문이다.

플래그십 매장을 오픈할 수 없거나 오프라인 매장이 없는 경우라면, 일시적으로 팝업 스토어를 운영해 브랜드의 놀이 공간을 만들 수 있다. 온라인 전용 브랜드라면, 홈페이지나 SNS 채널을 통해 캠페인성으로 기획하여 브랜드 정체성을 보여주는 방법도 있다.

카테고리를 뛰어넘는 브랜드 경험, 크로스 오버

크로스 오버는 서로 다른 장르 또는 스타일을 융합하거나 교차하는 것을 말한다. 재즈와 록 음악을 결합하고, 세단에 밴의 특징을 섞은 CUVCrossover Utility Vehicle 자동차도 크로스 오버의 예다. 이질적인 것들의 결합이라 처음에는 다소 어색해 보일 수 있으나, 요즘 소비자들은 오히려 신선하다고 생각한다. 브랜드의 변신은 무죄니까. '침대 없는 매장'으로 유명한 시몬스 팝업 매장, 갤러리에 온 것 같은 파격적 전시 공간을 선보이는 젠틀몬스터 매장이 대표적이다.

시몬스는 '침대 없는' 팝업 스토어로 이슈를 몰고 다녔다. 2020년 시몬스 창립 150주년 기념으로 오픈한 성수동 '시몬스 하드웨어 스토어'에는 기업의 역사에 대한 설명이 없다. 침대도 전시하지 않았다. 침대와는 전혀 상관없어 보이는 라이프스타일 아이템을 판매했다. 철물점이라는 콘셉트에 맞게 헬멧, 작업복, 랜턴과 문구류 제품을 시몬스 굿즈로 제작했다. 압구정 갤러리아백화점 명품관에서는 점프슈트, 재킷 등 한정판 패션 아이템을 팔았다. 2021년에는 '시몬스 그로서리 스토어'를 해운대에서 운영했고, 2022년에는 청담동에 문을 열었다. 침대와 의류, 침대와 생활용품, 침대와 식료품 업 간의 크로스 오버다.

수익 계산에 밝은 사람들은 매장에 침대를 놓고 팔면 매출이 몇천만 원은 나올 텐데 몇만 원짜리 굿즈만 파느냐고 말할지도 모른다. 시몬스 헬멧을 '한정판이니까', '재미있어서' 구매하는 20대가 시몬스 고객이 되지 못할까? 백화점에 왔다가 '색다른' 시몬스 점프슈트를 구경한 30대가 시몬스 침대 매장에는 안 가볼까?

시몬스 측에 따르면, MZ세대를 주요 타깃으로 하는 혼수 브랜드 '뷰티레스트 윌리엄'의 2020년 상반기 매출이 전년 동기 대비 90퍼센트 이상 증가했다고 한다. 전체 매출은 2020년 2715억 원, 2021년 3054억 원으로 늘었다. 2019년부터 2021년까지 매장 수를 100개 이상 줄였지만, 점포당 매출은 3배 이상 증가했다. 시몬스 팝업 매장이 젊은 층 사이에서 꼭 가봐야 하는 인증숏 성지가 되면서 브랜드 인지도가 상승했다. 이미지도 달라졌다. 이전에는 부모님들이 쓰던 '다소 올드한 느낌의 프리미엄 침대'로 여겼지만, 이제는 '힙하면서 고급스러운, 내가 써보고 싶은 침대'로 인식한다. 그래서 구매율이 상승한 것이다.

크로스 오버 경험을 기획할 때 필요성을 검토하기 위해 최종적으로 판매하려는 제품의 특성을 먼저 파악해 보라. 침대 소비자의 구매 패턴은 어떤가? 침대는 교체 주기가 길다. 한번 사면 10년은 쓴다. 젊은 층이 직접 구매할 일은 더욱 적다. 이사, 독립, 결혼 등 특정한 라이프 이벤트가 있을 때 정도다. 따라서 굳이 침대 매장에 자주 갈 필요가 없다. 이처럼 교체 주기가 긴 제품은 다른 카테고리와의 크로스 오버 경험을 설계해서 소비자가 오게 만들어야 한다. 당장 침대 살 일은 없지만, 생활용품 숍이나 재미있는 팝업 매장은 '그냥' 들를 수 있기 때문이다. 일상에서 브랜드를 '탐험'하도록 만들어놓아야 구매 고려군에 들어갈 수 있다.

정체성에 세계관을 입히면, 브랜드 탐험이 시작된다

국내 토종에서 글로벌 신흥 명품 브랜드로 떠오른 젠틀몬스터는 선글라스 전문 기업이지만 매장의 중심은 선글라스가 아니다.

젠틀몬스터는 키네틱 아트, 로봇, 동물 조형물 등 다양한 오브제를 활용하는데 매장마다 프로젝트 형식으로 다른 콘셉트를 보여준다. 상상을 초월할 만큼 저마다 독특하다. 스타필드 하남 매장에는 사람의 몸을 일부만 입힌 헐벗은 듯한 로봇들이 등장한다. 얼굴은 실제 사람과 비슷한데, 몸통은 기계를 날것으로 드러냈다. 서울 신사 매장에는 나무가 쓰러져 있고, 누운 코끼리 조형물이 천장에 매달려 돌아간다.

얼핏 보면 매장 콘셉트에 공통점이 하나도 없다. 그러나 모두 '세상을 놀라게 할 새로움'이라는 젠틀몬스터의 정체성을 구현한 것이고, 이를 바탕으로 매장마다 세계관을 입힌 것이다. '타임슬립으로 만나는 유토피아', '연금술이라는 기술의 진화', '퓨처 리테일' 등이 젠틀몬스터가 전달하고자 하는 메시지이자 세계관이다. 젠틀몬스터 김한국 대표는 "사람은 누구나 내재된 욕망이 있고 그게 바로 몬스터적인 부분"이라며 '점잖다'라는 의미의 '젠틀'과 '괴물'이라는 뜻의 '몬스터'를 합성하여 '젠틀몬스터'라는 이름을 만들었다고 했다. 매장에 들어서는 순간 '설명'보다 '경험'으로 느낄 수 있도록 기획한 것이다. 사람들은 매장에 와서 선글라스만 보지 않는다. 갤러리를 둘러보듯 매장 곳곳에 비치된 설치미술과 조각품 등을 보며 매장에 더 머무르게 되고, 젠틀몬스터가 추구하는 세계관을 느끼고 브랜드를 탐험하게 된다.

젠틀몬스터에서 2019년에 론칭한 F&B 브랜드 '누데이크'도 젠

(상, 중) 수학의 '자기 유사성'이라는 개념을 공간적으로 재해석한
젠틀몬스터 스타필드 하남 매장
(하) 꿈속의 세상을 모티브로 한 '타임슬립'을 콘셉트로 한
젠틀몬스터 서울 신사 플래그십스토어
(제공: 젠틀몬스터)

틀몬스터스럽다. 브랜드 정체성에서 '환상'이라는 키워드를 끌어내 세계관을 입혔다. 아트와 패션을 결합하여 비주얼도 맛도 독특한 디저트를 만드는데, 브랜드 슬로건은 'Make New Fantasy'다. 디저트 하나로 사람들에게 환상을 심어줄 정도의 '새로움'을 만들어 내겠다는 의지를 담은 것으로 해석할 수 있겠다. 앞서 언급한 디올, 루이비통, 구찌가 브랜디드 공간의 경험을 만들기 위해 한정적으로 F&B를 활용한다면, 젠틀몬스터는 '누데이크'라는 신규 브랜드 론칭을 통해 사업 영역을 확장했다. 그럼에도 젠틀몬스터 브랜드와의 연결고리가 잘 형성되어 있다.

이렇게 사업을 확장하거나 크로스 오버 경험을 설계할 때는 브랜드 연관성이 있어야 한다. 그리고 브랜드 정체성에 기반해 사람들이 공감할 수 있는 세계관으로 확장해야 한다. 소비자의 관심을 끌기 위해, 단순히 이슈를 만들기 위해 단기적 측면에서 이종 결합을 하면 시도 자체로 끝나버릴 수 있다. 브랜드 정체성을 유지하는 선에서 어떤 크로스 오버를 할지 결정해야 한다. 그래야 나의 브랜드 자산으로 남길 수 있다. 소비자가 경계 없이 브랜드 울타리에서 놀다가도 '브랜드의 핵심'으로 들어올 수 있게 해야 하기 때문이다.

시몬스의 하드웨어 스토어에서 팔던 헬멧, 공구, 점프슈트가 시몬스와 전혀 상관없어 보이는가? 이는 시몬스의 브랜드 헤리티지를 트렌디하게 재해석한 산물이다. 1920년대 시몬스 공장에서 일하던 근로자들의 공구와 작업복에서 영감을 받아 굿즈로 만든 것이다. 시몬스가 그 역사를 일일이 설명하지 않아도 굿즈 자체에 스토리가 담겨 있다. '우리는 이렇게 열심히 오랫동안 침대를 만들어 온 브랜드예요'라고 말이다.

선망: 제한하면 갈망한다

하지 못하게 하면 더 하고 싶고, 가지지 못하게 하면 더 갖고 싶다. 모두를 위한 것보다 나만을 위한 것에 더 끌린다. 기본적인 사람의 심리다. 프리미엄을 지향하는 브랜드는 이런 '제한' 요소를 드라마틱하게 활용할 줄 알아야 한다.

'나만을 위한 최상의 가치'를 줄 수 있는가?

'샤넬 치약'이라고 불리는, 패키지가 화려한 치약이 있다. 샤넬이 치약 사업에 진출한 건 아니다. 샤넬 로고는 어디에도 없지만 분명 여심을 저격하는 디자인이다. '치약계의 샤넬'이란 뜻이다.

언젠가부터 사람들은 프리미엄 제품에 '○○계의 샤넬', '○○계의 에르메스'라는 별칭을 붙이곤 한다. 그만큼 작은 물건 하나에도 자신의 심리적 만족감이 크면 명품에 버금가는 가치를 느낀다는 얘기일 것이다.

실제로 마비스 치약은 치약계의 샤넬로 통한다. 치약 하나에 2만 원이다. 마트에서 페리오, 2080 등 일반 치약은 3개 묶음에 1만 원 정도고 가끔 '1+1' 행사를 할 때는 개당 1500원 정도에도 살 수 있다. 이탈리아에서 온 프리미엄 치약 마비스는 1개에 1만 9900원으로 2만 원에 육박하니 일반 치약과 비교하면 가격이 10배 이상 차이가 난다. 마비스의 역사는 1958년으로 거슬러 올라간다. 100여

년의 전통을 가졌고, 천연 유래 성분을 주원료로 한다. 국내에는 2019년에 진출해 매년 20% 이상의 매출 성장세를 보였다. 한국 시장의 판매량은 마비스 글로벌 매출 중에서 10위권이다.

왜 사람들은 마비스 치약을 쓰는 걸까? 프리미엄을 추구하는 브랜드는 '나만을 위한 최상의 가치'를 제공해야 한다. 마비스 소비자는 치과를 자주 가지는 못하지만, 치약 자체를 자신의 치아 관리를 위한 최고의 서비스라고 생각한다. 매일 하는 양치질인데 일상에서 이 정도는 누릴 수 있는 작은 사치로 여긴다. 여성 직장인들은 점심 식사 후 화장실에서 각자 치약을 들고 만나게 되는데, 이때 마비스는 주목받는 대상이다. 패키지 디자인, 치약계의 샤넬이라는 인지도 덕에 패션 아이템만큼 관심을 받기 때문이다. 게다가 쓰는 사람이 많은 것도 아니기에 부러움의 시선은 덤이다.

'부러우면 이기는 것', 선망 브랜드의 필수 조건

선망한다는 것은 부러워한다는 것이다. 선망은 나에게는 없지만 다른 사람이 가진 특질이나 업적, 재산 등을 부러워하고 바라는 것이다. '부러우면 지는 거야'라는 말이 있지만, 고급화를 지향하는 브랜드 세계에서는 '부러우면 이기는 것'이 정답이다. 당신의 브랜드를 소비하는 것 자체가 사람들에게 부러움의 대상이 되어야 한

(상) 마비스 홀리데이 기프트 세트
(하) 마비스 콜렉티브
(출처: 마비스)

다. 그래야 경쟁에서 이길 수 있다.

화장실을 부러움의 공간으로 바꿔버린 브랜드가 있다. 이솝Aesop 이다. 이 브랜드가 언제부턴가 고급 레스토랑, 호텔 등의 화장실을 차지하기 시작했다. 갈색 병에 제품명과 제품에 대한 설명이 담백한 글씨체로 적혀 있다. 핸드워시와 핸드크림은 꾸미지 않은 듯 고급스럽게 세면대 옆을 장식한다. 개인의 집 안에도 스며들었다. 집들이를 하는 신혼부부에게, 손님 방문이 잦은 집의 거실 화장실에 패션 아이템처럼 비치된다. 핸드워시 하나에 4만 원 정도지만, 나를 위해서도 좋고 남에게 보여주기도 좋은 아이템이다. 제품 하나로 화장실을 품격 있는 공간으로 만들 수 있기 때문이다.

이렇게 소비자의 일상과 밀접한 제품을 고급화하려면 그 브랜드를 통해 일상의 품격을 높여줄 수 있는지, 그런 가치를 제공할 수 있는지 고민해야 한다. 이솝은 유기농 식물성 성분을 써서 재료의 품질을 높였을 뿐 아니라 매장에서의 '고객 경험 품격'도 높여 준다. '컨설턴트'라고 불리는 직원이 제품에 대하여 적극적으로 설명하고 방문객에게 맞는 제품을 추천해 준다. 매장 자체가 호텔 컨시어지 느낌이다. 이렇게 특별한 제품 경험, 매장 경험을 제공해서 구매자가 비구매자의 부러움을 받을 수 있게 설계해야 한다.

'나만 Yes! 다른 사람은 No', 배타성을 추구하라

사람들에겐 자신이 정말 좋아하는 장소나 물건을 발견했을 때 나만 알기를 원하고, 다른 사람들은 몰랐으면 하는 심리가 있다. 예를 들면 제주도의 수많은 해변 중에서 관광객들에게 별로 알려지지 않은, 아름다운 모래사장과 바다 풍경이 펼쳐지는 곳을 맞닥뜨렸을 때가 그렇지 않을까. SNS에 올라온 제품 후기 중에서 '나만 알고 싶은 브랜드'라는 내용들이 유달리 눈에 띈다. '오죽 좋으면' 혼자만 쓰고 싶은 걸까.

그건 바로 배타성 때문이다. 프리미엄을 지향하는 브랜드들은 배타성을 가져야 한다. 배타성이 있을 때 사람들은 더 갈망하기 때문이다. 브랜드의 배타성은 모든 사람이 가질 수 없도록 차단하는 것이다. 소수를 위한 브랜드로 포지셔닝하는 것이다. 핵심 고객층이 되는 '소수'를 어떤 사람으로 정의하느냐는 그 브랜드의 아이덴티티를 따라야 한다. 애플이 아이맥을 출시했을 때, 초기에는 일부 사람만 쓰는 제품이었다. 즉, 일반 직장인이나 대학생보다 소수의 디자이너가 디자인 작업용으로 사용하기 시작했다. 맥북을 쓰는 사람은 '창의적인 디자이너', '트렌디하고 일 잘하는 디자이너'라는 이미지가 형성됐다. 이후 그런 이미지를 추구하는 사람들이 맥북을 샀고, 고객층이 넓어졌다.

배타성의 요소에는 어떤 것이 있을까? 가격, 수량, 접근성, 독보적 이미지, 장인정신, 최고의 서비스 등을 꼽을 수 있다. 단순히 가격을 높이는 문제가 아니며, 다양한 방식을 고민해 봐야 한다. 제품의 생산 수량을 제한해서 희소성을 만들 수도 있고, 유통망을 한정해 접근성을 제한할 수도 있다. 기업의 상황이나 브랜드의 특성에 맞게 여러 요소를 조합하여 배타성이라는 벽을 형성해야 한다.

어떻게 배타성을 만들 것인가? 크게 두 가지 전략을 제시하고자 한다. 제한의 요소가 소비자의 외부에 있느냐 내부에 있느냐에 따라 나누어볼 수 있다. 나는 이를 '외재적 제한', '내재적 제한'으로 명명하여 개념을 정의했다.

외재적 제한은 추첨, 래플raffle처럼 소비자의 의지와 상관없이 외부 요인으로 제한하는 것이다. 높은 가격, 한정된 수량, 접근성이 낮은 유통망으로 조절할 수 있다. 래플은 '추첨식 복권'이라는 뜻으로 마케팅에서는 제품을 그냥 판매하는 것이 아니라 먼저 추첨을 해서 당첨된 사람에게만 구매 자격을 부여해 제품을 구매할 수 있게 하는 방법이다. 한마디로 돈이 있어도 자격이 안 되면 살 수가 없다. 나이키에서 많이 사용하면서 최근 핫해진 마케팅 방식이다.

젊은 층은 '래플 이벤트'를 게임처럼 즐기기도 하고, 선착순으로 마냥 줄을 서서 사는 것보다 더 공정하다고 생각한다. 한정판 굿즈나 NFT 발행 등에서 많은 기업이 이 방법을 활용하자, 래플 제품을 모아 보여주는 '럭키드로우'라는 앱도 생겨났다. 신한카드에서는 이런 인기를 반영해 추첨을 통해 마이신한포인트를 적립해 주는

'래플카드'를 개발해 2022년 6월 출시했다.

또한 외재적 제한을 하면 제품의 희소성이 생기므로 자산으로서의 가치를 보여줄 수 있다. '소비'가 아니라 '투자'로 인식하게 하는 것이다. 1만 원대의 책을 몇십만 원, 몇백만 원에 팔 수 있을까? 영국 골즈보로Goldsboro는 타깃을 단순히 '애독자'가 아니라 '수집가'로 바꿔 책의 투자가치를 높였다. 어떻게 그럴 수 있을까? 이 서점은 책의 초판에 작가의 서명을 받은 책을 주로 판다. 출판사와 계약해 특정 책을 독점 에디션으로 팔기도 한다. 모두 수량에 제한을 둔 희소성 전략이다.

그러나 모든 제품에 이런 전략이 통하지는 않는다. 제품의 스토리에 특별함이 있거나, 품질 자체가 뛰어나거나 하는 식으로 기대감이 있어야 제품의 가치가 올라갈 수 있다. 외재적 제한 방식을 쓰기 전에 어떤 특별함을 줄 수 있는지 먼저 검토하고 적용해 보자.

내재적 제한은 소비자 자신이 하고 싶지만 현실적으로 할 수 없는 제한을 뜻한다. 가격과 같은 외부 제약 요소로 차단되는 것이 아니라 결국 자신이 브랜드의 선택을 차단하는 것이다. 사람들은 저마다 부자나 성공한 사업가, 뛰어난 운동선수, 창의적인 디자이너, 수능 전국 1등 등 되고 싶어 하는 모습이 있다. 닮고 싶은 롤모델을 마음속에 품기도 한다. 그런 사람이 되기 위해 노력하지만 시간이 걸리고 현실적으로 쉽지 않다. 사람들은 소비할 때 브랜드에 자신을 투영하는데, 자신이 되고 싶은 이미지가 있는 브랜드를 소비하기도 한다. 예를 들어 상류층이 쓰는 제품을 쓰면 나도 그 세계에 소속되는 것처럼 느껴진다. 골프의 전문성을 강조한 타이틀리스트는 골프를 프로만큼 잘 치고 싶어 하는 남성들의 모습을 투영한다.

특정한 사람뿐 아니라 특정 행동을 지지할 때도 있다. 예를 들어 최근 소비자들은 친환경의 중요성은 익히 알고 있지만, 환경보호 운동가처럼 적극적으로 행동할 수 있는 사람은 소수다. 친환경에 혁신적인 브랜드인 파타고니아, 러쉬, 프라이탁 등이 꾸준히 인기를 얻고 있는 이유를 여기에서 찾을 수 있다. 소비자 개인도 기업이나 환경단체만큼 환경 활동을 하고 싶지만 현실적으로 쉽지 않다. 그래서 그런 브랜드를 구매하면서 기업의 친환경 활동에 동참하고 그 브랜드가 추구하는 가치에 동조하는 모습을 보이려는 것이다. 이것이 내재적 제한에 따른 배타성이다.

선망받는 브랜드가 되려면 이런 외재적 제한, 내재적 제한 요소를 활용할 줄 알아야 한다. 모두가 쉽게 가질 수 있는 브랜드가 아니라 일부만이 어렵게, 특별하게 가질 수 있는 브랜드로 포지셔닝해야 한다. 여기서 의문이 들 수도 있다. 일부에게만 팔면 매출이 나올까? 실제 판매를 소수에게만 하라는 뜻은 아니다. 나는 '포지셔닝'이라는 표현을 썼다. 그 정도로 일부만이 가질 수 있는 특별한 브랜드로 사람들 머릿속에 각인시킬 필요가 있다는 뜻이다. 고급화 전략은 매스 브랜드가 아니라 프라이빗 브랜드를 만드는 것이다. 더 갖고 싶게 만드는 데 초점을 맞추자.

결국 Timeless, Priceless가 정답이다

장인정신은 독보적으로 선망받는 브랜드를 만들 수 있는 가장 강력한 수단이다. 그렇지만 단기적인 이윤을 추구하는 기업이라면 적용하기 어렵다. 당장 돈을 버는 데만 급급하면 장기적 관점을 가지기 힘들기 때문이다. 장인정신으로 탄생하는 제품은 느리다. 결국 창업자의 철학, 경영자의 의지, 이런 정신이 내재화된 직원들이 있어야 장인정신을 형성하고 끝까지 유지할 수 있다. 장인정신으로 브랜드 자산을 축적하려면 관점 자체를 바꿔야 한다.

출시한 지 8개월밖에 안 된 프리미엄 소주 원소주가 젊은 층에서 큰 인기를 얻고 있는 이유를 상기해 보자. 창업자 박재범은 4년간 한국적인 전통 소주 제조 방식을 연구하고, 양조장을 찾아다녔다. 그것을 구현하기 위해 인스턴트식 일반 소주가 아니라, 옹기에 숙성하는 방식을 택했다. 유통망도 GS편의점과 자사 홈페이지 딱 두 곳이며, 가끔 오프라인 팝업 매장을 연다. 옹기 숙성을 하는 원소주 오리지널은 홈페이지에서, 옹기 숙성을 하지 않는 원소주 스피릿은 GS 편의점에서 판다. 일반적인 브랜드라면 더 많은 유통 채널을 확보하기 위해 애쓰지만, 원소주는 이렇게 유통망을 물리적으로 제한하는 방식을 택했다. 옹기 숙성 방식은 대량 생산이 어렵기에 프리미엄 브랜드에 맞게 일부 유통 채널에만 집중하는 것이 맞다고 판단한 것이다.

에르메스는 어떤가. 프랑스에서 가죽 장인이 수작업으로 한 땀 한 땀 정성 들여 만든다. 장인 한 사람이 가방을 처음부터 끝까지 만드는 데 15시간 정도 걸린다. 1명당 한 달에 10개 정도 만들 수 있다(에르메스 소속의 장인이 되는 과정도 오래 걸린다. 에르메스의 가죽학교를 3년간 다니고, 7년 이상 경력을 쌓아야 한다). 3000여 명의 장인이 있으니 매월 3만 개밖에 생산하지 못하는 셈이다. 수요가 넘치고 주문이 쇄도하는데도 이 방식을 고집한다. 에르메스의 철학이기 때문이다. 에르메스 CEO 알렉시 뒤마Alexis Dumas는 "에르메스는 럭셔리 브랜드가 아니다. 창조적인 장인이다"라고 말했을 정도다.

에르메스는 유통 채널도 확대하지 않는 것으로 유명하다. 국내 매장 수는 총 11개인데, 2022년 10월 8년 만에 판교 현대백화점에 매장 하나를 추가했을 뿐이다. 그런데도 에르메스의 한국 실적은 2021년 매출 5275억 원, 순이익 1235억 원으로 2020년 대비 25%, 30% 증가했다. 이 책에서 말하는 고급화 전략은 명품에 대한 것이 아니고, 모든 브랜드가 럭셔리 패션 브랜드가 될 필요도 없다. 다만 에르메스처럼 럭셔리 브랜드를 만들기 위한 전략을 참고할 필요는 있다.

100여 년의 역사를 가진 덴마크 기반의 글로벌 오디오 브랜드 뱅앤올룹슨도 장인정신을 기업 철학이자 경영 전략으로 삼고 있다. 창립자인 페테르 뱅Peter Bang과 스벤 올룹슨Svend Olufsen은 사업 초기부터 "좋은 가전기기는 오래 사용해도 처음처럼 작동돼야 한다"라고 강조했다.[1] 제품 개발 과정에서 실생활 테스트, 운송 테스트, 안전성 테스트 등 혹독한 테스트를 거친다. 내구성 측정을 위해 다양한 실험을 하는데 제품을 15미터 정도 들어 올렸다가 떨어뜨리고, 화장품을 발라 1년 동안 직사광선에 노출하고, 뜨거운 국물을 부어 보기도 한다. 한마디로, 제품을 '고문'한다. 그래서 이 실험실 이름도 '고문실Torture Chamber'이다. 그 결과 디자인과 내구성 측면에서 혁신적이라는 평가를 받는 뱅앤올룹슨 제품은 오디오 마니아들의 로망이 됐다.

단기적인 수익을 추구하는 기업 입장에서는 이런 브랜드가 '미련해' 보일 것이다. 제품이 잘 팔리면 재빠르게 대량으로 만들어서 단기간에 수익을 높일 수 있을 텐데 그런 방법을 쓸 수 없으니 말이다. 그러나 장인정신은 답답할 정도로 고집스러워야 한다. 제품의 콘셉트, 제조 방식, 유통 채널, 마케팅 방식, 고객 서비스 등 입체적 관점에서 장인정신을 어떻게 적용할지 고민해 보고 특화할 필요가 있다. 누구도 함부로 따라 할 수 없는 존재감이란 결국 시간이 지나도 변치 않는 것, 돈으로도 살 수 없는 그 이상의 가치를 창출하는 것이다. 당신의 브랜드가 결국 시대를 초월하고 값을 매길 수 없는 수준이 되도록.

나의 취향과 경험에서
찾는 행복감

작은 것에서 행복을 찾을 수 있을까?

행복은 다른 사람이 정한 기준이 아니라 나의 기준에서 출발해야 얻을 수 있다. 무엇을 소비할지 선택할 때도 마찬가지다. 많은 사람이 좋다고 하는 '대중적인' 기준을 따르는 것이 아니라 내 '취향'에 맞고 나에게 특별한 '경험'을 줄 수 있는지를 봐야 한다. 오픈런을 해서라도 샤넬 가방을 사야 행복한 사람이 있는가 하면, '치약계의 샤넬'이라고 불리는 1만 원짜리 치약으로 3분간의 양치 시간이 행복해지는 사람도 있다. 취하도록 마시는 소주 3병보다 프리미엄 소주 1병이 주는 특별한 미식 경험이 더 즐거운 사람도 있고, 다른 건 몰라도 블루투스 이어폰과 집에 둘 오디오만큼은 최상의 품질을 고집하는 사람도 있다.

우리는 각자의 취향이 너무나 다른 사회에 살고 있다. 그래서 취향이 비슷한 사람을 만나면 반갑기까지 하다. 아는 사람만 아는, 같은 제품의 브랜드를 쓰고 있으면 묘한 동질감이 생긴다. 나노 사회라고 불릴 만큼 초개인화되어 저마다의 개성이 유례없이 뚜렷해졌기 때문이다. 『트렌드코리아 2023』에서는 '평균 실종'의 시대가 왔다고 선언했다. 사람들이 평균적으로 좋아할 만한 무난한 상품은 이제 더는 설 자리가 없다. 소비의 양상도 양극화를 넘어 N극화되고 있다.

MZ세대를 중심으로 프리미엄 시장이 확대되면서 프리미엄의 기준도 바뀌고 있다.

'나는 무엇을 좋아하는가?'

'가격을 떠나 내가 만족할 수 있는가?'

'나한테 그만한 가치가 있는가?'

뮤지션 박재범이 만든 '원소주'는 원스피리츠 홈페이지에서 하루에 2000병만 선착순으로 판매한다. 20만 명이 사고 싶어 하더라도 1%에 해당하는 2000명만 살 수 있다. 또 예를 들어 30만 명은 양말 1켤레를 1000원에 사서 1년을 신는다면, 1%에 해당하는 3000명은 2만 원짜리 프리미엄 양말을 계절별로 사기도 한다. 프리미엄은 단순히 제품이나 서비스를 이용하는 데 대가를 지불하는 것이 아니다. 취향과 체험의 대가를 치르는 것이다.

판타지를 만족시키는 소비, 팬시

이 책의 제목은 '팬시, 취향을 삽니다'이다. 나는 이 책에서 취향, 가치, 경험에 아낌없이 투자하는 MZ세대의 프리미엄 소비를 '팬시'라고 명명했다. 흔히 팬시 상품이라고 하면 장식이 많아 귀엽고 예쁘지만, 실용성은 덜하고 그에 비해 가격은 비싼 제품을 떠올린다. 심리적 가치, 일종의 판타지를 소비하기 위한 제품이라고도 할 수 있다.

팬시는 바로 이 '판타지'와 어원이 같다. 생각해보면, 제품을 산다는 것은 브랜드를 사는 것이고, 사람들은 브랜드를 통해 판타지를 소비하는 것이기도 하다. 소비를 통해 자신의 취향, 선호, 가치를 드러내고 표현하는 시대에 브랜드가 주는 판타지는 '필요'와 '욕구'를 넘어 현실에서 채울 수 없는 '욕망'을 충족시킨다.

제품이 넘쳐나는 오늘날, 브랜드에 생명력을 불어넣는 건 판타지다. 소비자에게 제품과 브랜드에 대한 환상성의 요소를 심어야 프리미엄 브랜드로 성공할 수 있다. MZ세대 소비 트렌드를 '팬시'로 이해한다면, 요즘 소비의 기저에 있는 소비자의 욕망을 더 명확하게 볼 수 있을 것이다.

상위 1%의 취향과 경험이란

이 책에서 말한 새로운 소비층, 영앤팬시족은 상위 1%의 취향과 경험을 추구한다. '1%'는 중의적 의미를 담고 있다. 세분화의 1%, 희소성의 1%, 매출 상위 1%, 소비자 마음속의 선호도 1%다. 1% 상류층이 구매하는 럭셔리 명품을 말하는 것이 아니다. 작은 제품도 고급화하여 소비자 마음을 강력하게 끌어당기면 그게 바로 명품이다.

이제는 재력보다 득템력과 취향이 소비에서 중요해졌다. 소비자 마음속에 프리미엄 가치를 제공하는 브랜드로 인정받고 선망받는 상위 1% 브랜드로 자리 잡기 위해서는 '돌출감'이 필요하다. 어느 때보다 더 뾰족하고 강하게 존재감을 드러내야 한다. 소비가 나다워진 만큼 기업도 '나다운' 브랜드를 만들어야 한다. 이것이 시대정신이 아닐까 싶다. 이 책은 바로 그 답을 구하는 모든 이를 위해 틈틈이 썼다. 이 책이 나답게 살기 위해 쓴 첫 책인 것처럼, 나다움을 찾아가는 모든 이를 위한 책이 되길 바란다.

감사의 글

제 첫 책이 세상에 나왔습니다. 이 책이 나오기까지 도움을 주신 모든 분께 감사의 마음을 전합니다. 성장에 대한 열망 가득한 직원이 한 사람으로서 클 수 있게 늘 독려해 주시고, 더욱이 바쁘신 와중에도 추천사까지 써주시며 격려해 주신 신한카드 임영진 사장님과 신한캐피탈 정운진 사장님, 신한카드 노용훈 부사장님, 문동권 부사장님께 감사드립니다.

아울러 친절과 우정으로 흔쾌히 추천사를 써주신 유니레버 코리아 김회중 사장님, 신한은행 오건영 셀장님, 교보생명 임세현 전문위원님, 번개장터 박창현 팀장님, MZ세대 커리어우먼 진연진 님, 윤혜준 님, 김소라 님께도 감사의 인사를 드립니다.

각자의 분야에서 선도적 활약을 펼치며 시간적 여유가 마땅치 않았을 텐데도 기꺼이 인터뷰에 응해 주시고 많은 대화로 역동적인 생각을 펼치도록 도와주신 러쉬 코리아 박원정 이사님과 윤예진 팀장님, 번개장터 김유림 매니저님, 윤송아 작가님께 정말 감사합니다.

정성껏 초고를 감수해 주시고 힘을 실어주신 고려대 경영학과 유원상 교수님, 책이 완성될 때까지 줄곧 응원해 주신 신한카드 김충자 본부장님께 감사합니다. 힘들 때마다 나를 일으켜 세워주는 소중한 친구와 신한카드 선후배들, 고려대 KMBA 동기들에게도 고맙습니다. 또한 콘텐츠의 힘을 보고 좋은 책으로 태어나게 이끌어주신 다산북스 김선식 대표님, 박현미 팀장님, 차혜린 과장님에게도 감사드립니다.

트렌드를 좇는 시대에 '장인정신'의 의미가 무엇인지를 몸소 보여주시는 존경하는 아버지

자신보다는 가족 또는 타인을 위하는 마음으로 한결같이 살아오신 사랑하는 어머니

엄마와 함께하는 독서 시간이 제일 좋다며 늘 에너지를 주는 주호, 그리고 내 소중한 가족에게도 사랑과 감사의 마음을 꼭 전하고 싶습니다.

마지막으로 이 책을 읽어주신 독자 여러분 덕분에 제 가능성이 상상보다 팬시한 현실로 완성되었습니다. 진심으로 감사드립니다.

주

PART 1
MZ세대를 사로잡은 팬시 소비의 탄생과 달라진 욕망

누리는 것이 곧 프리미엄인 시대

1 "명품 사고 맘껏 자랑"…2030세대 절반, '플렉스 소비' 긍정적(한국일보, 2020.2.11.)

2 소비냉각 우려에도 백화점 '빅4'는 고공행진… 3분기 영업익 두 자릿수 증가(조선비즈, 2022.11.8)

3 유로모니터 "2021 한국 명품 시장 16조원 규모, 세계 7위"(중앙일보, 2021.12.10)

4 딜로이트 코리아, 「팬데믹 시대의 럭셔리 시장이 성장하는 이유와 전략적 제언」(2021)

5 통계청, 「2021년 4/4분기 및 연간(지출) 가계동향조사 결과 보도자료」(2022.2.24.)

6 통계청, 「경제활동인구조사」(KB부동산 매거진, 2022.4.13)

7 국세청, 「국세통계연보」(2020)

8 행정안전부, 「주민등록 연령별 인구 통계」(2022)

9 MZ세대 '나 위한 사치' 보복소비…코로나 이후 트렌드 'FIVVE'(중앙일보, 2021.1.30)

모든 기업이 MZ세대에 주목하는 진짜 이유

1 통계청, 「2019년 인구주택총조사 결과」(2020)

2 젊어지는 '기업의 별'…80년대생 임원 1년새 30% 늘었다(중앙일보, 2021.11.19)

3 한국리서치, MZ세대를 통해 바라본 한국 사회의 세대 구분(2022)

4 진 트웬지, 「제너레이션 미(Generation Me)」(2006)

5 IBM 기업가치연구소, 「유일무이한 Z세대」(2017)

6 제프 프롬, 앤지 리드, 「최강소비권력 Z세대가 온다」(홍익출판사, 2018)

7 '요즘 애들 핫플' 즐기는 5060 '부머쇼퍼'(동아일보, 2022.1.25)

8 명품에 지갑 활짝 연 '이대남'…5060 부모는 모바일쇼핑에 빠졌다(한국경제, 2021.9.13)

9 제프 프롬, 크리스티 가튼, 「밀레니얼 세대에게 팔아라」(라온북, 2015)

10 한스-게오르크 호이젤, 「뇌, 욕망의 비밀을 풀다」(비즈니스북스, 2019)

11 "멀티태스킹이 뇌 망친다"… IQ 8세 수준으로 떨어져(조선일보, 2022.09.1)

욕망에 진솔하고 취향에 진심이다

1 4800억 신사옥 지었더니 직원들 "재택하자"…네이버의 고민(중앙일보, 2022.4.6)

2 "명품 스니커즈 만져보고 산다" 번개장터 매장에 21만명 발길(머니투데이, 2022.2.24)

3 Z세대가 7000만원짜리 한정판 스니커즈에 지갑 여는 이유(조선일보, 2021.10.29)

4 오픈서베이, 「Z세대 트렌드 리포트 2021」(2021.9.27)

5 한스-게오르크 호이젤, 『뇌, 욕망의 비밀을 풀다』(비즈니스북스, 2019)

6 김지헌, 『마케팅 브레인』 118쪽(갈매나무, 2021)

소득 상승의 한계, 소비로 채우다

1 통계청, 「국민 삶의 질 2021」(통계개발원, 2022.3.15)

2 두산백과, '상대적 박탈감'(2022.9. 검색)

3 신한은행, 「2022년 보통사람 금융생활 보고서」(2022.3)

4 충격적인 MZ 양극화…상위 20% 자산 8억, 하위 20%의 35배(중앙일보, 2021.10.11)

5 두산백과, '상대적 박탈감'(2022.9. 검색)

6 루디 가즈코, 『불안한 원숭이는 왜 물건을 사지 않는가』 40쪽(마고북스, 2010)

7 한국소비자원, 「온라인 플랫폼에서 중고 거래, 리셀테크하는 Z세대」(2021.7.28)

8 네이버 '효자'된 리셀 플랫폼 '크림' 성장 방정식은?(ZDNet Korea, 2022.04.22)

9 하나금융경영연구소, 「밀레니얼 설문조사, 2020」(2020)

10 그림 음악을 쪼개판다, MZ세대의 새로운 재테크 조각투자(중앙일보, 2021.6.19)

"취향도 플렉스" 가치소비로 당당해지다

1 가심비·돈쭐…MZ세대에겐 'ESG 소비'가 일상(한국경제, 2022.4.3)

2 MZ세대 중고 전기차 판매 1위 '코나 일렉트릭'..수입차는 테슬라 '모델3'(이데일리, 2021.11.26.)

3 매트 존슨, 프린스 구먼, 『뇌과학 마케팅』 139쪽(21세기북스, 2021)

4 "전기車 이미 대세"… MZ·3040 수요 폭발적 증가(뉴데일리, 2021.11.16)

주

PART 2
'특권'에서 '일상'으로

호텔을 집처럼, 집을 호텔처럼 누리다

1 "MZ세대 잡자"…호텔 업계에 부는 '아트 마케팅' 열풍(동아일보, 2022.4.17)
2 간편식 시장 5조 원 시대…최고급 호텔 세프가 만들면 더 맛있을까(인사이트 코리아, 2021.11.30)
3 "MZ세대 잡자"…호텔 업계에 부는 '아트 마케팅' 열풍(동아일보, 2022.4.17)

와인, MZ세대의 일상에 스며들다

1 유통가, 와인대중화후 소비자 락인 잰걸음(시사포커스, 2022.1.11)
2 "'비싼 술'은 옛말, 이제 대학생도 집 근처에서 쉽게 와인 산다"(이코노미 조선, 2022.6.29)
3 30·40 직장인, 회식자리 분위기 업 '폭탄주가 최고'(이데일리, 2010.11.16)
4 "1차로 끝나서 너무 좋아"…직장인 94%, 달라진 회식문화 만족(매일경제, 2022.4.8)

프리미엄 스포츠, MZ라는 새 옷을 입다

1 골프시장 '큰손' 떠오른 MZ세대…역대급 호황 날개 달다(헤럴드경제, 2021.9.17)
2 한스-게오르크 호이젤, 『뇌, 욕망의 비밀을 풀다』(비즈니스북스, 2019)

PART 3

'사치'에서 '가치'로

중고 거래와 리페어라는 새로운 소비 스타일

1 "당근마켓과는 다르다"…번개장터에 MZ세대 몰리는 이유(한국경제, 2022.3.9)

2 번개장터, 안전결제 '번개페이' 누적 거래액 1조 원 목전(아시아경제, 2022.5.12)

3 손정의가 2500억 투자한 佛 중고명품 플랫폼 韓 상륙(조선일보, 2022.1.7)

4 구구스, 중고명품 시세조회 서비스 'Ai구구스' 론칭(패션비즈, 2021.11.8)

5 명품 리세일 트렌드 'X세대는 팔고, MZ세대는 산다'(어패럴뉴스, 2022.1.18)

6 편의점서 픽업하고 브랜드에 되팔고(매일경제, 2022.5.2)

최고의 메이크업, 향수에 눈뜨다

1 '니치 향수'가 뭐길래...패션 대형사 일제히 가세(어패럴뉴스, 2022.6.20)

2 30만원 넘는 '니치 향수', 일반 향수 밀어내고 대세 떠올라(매거진 한경, 2021.7.3)

3 "한국, 니치 향수 가치 알아봐...전 세계 트렌드 주도"(매거진 한경, 2022.4.26)

날 위한 집의 모든 것, '홈 라이프스타일' 소비

1 "국내 가전 시장 성장률 둔화, 2022년 연초에도 지속"(연합매일신문, 2022.4.13)

2 '세 살아도 명품그릇 쓴다'...'프리미엄 리빙' 시장 급성장에 매출도 '쑥'(한국스포츠경제, 2022.3.3)

3 月 500만명이 찾는 오늘의집...비결은 '3C'에 있었다(테크M, 2022.7.12)

4 2022의 새로운 홈 스타일링 트렌드 '플레이'는 무엇?(여성조선, 2021.11.29)

5 비스포크 기획한 삼성전자 양혜준 부사장 인터뷰(폴인, 2022.6.29)

6 삼성 '비스포크' vs LG '오브제'…하반기 맞춤형 가전 '한판승부'(뉴스토마토, 2022.6.5)

주

PART 4
'가짐'에서 '누림'으로

친환경 자동차로 자신을 드러낸다

1 상반기 자동차 시장, 수출만 소폭 증가…친환경차는 '약진'(UPI뉴스, 2022.7.15.)

2 엠브레인, 「2022 전기 자동차 관련 인식 조사」(2022.1.)

3 신차 출고 지연에 뜨거워진 친환경 중고차 시장(주간한국, 2022.6.13)

4 30대가 전기차 가장 많이 빌려타, 코나EV 인기(조선일보, 2021.12.27)

지속 가능한 뷰티, '비건 뷰티'가 뜬다

1 세계적 트렌드 '비건 라이프' 비건 뷰티로 확산(코스메틱 마니아 뉴스, 2020.6.25)

부모가 된 MZ세대, 자녀를 골드 키즈로 키운다

1 농림축산식품부, 「2021 가공식품 세분시장 현황 보고서」(한국농수산식품유통공사, 2021)

2 시장 비싼 프리미엄이 대세…74% 차지(식품음료신문, 2022.2.8)

3 시장 비싼 프리미엄이 대세…74% 차지(식품음료신문, 2022.2.8.)

4 쑥쑥 크는 키즈 명품시장…백화점 유아동 편집숍 잇단 오픈(파이낸셜뉴스, 2022.3.6)

5 예약 대기 7년! 소아정신과가 미어터지는 이유(주간조선, 2022.5.24)

1인 가구를 위한 주거 문화의 진화

1 월세 400만원, '주방·거실'은 같이 쓰는데…"빈방 없어요"(머니투데이, 2022.4.23)

PART 5
'실재'에서 '가상'으로

놀이와 소비, 모든 것이 가능한 꿈 같은 공간

1 글래드호텔, 「글래드 트렌드리포트8」(2022.6.30)
2 정보통신기획평가원, 「메타버스 최근 동향과 시사점」(2022.3.31.)
3 구찌도 탐내는 제페토...메타버스 흥행 키워드는 '패션'(테크M, 2022.3.21)
4 모건스탠리 "명품 NFT, 10년 내 70조 원 시장 될 것"(이데일리, 2022.8.4)
5 "유튜브? 시대에 뒤쳐졌군요, 난 제페토 인플루언서"(매일경제, 2022.1.7.)

디지털 오픈런이 열린다

1 박정자, 『로빈슨 크루소의 사치』 136쪽(기파랑, 2006.9)
2 10만원에 산 '신세계 푸빌라 NFT', 3000만원에 팔렸다(뉴스핌, 2022.7.12)

PART 6
취향과 경험을 사게 하는 상위 1% 브랜드의 비밀

발견: 새로운 고객, 니즈보다 깊은 욕망을 찾아라

1 '모내기 룩'이 대세? 바짓단 속 양말을 꺼내라(조선일보, 2022.3.26)
2 백화점 입성 30대 양말공장 사장 "日·유럽 시장도 뚫을래요"(한경닷컴, 2022.9.8.)

선망: 제한하면 갈망한다

1 45㎏ 납 공 던지고, 표면에 주스 부어도 변하지 않는 제품만 판매합니다(매일경제, 2022.2.17)

이미지 출처

040쪽   (그림 1) 산업통상자원부, 「'21년 연간, '21년 12월 주요유통업체 매출동향」(2022. 1. 27)

(그림 2) Statista, 「Global luxury market」(Deloitte Insights No. 20., 2021.12.27)

061쪽   타임지 홈페이지

067쪽   모베러웍스 제공

074쪽   오픈서베이, 「Z세대 트렌드 리포트 2021」(2021.10.7)

081쪽   (그림 3) 신한은행, 「2022 보통사람 금융보고서」(2022.4.5.)

(그림 4) 통계청, 더불어민주당 김회재 의원실(2021.10.11)

101쪽   그랜드 인터컨티넨탈 서울 파르나스

111쪽   (그림 5) 롯데멤버스, 술 소비 개성시대(이코노미조선 449호, 2022.6.22.)

(그림 6) 관세청, 술 소비 개성시대(이코노미조선 449호, 2022.6.22)

122쪽   (그림 7) 신한카드 빅데이터연구소, 트렌드 정보(2021.12.30.)

(그림 8) 신한카드 빅데이터연구소, 트렌드 정보(2021.12.30.)

126쪽   지포어 홈페이지

145쪽   샤넬 홈페이지

151쪽   더리얼리얼 홈페이지

158쪽   오픈서베이, 「뷰티트렌드 2022 리포트」(2022.1.24)

162쪽   바이레도 홈페이지

170쪽   (그림 9) 신한카드 빅데이터연구소, 트렌드 정보(2020.11.19)

191쪽   (그림 10) MarkLines, 「자동차산업 2022년 상반기 동향」(한국수출입은행, 2022.10)

205쪽   러쉬코리아 제공

208쪽   워커힐 호텔리조트 홈페이지

214쪽   (그림 11) 통계청

243쪽   러쉬코리아 제공

255쪽   직방(전자신문, 2021.6.29)

258쪽   라이엇 게임즈 홈페이지

275쪽   저스틴 비버 트위터

282쪽   (좌) 낙타와 해 ⓒ 윤송아, 2013

(우) 낙타와 달 ⓒ 윤송아, 2013

모두 윤송아 제공

294쪽   아이헤이트먼데이 홈페이지

299쪽   서피니아 쇼핑몰

303쪽   원소주 홈페이지

309쪽   프라이탁 홈페이지

317쪽   맛차차 홈페이지

329쪽   젠틀몬스터 홈페이지

335쪽   마비스 홈페이지

팬시, 취향을 삽니다

MZ세대 프리미엄 소비 인사이트

초판 1쇄 인쇄 2022년 11월 28일
초판 1쇄 발행 2022년 12월 9일

지은이 최수하
펴낸이 김선식

경영총괄 김은영
콘텐츠사업2본부장 박현미
책임편집 차혜린 디자인 마가림 책임마케터 문서희
콘텐츠사업5팀장 차혜린 콘텐츠사업5팀 마가림, 김현아, 이영진
편집관리팀 조세현, 백설희 저작권팀 한승빈, 김재원, 이슬
마케팅본부장 권장규 마케팅2팀 박태준, 문서희
미디어홍보본부장 정명찬 홍보팀 안지혜, 김민정, 오수미, 송현석
뉴미디어팀 허지호, 박지수, 임유나, 송희진, 홍수경 디자인파트 김은지, 이소영
재무관리팀 하미선, 윤이경, 김재경, 안혜선, 이보람
인사총무팀 강미숙, 김혜진
제작관리팀 박상민, 최완규, 이지우, 김소영, 김진경, 양지환
물류관리팀 김형기, 김선진, 한유현, 민주홍, 전태환, 전태연, 양문현, 최창우
외부스태프 교정교열 공순례 본문디자인 화이트노트 컷 노경녀 촬영 타임온미 스튜디오

펴낸곳 다산북스 출판등록 2005년 12월 23일 제313-2005-00277호
주소 경기도 파주시 회동길 490 다산북스 파주사옥
전화 02-704-1724 팩스 02-703-2219 이메일 dasanbooks@dasanbooks.com
홈페이지 www.dasanbooks.com 블로그 blog.naver.com/dasan_books
종이 아이피피 인쇄 민언프린텍 코팅·후가공 제이오엘앤피 제본 국일문화사

ISBN 979-11-306-9524-2 (03320)

• 책값은 뒤표지에 있습니다.
• 파본은 구입하신 서점에서 교환해드립니다.
• 이 책은 저작권법에 의하여 보호를 받는 저작물이므로 무단 전재와 복제를 금합니다.

다산북스(DASANBOOKS)는 독자 여러분의 책에 관한 아이디어와 원고 투고를 기쁜 마음으로 기다리고 있습니다.
책 출간을 원하는 아이디어가 있으신 분은 다산북스 홈페이지 '투고원고'란으로 간단한 개요와 취지, 연락처 등을
보내주세요. 머뭇거리지 말고 문을 두드리세요.